ENTREZ DANS L'HISTOIRE

Du même auteur
chez le même editeur

Métronome, l'histoire de France au rythme du métro parisien, avec Emmanuel Haymann, Michel Lafon, 2009.

Histoires de France - tome I : XVIe siècle – François Ier et le connétable de Bourbon, avec Sylvain Runberg et Eduardo Ocaña, coédition Casterman et Michel Lafon, 2012.

Hexagone, Michel Lafon, 2013.

Hexagone illustré, Michel Lafon, 2014.

Histoires de France – tome II : XVIIe siècle – Louis XIV et Nicolas Fouquet, avec Rémi Guérin et Eduardo Ocaña, coédition Casterman et Michel Lafon, 2014.

Métronome 2. Paris intime au fil de ses rues, Michel Lafon, 2016.

Métronome 2 illustré, Michel Lafon, 2017.

Romanesque : la folle aventure de la langue française, Michel Lafon, 2018.

Métrobreizh : l'histoire de la Bretagne au rythme de ses villes et villages, Michel Lafon, 2021.

Lorànt Deutsch

ENTREZ DANS L'HISTOIRE

Avec la complicité de Virginie Girod et Vincent Mottez

Cet ouvrage est une coédition
MICHEL LAFON / M6 ÉDITIONS

Michel Lafon

118, avenue Achille-Peretti – CS 70024
92521 Neuilly-sur-Seine Cedex
www.michel-lafon.com
www.rtl.fr

AVANT-PROPOS

Les acteurs de l'Histoire

L'Histoire, c'est le récit des événements qui ont marqué la vie des peuples. Ce peuvent être des séismes ou des épidémies, dont le déclenchement échappe à la volonté humaine… Mais ce sont aussi des conquêtes de terres inconnues, des créations d'empires, de royaumes puis de nations. Ce sont des luttes farouches pour la liberté, des fulgurances artistiques et des merveilles architecturales, des évasions dans la littérature et la poésie, sans compter les tocades de la mode et les excentricités du moment.

Dans tous ces domaines, des hommes et des femmes se sont distingués. En bien ou en mal ! Conquérants sans scrupule ou libérateurs, criminels ou saintes salvatrices, bons ou mauvais rois, reines de légende, grands tribuns politiques, écrivains influents ou actrices adulées : ce sont tous des acteurs de l'Histoire.

Et c'est avec eux que je vous propose d'y entrer.

Lorànt Deutsch

CLÉOPÂTRE

Celle qui menait les hommes par le bout du nez

Fermez les yeux, imaginez les rayons du soleil sur votre peau, le son apaisant du clapotement de l'eau, l'ombre rafraîchissante des dattiers… Ça y est, vous avez le décor ? Maintenant, imaginez une femme mystérieuse, envoûtante… Elle porte un chignon bas sur la nuque et une large bandelette de lin blanc dans les cheveux. Elle a un charme fou… Mais elle n'est pas là pour vous conter fleurette. Elle a mieux à faire, malgré ce que les mauvaises langues romaines ont dit d'elle. Cette femme charismatique a un pays à gouverner et une lignée à perpétuer. Si elle s'est offerte aux plus grands généraux de son époque, c'est pour qu'ils l'aident à mener à bien ses propres conquêtes car elle aime le pouvoir plus que tout. Oui, le pouvoir. Et elle est prête à tout pour le conserver. Tant pis s'il faut avoir du sang sur les mains ou trahir des êtres chers ! Évidemment, vous savez de qui je veux parler. De la reine la plus mythique d'Égypte : Cléopâtre. Et nous voilà partis pour un voyage entre Alexandrie, Rome, la Turquie et la Grèce. Si vous n'avez pas peur des serpents, suivez-moi et entrez dans l'Histoire !

La jeunesse

Cléopâtre VII Philopator, « celle qui aime son père », est née en 69 avant Jésus-Christ. Son père, Ptolémée XII Aulète, règne sur l'Égypte depuis une dizaine d'années. Il appartient à la dynastie des Lagides, la famille grecque installée au pouvoir après la conquête du royaume par Alexandre le Grand. Voilà pourquoi on dit souvent que Cléopâtre est grecque. Les Lagides ont gardé l'habitude des pharaons de se marier en famille ! Ainsi, la mère de Cléopâtre serait sa tante, enfin, la sœur de son père, Cléopâtre VI. Mais on n'est pas sûr à 100 %...

La petite Cléopâtre grandit au milieu de ses frères et sœurs. Il y a les deux Ptolémées – comme ils s'appellent tous pareil, on va leur donner des numéros : Ptolémée XIII et Ptolémée XIV – et ses deux sœurs, Bérénice et Arsinoé.

La vie au palais est assez sympathique. Pour aller à l'école, Cléopâtre se rend à la bibliothèque d'Alexandrie, le plus grand centre culturel du monde entier. Elle y apprend plein de choses. Et il faut dire qu'elle n'était pas la dernière de la classe. Elle apprend aussi à parler plusieurs langues : l'égyptien, le grec, le latin et quelques autres idiomes qui ne servent à rien quand on parle déjà les trois premiers. Bref, vous l'aurez compris, Cléo, c'est l'intello de la famille. Et ambitieuse avec ça. Elle a bien compris que son père n'était pas au niveau et qu'il fallait l'aider un peu. Quand ton père s'appelle « le joueur de flûte », c'est qu'il est plus doué pour le pipeau que pour la géostratégie. Cléopâtre devient donc le bras droit de son papa dans l'espoir de lui succéder le plus vite possible, mais sa grande sœur Bérénice va lui couper l'herbe sous le pied ! Les coups d'État, c'est un peu une tradition familiale chez les Lagides. Il y en a qui font des crêpes pour la Chandeleur et d'autres qui s'entre-tuent. Chacun son truc.

En 59 avant Jésus-Christ, quand les Romains annexent Chypre sous domination égyptienne et que papa ne dit rien, Bérénice voit rouge et fait un coup d'État contre son propre père. Alors qu'elle s'installe sur le trône, le joueur de flûte part en exil avec Cléopâtre, ses deux garçons et Arsinoé. Entre ses dix ans et ses treize ans, Cléopâtre connaît l'humiliation d'être une princesse en fuite, changeant sans cesse de domicile entre

Rome et Athènes au gré des amitiés de son père et de la pitié qu'il suscite. Elle le voit supplier nombre de Romains puissants de l'aider à renverser sa sœur. À force de compromissions, le joueur de flûte convainc le gouverneur romain de Syrie, Aulus Gabinius, de renverser Bérénice et de lui restituer sa couronne. À peine de retour sur son trône, le joueur de flûte fait assassiner sa fille aînée et laisse les garnisons romaines s'installer en Égypte pour assurer la surveillance du territoire... Un joli euphémisme pour parler de colonisation. Ça se fait en douceur, certes, mais l'Égypte ne s'appartient plus vraiment !

Voilà le contexte dans lequel grandit la petite Cléopâtre. À quatorze ans, elle sait que ses plus grands ennemis sont les membres de sa propre famille et que les Romains sont en planque pour annexer définitivement le royaume.

Trois ans plus tard, à dix-sept ans, Cléopâtre succède enfin à son père qui est parti jouer de la flûte dans les Champs d'Ialou, le paradis égyptien. Mais attention, papa lui a fait un cadeau empoisonné : elle est obligée de se marier avec son frère cadet Ptolémée XIII pour régner avec lui. Cléopâtre, prête à gouverner son royaume, impose sa vision de la politique aux conseillers royaux issus de la haute aristocratie. Or, tous ces vieux barbons pensaient que les deux minots allaient filer doux et que ce serait eux les patrons... Erreur ! Cléopâtre n'est pas là pour faire de la figuration. Résultat, les conseillers montent Ptolémée XIII contre sa sœur en lui faisant croire qu'elle veut l'évincer. Bon, ce n'est peut-être pas faux, après tout !

Bientôt, les dissensions entre le frère et la sœur sont si grandes qu'une violente dispute éclate. Ptolémée chasse Cléopâtre d'Égypte et menace de la faire exécuter si elle remet un pied sur la terre des pharaons. Cléopâtre se réfugie en Syrie où elle ronge son frein en attendant sa revanche (notez que c'est moins d'actualité de demander l'asile diplomatique en Syrie).

L'année suivante, Cléopâtre apprend que le grand général Jules César a pris ses quartiers d'hiver à Alexandrie avec ses légions. Si elle pouvait le rencontrer, elle le convaincrait d'attaquer son propre frère. Mais pour cela, il faut qu'elle trouve un moyen de rentrer à Alexandrie sans se faire remarquer. Elle va mettre en place un stratagème complètement fou pour y parvenir.

La conquête du pouvoir

À la fin de l'été 48 avant Jésus-Christ, Cléopâtre se prépare à rencontrer Jules César dans son campement d'Alexandrie. Elle est rentrée dans son pays habillée comme une fille du peuple. Mais dans la capitale, on pourrait la reconnaître. Elle demande donc à un de ses amis d'offrir un cadeau en son nom à Jules César. Un tapis, ben oui, un tapis d'Orient ! C'est bête comme chou… enfin, bête comme une racine de nénuphar !

L'ami en question pénètre dans la tente de César avec son gros tapis roulé sur l'épaule. Alors qu'il le déploie devant le général romain, la reine d'Égypte en sort. Ça, c'est une entrée réussie ! On se croirait dans une pièce de Feydeau !

Comment voulez-vous que César, cinquante-deux ans, grand vainqueur de la guerre des Gaules, résiste à ce petit bout de femme de vingt et un ans ? Elle n'est pas vraiment belle – comme dit la chanson – mais elle a un charme fou et un aplomb déconcertant.

Le Romain et l'Égyptienne vont passer la nuit à discuter pour arriver à un accord. Jules César va remettre de force Cléopâtre sur le trône et renforcer par la même occasion la mainmise de Rome sur le royaume.

Quand le petit Ptolémée XIII voit sa sœur revenir au palais sous protection romaine, il fait une grosse colère. Une colère qui va se transformer en guerre, la guerre d'Alexandrie dont le point culminant est la bataille du Nil (le 13 janvier 47 avant

Jésus-Christ). Évidemment, tous les amateurs d'histoire militaire savent que les Romains ont mis une déculottée aux Égyptiens. Imaginez le carnage que ferait Lionel Messi face à une équipe de deuxième division ! Au final, Ptolémée XIII se noie dans le Nil. Enfin, c'est ce qu'on croit car on ne retrouve que sa cuirasse flottant dans le limon. César est un peu embêté car une légende raconte que ceux qui meurent dans l'eau sacrée du Nil peuvent ressusciter… Pour couper court aux rumeurs, le Romain expose la cuirasse tachée de boue et de sang en place publique à Alexandrie. Cléopâtre peut reprendre sa place sur le trône… Et son Jules l'oblige à épouser son petit frère Ptolémée XIV, car dans la tête d'un Romain, une fille ne peut pas gouverner seule. Et pour finir, Cléopâtre confie sa petite sœur Arsinoé à Jules César. Celle-ci fera partie de son butin pour son triomphe à Rome et tant pis si elle se fait tuer à la fin. Elle avait qu'à pas se mettre du côté de Ptolémée XIII. Bonjour la sororité !

Pour fêter son retour à la tête de son pays, Cléopâtre emmène Jules César faire une croisière sur le Nil. Ce voyage ressemble à une lune de miel. César s'impose alors comme le mentor de la reine. Elle est aussi audacieuse que lui. César adore l'idée de jouer les Pygmalion et d'accroître son influence sur l'Égypte désormais sous tutelle romaine. Le pays est en effet devenu un royaume vassal de Rome et Cléopâtre est diplomatiquement une « reine amie ». En gros, elle fera ce que les Romains lui diront de faire si elle ne veut pas être destituée au profit d'un gouverneur romain.

Au retour de ce voyage idyllique, César repart vers la Ville éternelle, laissant la jeune Cléopâtre enceinte. Elle accouche vraisemblablement en 47 avant Jésus-Christ d'un petit garçon qu'elle nomme Ptolémée-Césarion. Elle sait que cet enfant incarne la nouvelle union entre Rome et l'Égypte. Elle est convaincue qu'il aura un grand destin.

Pour rester proche de son amant, Cléopâtre séjourne deux fois à Rome. Cette ville qu'elle avait découverte lors de son exil enfantin lui réserve un bien mauvais accueil. Rome est profondément misogyne. On y déteste les femmes au pouvoir autant que les rois qu'on assimile à des tyrans.

Cléopâtre est perçue comme l'étrangère qui vient corrompre César. C'est elle qui, par son influence néfaste, développerait les tentations autoritaires de celui qui est déjà nommé dictateur à vie par le Sénat.

Bientôt, un nouveau scandale éclate. César a fait ériger un temple en l'honneur de Vénus, sa déesse tutélaire. Or, il a ordonné au sculpteur de donner le visage de Cléopâtre à la statue de la déesse ! Les Romains y voient un signe de la colonisation de leur ville par l'Égyptienne. D'affreux pamphlets circulent bientôt pour détruire sa réputation. On la surnomme *meretrix augusta*, « la reine putain ». Ce n'est pas très élégant, je vous l'accorde. On vend aussi plein d'objets sur le marché avec des images qui ridiculisent Cléopâtre. On a retrouvé dans des fouilles archéologiques des lampes romaines sur lesquelles elle est représentée en train de copuler avec un crocodile ! Pour Cléopâtre, ça ne devait pas être drôle du tout. Afin de détruire sa réputation, les Romains s'emploient à la faire passer pour une sorcière et une nymphomane. C'est peut-être même un peu pour l'embêter qu'ils ont demandé la grâce de sa petite sœur Arsinoé pendant le triomphe de Jules César.

Au matin des ides de mars 44 avant Jésus-Christ, Cléopâtre est réveillée en catastrophe par ses serviteurs. Un drame horrible a eu lieu. César a été assassiné dans la curie par des conjurés convaincus de défendre la république. Sans leur protecteur, Cléopâtre et son fils Césarion sont en danger. La reine quitte les lieux en catimini et s'en retourne à Alexandrie. La première chose qu'elle fait en arrivant est de commanditer l'assassinat de son frère-époux Ptolémée XIV. Ça suffit, maintenant Cléopâtre a vingt-cinq ans. Elle a été bien formée par César aux arcanes du pouvoir. Plus question de s'embêter avec un rival, fût-il son frère !

Pour être certaine que son fils héritera de sa couronne en temps venu, elle l'associe à son pouvoir. Rassurez-vous, elle ne va pas épouser Césarion ; c'est son fils, quand même !

Pendant que l'assassinat de Jules César fait sombrer Rome dans un nouvel épisode de guerre civile, Cléopâtre se fait discrète. Pour rester sur son trône, elle doit s'allier au nouvel homme fort de Rome. Elle a désormais le choix entre l'héritier politique de César, son neveu Octave, ou son héritier militaire, le général Marc Antoine. De sa nouvelle alliance dépendront son destin et celui de son royaume. Fera-t-elle le bon choix ?

Marc Antoine

En tant que reine amie de Rome, Cléopâtre voit son destin lié à celui de la Ville éternelle. On lui demande naturellement d'envoyer ses bateaux, ses hommes et son argent aux Romains pour les aider dans leurs guerres de conquête.

En été 41 avant Jésus-Christ, le général Marc Antoine la convoque à Tarse, en Turquie, où il prépare ses prochaines batailles. Cléopâtre a décidé que le beau Romain serait son nouvel allié. Celui-ci est un philhellène notoire. Il aime les Grecs, et aussi les femmes et le vin, ce qui ne gâche rien. Même s'ils se sont déjà croisés à Rome, Cléopâtre décide de mettre le paquet pour le charmer.

Fermez bien les yeux et imaginez…

C'est l'été en Turquie. Il fait chaud. La foule se presse sur les rives du Cydnus car un immense bateau vogue vers le port de la ville. Les voiles sont teintes à la pourpre. La figure de proue est dorée à l'or fin. Elle brille sous le soleil. Les rames sont plaquées d'argent et font étinceler les flots qu'elles fendent.

Ces rames sublimes sont maniées par un équipage entièrement féminin. On croirait des naïades, des déesses marines, qui feraient avancer ce vaisseau divin sur les eaux.

Arrivée à quai, Cléopâtre refuse de venir jusqu'à Marc Antoine. Elle exige qu'il vienne à bord pour le dîner. Encore une fois, son audace envers un homme de pouvoir lui vaut le respect de celui-ci. Le Romain accepte son invitation.

Le soir, le pont est éclairé par une multitude de lampes. L'ambiance est féerique. Cléopâtre attend le général allongée sous un dais en tenue de Vénus, c'est-à-dire en tenue d'Ève ; enfin nue si vous préférez…

Eh oui ! Elle attend Marc Antoine uniquement couverte de bijoux. À Rome, les femmes se cachent sous des tonnes de tuniques et se voilent les cheveux pour sortir. Alors le coup de Vénus, ça lui fait un choc, à Marc Antoine ! Si Cléopâtre se permet cette mise en scène, c'est aussi parce qu'elle est, en Égypte, une incarnation de la déesse Isis. Cela lui permet de prendre des libertés avec la mode qui ne sont pas très bien comprises par les Romains.

Évidemment, Marc Antoine tombe sous le charme ! Il deviendra le nouvel allié politique de Cléopâtre. Elle lui réclame alors un acte symbolique d'allégeance : le meurtre de sa sœur Arsinoé devenue prêtresse dans un temple d'Artémis en Grèce. On ne sait jamais : s'il lui prenait l'envie de faire un coup d'État, mieux vaut prendre les devants. Et Marc Antoine s'exécutera, au risque de provoquer la colère de la déesse.

Voilà ! Cléopâtre s'est débarrassée de tous ses frères et sœur un par un. Marc Antoine est totalement fou d'elle. Maintenant, elle va s'employer à lui retourner le cerveau pour échapper à la tutelle romaine.

Et c'est là que les choses se corsent parce que Marc Antoine est contraint de se marier avec la sœur du fils adoptif de Jules César, Octavie, pour former une sorte de pacte de non-agression avec Octave. Vous suivez ?

Paris Match, Gala, Voici… auraient adoré cette époque ! Le but : sceller le triumvirat, une alliance politique entre trois hommes, Octave, Marc Antoine et Lépide, disposant d'une magistrature extraordinaire pour administrer l'empire territorial romain. Bien sûr, Marc Antoine est en charge de l'Orient qu'il adore. S'il est un vrai Romain dans l'âme, un républicain, les régimes monarchiques le fascinent.

Le général séjourne de plus en plus souvent en Égypte. Il est notoirement l'amant de la reine et lui fait trois enfants. Des jumeaux nommés Alexandre Hélios et Cléopâtre Séléné, ainsi qu'un petit dernier nommé Ptolémée Philadelphe.

Le rapprochement entre la reine et Marc Antoine déplaît à Octave. Celui-ci a bien renforcé sa position à Rome où il est considéré comme l'homme providentiel capable de restaurer la paix. Octave, c'est l'audace du général de Gaulle et le physique de Macron. Je vous laisse imaginer…

Octave pousse sa sœur Octavie à demander le divorce en raison de la liaison de son mari avec la reine.

Si Octave parvient à faire divorcer Marc Antoine et Octavie, il pourra mettre fin au triumvirat et devenir le seul maître de Rome. Pour atteindre son but, Octave déclenche une véritable propagande anti-Marc Antoine en attendant que celui-ci commette un faux pas fatal.

Le club de la Vie inimitable

Pendant qu'à Rome, Octave excite la haine du peuple contre le traître à la patrie, Marc Antoine se la coule douce à Alexandrie. Avec sa reine, il fonde le club de la Vie inimitable, formé de jet-setters égyptiens qui se vautrent dans l'épicurisme le plus exacerbé. C'est dans le cadre de ce club qu'a lieu le célèbre épisode de la perle…

Marc Antoine et Cléopâtre se sont lancé un défi : à celui qui organisera le dîner le plus cher et le plus somptueux. Le Romain joue le premier. Il organise un dîner pantagruélique… et je peux vous dire que ce n'est pas facile d'organiser un dîner pantagruélique avant que Rabelais ait écrit *Pantagruel* ! Marc Antoine fait venir les mets les plus chers des quatre coins du monde, enfin… de la Méditerranée. Les meilleurs vins, les crustacés les plus frais, les viandes les plus rares, les gâteaux les plus sucrés… c'est le plus grand dîner de tous les temps.

Quelques jours plus tard, Cléopâtre lui rend la pareille. Le dîner est bon mais sans fastes particuliers. Marc Antoine se gausse. Il a gagné ! Là, allongée sur son lit de table, Cléopâtre le toise et détache du lobe de son oreille une énorme perle d'une valeur de plusieurs centaines de milliers de sesterces et la plonge dans sa coupe de vin. Elle mélange ensuite le breuvage jusqu'à ce que le vin, plus proche de nos vinaigres, dissolve la nacre, puis elle boit la coupe jusqu'à la lie.

Alors que Cléopâtre s'apprête à recommencer l'opération avec sa deuxième boucle d'oreille, Marc Antoine suspend son geste. C'est bon, sa reine est la plus maligne, elle a gagné ! Quelque part, il n'en est que plus amoureux.

Si les facéties de Marc Antoine et de Cléopâtre s'étaient arrêtées là, les Romains en auraient fait des gorges chaudes mais ça ne serait pas allé plus loin. Hélas, le général va commettre un faux pas qui lui sera fatal…

En Égypte, Marc Antoine ne fait pas que jouer à *Top Chef* ! Il fait aussi des conquêtes, des conquêtes territoriales pour la grandeur de Rome. Or, il écrit dans son testament qu'il souhaite léguer les territoires qu'il a conquis au Proche-Orient aux enfants qu'il a eus avec Cléopâtre et que celle-ci soit reconnue comme la « reine des rois ». À Rome, Octave fait ouvrir le testament du général en son absence et le lit sur le forum où la foule des citoyens est chauffée à blanc. Marc Antoine est un traître ! Il est désormais officiellement considéré comme un ennemi public.

Octave alimente maintenant une propagande contre Marc Antoine et Cléopâtre si efficace qu'il peut déclarer la guerre au couple.

La bataille se tient à Actium, au sud de Corfou, le 2 septembre 31 (toujours avant Jésus-Christ). Octave et Cléopâtre ont érigé leur camp respectif de chaque côté de l'entrée du golfe Ambracique. La flotte de Marc Antoine se place en arc de cercle à l'entrée du golfe, renforcée à l'arrière par la flotte de Cléopâtre. Les troupes d'Octave se sont positionnées en haute mer face à celles de Marc Antoine.

Du côté d'Octave, le génial général Agrippa se trouve à la manœuvre. La bataille navale est épique. Les navires tentent d'éventrer les coques des bateaux adverses sous la ligne de flottaison pour les faire couler. Les flèches pleuvent. Bientôt, la flotte d'Octave, plus expérimentée sur le terrain maritime, prend le dessus. Sentant la défaite, Cléopâtre ordonne à son équipage de fuir. Sur son bateau, il y a le butin de guerre. S'il coule ou s'il est capturé, la reine ne pourra plus payer son armée. La reddition sera inéluctable.

Marc Antoine continue à se battre avec rage. Malgré tout, ce militaire aguerri est en train de se faire laminer par ses propres frères romains. Lorsqu'il comprend que Cléopâtre a mis les voiles, il décide de prendre la fuite. Humilié, il ordonne à son bateau de quitter le champ de bataille et rejoint Cléopâtre au large. Il monte sur le bateau de sa reine et s'assoit à la proue, la mort dans l'âme. Il ne dira plus un mot jusqu'à leur arrivée à Alexandrie. Quelque chose s'est brisé entre les deux amants. Leur défaite est trop amère. Ils savent que la fin de leur histoire n'est plus qu'une question de temps. Bientôt, Octave les poursuivra. Il leur fera mordre la poussière. Cléopâtre envisagera-t-elle de négocier avec le fils adoptif de Jules César ?

Parviendra-t-elle à protéger ses enfants et son royaume et à reconquérir l'amour de Marc Antoine ?

Le club de ceux qui vont mourir

À Alexandrie, l'ambiance est morose. Le club de la Vie inimitable est devenu le club de ceux qui vont mourir ensemble.

En janvier 30 avant Jésus-Christ, Cléopâtre organise une fête somptueuse pour l'anniversaire de Marc Antoine, mais le cœur n'y est pas. Le Romain préfère son camp militaire aux fastes du palais royal et les tavernes au lit de sa femme. Il est constamment ivre et broie du noir. Il fait une dépression. Tous les rois voisins qui lui étaient inféodés l'ont trahi pour se tourner vers Rome. Même Cléopâtre, en secret, tente d'amadouer Octave en lui envoyant un sceptre et une couronne royale en signe de soumission. Elle refuse cependant l'odieuse proposition du fils adoptif de Jules César : assassiner Marc Antoine contre l'impunité et la conservation de son royaume.

Après l'échec des négociations, Octave attaque le détroit du Nil (en juillet 30). Il aurait pris Alexandrie sans résistance si Marc Antoine, dans un sursaut d'orgueil, ne l'avait pas défendue avec l'énergie du désespoir. Cléopâtre, elle, semble déjà avoir rendu les armes. Son but est de convaincre Octave de laisser son pays à ses enfants à elle. Elle ne sait pas comment faire. D'autant qu'elle a une certitude : Octave s'en prendra à Césarion car César ne peut avoir deux fils. Par précaution, elle envoie son Césarion se réfugier en Éthiopie.

Cléopâtre se retire ensuite dans son tombeau construit près du temple d'Isis du cap Lochias et fait courir le bruit de son suicide. Elle espère ainsi mettre fin au combat et pousser Marc Antoine à la retrouver dans sa tombe. Espère-t-elle mourir avec lui ? Mais rien ne se passe comme prévu. Se croyant abandonné par la reine de son cœur, Marc Antoine tente de se suicider.

Il ne fait que se blesser grièvement. Cléopâtre donne l'ordre de faire entrer le moribond dans son tombeau. Son grand amour meurt entre ses bras.

Un peu plus tard, Octave autorisera l'inhumation de Marc Antoine en Égypte, conformément à son testament. N'y voyez pas un acte de compassion. Il montrait par là aux Romains que Marc Antoine se pensait plus égyptien que Romain et qu'il méritait sa fin ignominieuse.

Cléopâtre tente une dernière fois de négocier avec Octave désormais maître de l'Égypte. Elle ne cherche pas à le séduire. Octave n'est pas du genre à se damner pour une femme. Il n'aime que le pouvoir. Pour lui être agréable, la reine en sursis apparaît devant lui en pénitente. Elle lui offre ses plus beaux bijoux pour sa sœur Octavie, l'ex-femme de Marc Antoine, et le supplie de laisser ses enfants régner sur l'Égypte sous la tutelle de Rome. Hélas, rien ne fait fléchir Octave. Il veut achever la conquête du royaume des pharaons. Celle-ci n'a que trop duré à cause de la faiblesse de César et de Marc Antoine. Bientôt, Octave célébrera son triomphe sur l'Égypte à Rome et il exhibera Cléopâtre en captive couverte de chaînes.

Cléopâtre n'a plus qu'un seul choix à faire : celui de l'humiliation ou celui de la mort. Elle ne réfléchit pas longtemps. Cloîtrée dans son tombeau avec deux servantes, elle se pare de ses plus beaux atours de souveraine et se fait livrer un panier de figues au fond duquel dorment des aspics. Elle saisit les beaux serpents au corps souple et froid de ses mains délicates et leur offre son sein. La morsure est rapide, peu douloureuse. La reine succombe au venin mortel de ces animaux qui lui promettent l'accès direct au paradis.

Lorsque Octave apprend que la reine veut en finir, il fait ouvrir la porte du tombeau, mais il est déjà trop tard. La reine défunte gît entre ses servantes qui l'ont suivie dans l'autre monde.

Évidemment, il existe d'autres versions de la mort de Cléopâtre. Certains historiens considèrent qu'elle aurait pu dissimuler un poison dans une aiguille à chignon creuse, mais pourquoi se priverait-on de narrer cette histoire tragique telle qu'on la racontait il y a deux mille ans ?

Après la mort de Cléopâtre le 12 août 30 avant Jésus-Christ, Octave fait de l'Égypte une province romaine impériale et envoie une escouade assassiner Césarion. Les enfants de Marc Antoine et de Cléopâtre seront, quant à eux, élevés à Rome par Octavie avec leurs demi-sœurs romaines. On perd la trace des deux garçons à l'âge adulte, mais Cléopâtre Séléné deviendra reine de Maurétanie en épousant le roi Juba II.

Lors de son triomphe sur l'Égypte, Octave fait défiler une statue de Cléopâtre pour symboliser sa victoire contre la reine. Il aurait fait figurer un serpent enroulé autour de son bras…

Cléopâtre est morte mais sa légende est immortelle. Intelligente, manipulatrice et sensuelle, elle incarne la figure de la femme de pouvoir à la fois fascinante et effrayante. La mauvaise réputation que lui ont fait les historiographes romains estompe bien souvent ses grands talents diplomatiques. Elle était et restera « la reine des rois ».

ATTILA

Le Dark Vador des steppes

Vous avez tous entendu la légende accolée à ce personnage mythique : « Là où son cheval passe, l'herbe ne repousse pas. » Il a fait frémir des générations d'écoliers. Souvenez-vous, dans les manuels scolaires, c'était le bad boy. Avec son visage sombre, son bouc pointu, son bonnet hirsute et sa cape en fourrure, on aurait dit une sorte de Dark Vador des steppes...

Un guerrier à la tête de hordes sanguinaires qui déboulent au triple galop pour piétiner l'Empire romain et semer le chaos. Et l'empire a beau avoir contre-attaqué, croyez-moi il s'est heurté au côté obscur de la force !

L'incroyable épopée de cet homme l'a conduit de la Chine au Bassin parisien, en passant par Constantinople. En moins de quinze ans, il s'est taillé un empire qui s'étendait de la mer d'Aral au Danube et a changé la face du monde.

Cet homme, c'est le légendaire Attila. Vous voulez savoir s'il mérite vraiment la palme d'or de la cruauté ? Ou si, comme Corneille le disait, il était plus « un homme de tête qu'un homme de main » ? Eh bien suivez-moi...

Attention ! v'là les Huns !

La première chose à savoir sur Attila, c'est justement qu'on sait peu de choses de lui. Les sources anciennes sont aussi épaisses qu'un sandwich SNCF, donc plutôt maigres. Il y a bien quelques chroniques de contemporains, mais tous sont des auteurs chrétiens ou romains, donc plutôt partiaux, pour ne pas dire carrément hostiles à notre homme. On n'est donc sûr de rien, à commencer par sa date de naissance.

On la situe entre la fin du IVe et le début du Ve siècle. Dans ces eaux-là, quoi ! Et ce n'est pas un hasard si la tradition s'est fixée sur l'an 395, une date ô combien symbolique. C'est précisément l'année de la mort de Théodose Ier, soit le dernier empereur d'un Empire romain uni.

Après des siècles de conquête et de domination, Rome peine à gérer l'immense territoire qui s'étale sur tout le pourtour méditerranéen. L'Administration est gangrénée par la bureaucratie et la corruption. L'avènement du christianisme ébranle la société dans ses fonts baptismaux. Et en 395, à la mort de l'empereur Théodose Ier, Rome, au lieu de faire bloc, se scinde en deux. L'aigle impérial a désormais deux têtes : Honorius, maître de l'empire d'Occident, et Théodose II, en charge de l'empire romain d'Orient, avec pour capitale Constantinople. Retenez bien ça. Car, quand il passera à l'action, Attila n'aura donc pas affaire à la Rome fière et toute-puissante de Trajan ou de Marc-Aurèle, mais à deux colosses aux pieds d'argile ! Et là, autant vous le dire tout de suite : les deux vont morfler… Parmi tous les envahisseurs barbares, les Huns arrivent un peu tardivement dans le jeu, mais ils font une entrée fracassante, à base de razzias et de mises à sac. Mais d'où viennent-ils, ces terribles Huns ? Ben, là encore, on ne sait pas trop. Ils viennent de l'est, d'Orient, mais d'un Orient lointain, quasi impénétrable. Peut-être des Mongols provenant de l'ouest de la Mandchourie – les Chinois auraient, dit-on, bâti les premières fortifications de ce qui allait devenir la Grande Muraille de Chine afin d'endiguer leurs incursions. Bref, on ne sait pas trop. Retenons surtout que les Huns sont des nomades. En 375 déjà, ils avaient franchi la Volga pour se fixer sur la rive est du Danube, soit aux portes de l'Empire romain. On est environ vingt ans avant la naissance d'Attila. Alors au départ les Romains voient débarquer ces nouveaux venus avec un certain dédain mais une certaine appréhension quand même… Voici comment un officier romain les décrit : « Les Huns dépassent en férocité et en barbarie tout ce qu'on peut imaginer. Ils labourent de cicatrices les joues de leurs enfants pour empêcher la barbe de pousser. Leur corps trapu avec des membres supérieurs énormes et une tête démesurément grosse leur donne un aspect monstrueux. Ils ne font cuire ni n'assaisonnent leurs aliments, vivent de racines sauvages et de viande mortifiée sous leur selle. […] Leur tunique, de couleur sombre, leur pourrit sur le corps. Une fois en selle, on les dirait cloués sur leurs petits chevaux, ils y dorment même, inclinés sur le cou de leurs montures. Dans les batailles ils fondent sur l'ennemi en poussant des cris affreux. » Voilà, tout de suite, ça donne le ton. Et les Huns ne tiennent pas en place. Très vite ils s'en prennent aux Goths, aux Ostrogoths, entraînant de vastes mouvements de populations vers l'ouest. Alors les Romains tentent de limiter la casse en mettant les sesterces sur la table et en dealant avec eux pour qu'ils aillent plutôt fracasser les ennemis de la louve… C'est pas con ! les Romains choisissent de payer des barbares pour défendre leurs propres frontières, comme des mercenaires. Rome garde comme ça ses amis proches et ses ennemis encore plus proches. Mais ça, c'est un jeu dangereux. Avec les Huns, le deal est clair : ne pas franchir le Danube, c'est la ligne rouge. Cette entente plus ou moins cordiale sera en vigueur pendant toute la jeunesse d'Attila.

Meilleur ami de son futur ennemi

Attila est probablement né dans ce qui est aujourd'hui la ville de Linz, dans le nord de l'Autriche. Il est le fils du roi Moundzouk, l'un des quatre frères qui règnent sur la majorité des Huns. Ce n'est pas vraiment un royaume uni mais plutôt un agglomérat de hordes aux intérêts parfois divergents. Papa Moundzouk meurt pendant l'enfance de notre petit Attila qui passe alors sous la tutelle de son oncle Roas. Le petit Attila… il est très mignon à cet âge-là. Il ne dévore pas encore des quartiers de barbaque à pleines dents ! Mais ça va venir… On lui enseigne le maniement des armes, en particulier le poignard et les flèches. Attila ne mesure pas plus de 1,60 m à l'âge adulte, mais méfiez-vous des petits teigneux… Il a aussi une tête énorme, difforme. Tradition ancestrale, les Huns pratiquent une déformation intentionnelle du crâne avec des bandes qui compriment la tête au cours des premières années et lui donnent une forme plus allongée. C'est comme ça, c'est la classe… pour les Huns, c'est swag.

Loin de son image de rustre, Attila est instruit, autant que peut l'être un jeune prince barbare. Il a des rudiments de latin et saura parler le grec avec aisance. Car vers l'âge de dix ans, Attila fait une rencontre déterminante, celle du jeune Flavius Aetius, futur grand général romain. Élevé à la cour d'Honorius, celui-ci appartient à l'élite impériale. Et c'est à ce titre qu'il est envoyé comme otage d'honneur chez les Huns. L'otage d'honneur, à l'époque, c'est une sorte d'ambassadeur stagiaire. Celui-ci peut s'acclimater à la culture barbare, afin de mieux la comprendre, de l'étudier et de collaborer avec elle ainsi plus efficacement à l'avenir mais aussi de trouver ses points faibles. Et là, une étonnante amitié va se nouer entre Aetius et Attila, deux garçons que tout oppose et qui ne savent pas encore qu'ils s'affronteront un jour sur les champs de bataille.

Trois ans plus tard, c'est au tour d'Attila d'aller à Rome et à Ravenne, la nouvelle capitale, en tant qu'otage d'honneur. Il a le plaisir de retrouver son pote Aetius. Il a surtout le loisir lui aussi d'observer son futur ennemi de l'intérieur. Patient et curieux, le jeune Hun étudie les forces et les faiblesses de l'empire décadent. Il se prépare secrètement à défier la plus grande puissance du monde, l'Empire romain.

De retour parmi les siens, Attila, âgé d'environ dix-sept ans, épouse une première femme, Enga, qui lui donne un premier fils. Le premier d'une longue série, car on lui a prêté jusqu'à 300 épouses et plus de 1 200 enfants ! Entre les épouses légitimes, les concubines « offertes » lors des campagnes militaires et les filles de passage, c'est difficile de compter. Plus vraisemblablement, il aurait eu une trentaine d'épouses plus ou moins officielles mais la femme de sa vie est restée Kerka, la seule qui sera reconnue comme impératrice. Lorsqu'elle mourra en 449, Attila fera brûler son palais en bois dans un élan de chagrin. C'est-y pas romantique ?

Mais revenons à son apprentissage. En tant que prince royal, Attila est étroitement associé au pouvoir par son oncle Roas. Il est chargé d'organiser les liaisons entre les différentes contrées hunniques. Il prend ce rôle très à cœur, ayant conscience que, face à Rome, l'union fait la force. Alors, Huns pour tous et tous pour Huns ! Attila devient très vite un personnage central, connu de toutes les hordes. À la mort de son oncle Roas, il monte sur le trône, évinçant au passage son frère Bléda, qui pas de pot aura un accident de chasse quelques années plus tard…

Ah, les accidents de chasse ! C'est toujours bien pratique dans les affaires de succession. Bref, à près de quarante ans, les choses sérieuses commencent pour Attila qui démarre ainsi sa carrière de « roi des Huns ». Dès lors, tout s'accélère. Le roi des Huns décide d'en découdre avec l'empire romain d'Orient et l'empereur Théodose II ne prend pas vraiment au sérieux ce roitelet barbare qui rêve lui aussi d'un empire entre l'Oural, la mer Caspienne et le Danube. Seulement voilà, la guerre, Théodose II, ça ne l'arrange pas trop en ce moment. Une grande partie de son armée est en Afrique, grenier de l'Empire, aux prises avec les Vandales pour récupérer Carthage. Donc Théodose s'incline et signe un traité de paix, en se disant qu'il aura bien le temps de revenir sur ses promesses. Il n'empêche, ça jette un froid : Attila a fait plier l'empire d'Orient. Et il ne compte pas s'arrêter là ! En revanche pour le moment, il ménage l'empire d'Occident. En 436, quand éclatent des rébellions contre Rome en Gaule, il envoie ses hommes épauler Aetius. Les Burgondes et les Wisigoths sont massacrés par les mercenaires huns.

Plus au nord, après avoir maté Slaves et Teutons, son armée atteint les rives de la Baltique : rendez-vous compte, son empire dépasse maintenant en superficie celui des Romains !

Comment croire alors qu'il ne songe pas à franchir le Danube ? C'est qu'Attila a de quoi se sentir invincible. En 439, il brandit l'épée de Mars, une épée magique légendaire, sorte d'Excalibur des steppes. Offerte par les dieux, elle rendrait invulnérable celui qui la possède. Elle s'était perdue lors d'une bataille mais sa légende était restée. Et alors, comme par hasard, voilà qu'un beau matin, un paysan hun l'aurait trouvée au milieu d'une prairie ! Oh ben crénon c'est l'Excalibur ? L'épée légendaire ? Je vais la refiler à Attila notre chef, il va être content… C'est ainsi qu'Attila se retrouve auréolé de l'invincibilité divine. Ça tombe bien, non ? Légende ? Propagande ? À vous de voir. Moi c'est tout vu… Toujours est-il que, suite à cette découverte, des messages de déférence pleuvent du monde entier ! Même les Romains se sentent obligés de se fendre d'un petit mot de félicitations. Honoria, la propre sœur de l'empereur Valentinien III, connue pour son tempérament ardent, lui envoie une missive accompagnée d'une bague de fiançailles, faisant miroiter une dot mirifique : la moitié de l'empire d'Occident. Ça claque, comme corbeille de la fiancée ! En vérité, Honoria espère surtout l'aide du roi des Huns pour échapper à l'enfermement que sa famille lui impose. Bien sûr Attila n'est pas un lapin de trois semaines et il se méfie de cette curieuse demande en mariage qui sent le coup fourré. Il ne donne pas suite, mais garde quand même la lettre et l'anneau, au cas où… On ne sait jamais.

Le miracle de sainte Geneviève

Attila est désormais en ordre de bataille pour conquérir l'empire romain d'Orient. L'empereur romain Théodose II a bafoué les clauses du traité de paix. Le châtiment d'Attila sera terrible. Il franchit pour de bon le Danube. Il écrase tour à tour la Pannonie, la Dalmatie, la Mésie, la Thrace, la Thessalie et, en poussant un peu plus loin, Constantinople. C'est la panique à la cour de Théodose II, qui est contraint de négocier. Il cherche alors à faire assassiner Attila lors des pourparlers ! Mais le complot est éventé…

Théodose II meurt un an plus tard. Son successeur, Marcien, est un empereur autrement plus coriace. « Je n'ai de l'or que pour mes amis, et je garde le fer pour mes ennemis », assène-t-il aux ambassadeurs huns. Mais prendre Constantinople n'est pas une mince affaire. Devant ses épaisses murailles, Attila préfère renoncer. Il ne veut pas risquer de tout perdre sur un assaut incertain. Il tourne alors ses ambitions vers l'empire d'Occident. Et là Attila ressort l'anneau de fiançailles d'Honoria reçu quinze ans auparavant et réclame son épouse et surtout sa dot, à savoir la moitié de l'empire. La cour de Valentinien III croit à une bonne blague et lui oppose sans surprise une fin de non-recevoir. Attila cherchait surtout un prétexte à la guerre. Alors, au lieu d'attaquer frontalement l'empire, il envahit d'abord la Gaule. Au début de l'année 451, il franchit le Rhin avec sa gigantesque armée et son cortège de chariots avec les femmes et les enfants. Et il ravage Trèves avant d'assiéger la ville de Metz qui, malgré une vaillante résistance, est mise à sac.

Les guerriers huns ne font pas de quartier. C'est le tiercé classique dans l'ordre : massacres, viols, pillages, la formule complète, œuf/jambon/fromage. Et c'est au cours de cette campagne de Gaule qu'un ermite lui dira qu'il est le « fléau de Dieu ». Mais Attila ne le prend pas mal. Bien au contraire, il comprend l'intérêt d'une telle carte de visite, lui qui ne croit ni en Dieu ni au diable. Il veut inspirer la crainte, souvent plus efficace que la force. Sa réputation le précède. Elle lui permet souvent d'ouvrir les portes, au lieu d'avoir à les enfoncer à coups de bélier. Et sur sa lancée, il conquiert Laon, Saint-Quentin et Reims sans trop d'efforts.

Lorsqu'il parvient aux portes de Paris, les habitants terrorisés sont prêts à se rendre afin d'éviter le pire. C'est alors qu'une jeune femme au charisme extraordinaire, la foi chevillée au corps, harangue les habitants par ces mots célèbres : « Que les hommes fuient, s'ils veulent, s'ils ne sont plus capables de se battre. Nous les femmes, nous prierons Dieu tant et tant qu'Il entendra nos supplications. » Cette femme vous l'avez reconnue ? On a fêté les 1 600 ans de sa naissance en 2020 : c'est Geneviève, la future sainte patronne de Paris.

Avec Geneviève, le miracle se produit, les Huns lèvent le camp. Ont-ils reçu un tribut pour ne pas ravager Paris ? On ne le saura jamais mais ce qui est sûr, c'est qu'Attila préfère mettre le cap au sud et atteindre l'Aquitaine pour en découdre avec les Wisigoths avant l'arrivée des troupes romaines.

Le temps presse. Le grand choc avec les Romains et leurs alliés aura lieu dans les environs de l'actuelle Châlons-en-Champagne, lors de la célèbre bataille des champs Catalauniques, évocation du nom de l'ancienne tribu celte des Catalaunes qui habitaient à l'époque Châlons. Cette bataille au cœur de l'été 451 est sans doute l'une des plus importantes de l'Histoire de par la diversité des forces en présence, les effectifs des belligérants, les enjeux et la férocité des combats. D'un côté, les Huns et leurs alliés, notamment les Ostrogoths, et de l'autre, la coalition romano-germanique, composée de Wisigoths, de Burgondes et des Francs Saliens. Eh oui, les Francs, qui font leur entrée sur la grande scène de l'Histoire. Encore fidèles à Rome, ils auraient à leur tête un certain Mérovée, le probable papi de Clovis. Bref, l'affrontement est homérique. Au-delà des armées, c'est un choc entre deux titans, Attila et Aetius, deux génies militaires, deux frères ennemis qui se respectent depuis leur jeunesse. Mais voyant l'échec des assauts de sa cavalerie, Attila comprend vite que la victoire est hors de portée et, plutôt que d'essuyer une cuisante défaite, il préfère battre en retraite. Curieusement, Aetius ne pousse pas son avantage et laisse l'armée des Huns en pleine déroute regagner ses bases en Pannonie. La cour impériale est d'ailleurs hyper énervée : on prive le généralissime d'une entrée en triomphe à Ravenne, on parle même de trahison et on suspecte que c'est son amitié pour Attila qui a pesé dans sa décision. Tout compte fait, les grands gagnants de la bataille des champs Catalauniques sont peut-être les Francs de Mérovée. En échange de leurs bons et loyaux services, ces simples auxiliaires barbares de l'armée romaine obtiennent une assise territoriale au nord, en Gaule Belgique, royaume qui va s'agrandir au siècle suivant… Vous connaissez la suite !

Quand le pape s'en mêle…

Après la déroute de la bataille des champs Catalauniques, Attila, « le fléau de Dieu », est affaibli, mais il n'a pas dit son dernier mot.

L'empire d'Occident n'a encore rien vu, car, à peine revenu sur ses terres, Attila prépare sa plus terrifiante campagne : l'invasion de la péninsule italienne. Cette fois, il veut frapper sans détour au cœur du réacteur. Au printemps 452, son armée attaque Aquilée, ville réputée imprenable située entre les contreforts alpins et la mer Adriatique, et qui verrouille l'accès à la vaste plaine du Pô. Après trois mois de siège, les remparts s'effondrent et la ville est livrée à la fureur des Huns. Les hommes sont égorgés, les femmes violées et les habitations dévastées… Comme d'hab.

Aquilée est anéantie dans un élan de violence inouïe. La porte est ouverte à l'invasion. Et là c'est la panique partout, au cœur même de l'empire romain d'Occident ! Les grandes cités tombent les unes après les autres : Padoue, Vérone, Crémone, Milan, Pavie… Rien n'arrête le rouleau compresseur des steppes. Il écrase tout le monde comme des crêpes, alors pour échapper aux barbares, des réfugiés vont s'installer sur les îlots sablonneux d'une lagune promise à un bel avenir. Ainsi naît Venise ! Donc la prochaine fois que vous ferez un petit tour en gondole, avant d'embrasser votre mec ou votre copine, ayez une petite pensée pour le bon vieil Attila : votre week-end romantique, quelque part, c'est grâce à lui !

Lui, pendant ce temps-là, se rapproche de Rome. Pétrifiée, la cour impériale envisage même la capitulation. Les légions d'Aetius sont épuisées par les déplacements rapides des Huns. Et c'est alors que Rome sort son joker, en la personne du pape Léon Ier. Son ambassade se présente devant l'empereur des Huns.

Imaginez cette scène insolite ! Le pape, vêtu d'une somptueuse chasuble de pourpre brune et coiffé d'une mitre de soie brochée d'or, face au fléau de Dieu, en chair et en os. Les deux hommes décident de s'entretenir seul à seul. Que se disent-ils ? On ne le saura jamais. Mais, à la surprise générale, un accord est conclu et Attila s'engage à quitter l'Italie dans les jours qui suivent, contre le versement d'un tribut raisonnable. Ça rappelle un peu Paris et sainte Geneviève… À environ cinquante-sept ans, Attila s'en retourne sur ses terres danubiennes. Il a blanchi sous le harnais, après des années de campagnes éreintantes, d'interminables chevauchées, de ripailles et de beuveries. Sa santé en a pris un coup. Attention, il ne renonce pas encore à ses rêves de conquête, mais là il a besoin de souffler un peu et de se refaire la cerise, il en profite aussi pour épouser une très jeune et belle princesse germanique, Ildico.

Mais ce mariage lui sera fatal, car le lendemain des noces, Attila gît sur le lit, du sang plein la gorge et les narines. A-t-il succombé aux excès d'une grosse cuite, genre overdose de l'époque ? Ou alors était-il un peu trop content dans le lit avec Ildico ? Autre hypothèse : Ildico l'aurait-elle empoisonné ou étouffé dans son sommeil ? Sa mort restera un mystère, et Attila emportera son secret dans la tombe.

Sa mort sonne le glas de l'empire des Huns

Après sa mort, les Huns accordent à Attila des funérailles grandioses, avec cavalcades et simulacres de combats. À l'issue de la cérémonie, leur roi est enterré dans un triple cercueil d'or, d'argent et de fer, en présence des grands chefs huns. D'après la légende, les esclaves chargés de creuser sa tombe sont égorgés séance tenante pour tenir le lieu secret afin d'éviter les profanations. De fait, ce lieu demeure inconnu à ce jour. Pour ceux qui s'y sont un peu intéressés, les hypothèses la situent en Hongrie, près de la confluence entre les deux grands cours d'eaux du pays, le Danube et la Tisza. En tout cas, à l'époque, la mort d'Attila est un sacré coup de théâtre et sonne le glas de l'empire des Huns, qui se disloque rapidement après sa disparition, preuve qu'il n'était pas cimenté par autre chose que la détermination d'un chef charismatique. Mais le souvenir de ce chef, lui, reste gravé pour toujours dans les mémoires. Construite dès son vivant, la légende noire d'Attila s'amplifie à mesure que l'Église accroît son hégémonie en Europe. La figure de l'empereur des Huns constitue une sorte de repoussoir pour l'Occident chrétien. Bossuet, l'évêque de Meaux qui passait pour être le plus bel orateur du XVIIe siècle, voit en lui rien de moins que « le plus affreux de tous les hommes ». Bon nombre de ceux qui lui ont résisté sont canonisés : saint Aignan d'Orléans, saint Loup de Troyes, saint Nicaise de Reims, le pape saint Léon, et bien sûr sainte Geneviève de Paris. Il faudra attendre le XIXe siècle pour se pencher plus sérieusement sur l'épopée d'Attila. Il faut dire qu'avec Napoléon, les empereurs conquérants sont redevenus subitement à la mode à ce moment-là… Pourtant, l'image réductrice de barbare sanguinaire continue de coller à la peau du roi des Huns. Mais pas partout. Diabolisé par la chrétienté, Attila est cependant un héros – tout aussi mythifié – dans les sagas islandaises et dans la Chanson des Nibelungen, où il inspire le personnage d'Etzel, roi des Huns. En Hongrie, le pays de mon papa, Attila est aujourd'hui encore une figure populaire. Une rue porte même son nom à Budapest. Le prénom d'Attila est hyper répandu, tout comme celui d'Ildiko, qui personnellement me rappelle un joli souvenir. Oui, les Hongrois – à tort ou à raison – s'assimilent aux Huns, voyant en Attila un roi émancipateur et fondateur, voire un héros national, même s'il paraît plus raisonnable de le considérer juste comme un lointain précurseur de la nation hongroise. Mais quand même faites gaffe, votre serviteur a sans doute un peu de sang de Hun dans les veines…

Et en ce qui nous concerne, nous Français, Attila aura favorisé malgré lui l'installation franque en Gaule et œuvré indirectement à l'apparition de ce qui deviendra plus tard la Francie, puis la France. En redistribuant les cartes, le roi des Huns aura bel et bien contribué sans le savoir à façonner l'Europe à une époque charnière, où la fin d'un monde était aussi la promesse d'une aube nouvelle. Alors, vu comme ça, l'image du fléau de Dieu est tout de suite moins détestable que celle qui a marqué nos souvenirs d'écoliers… On aurait presque envie de dire merci Attila, mais on n'ira pas jusque-là !

JÉSUS

What else...

Il se proclamait « fils de Dieu » et les chrétiens le prirent et le vénérèrent comme tel. Mais je ne saurais pour ma part m'immiscer dans les problèmes de religion, ce n'est pas mon rôle... Il n'empêche que l'homme Jésus a bel et bien existé et fut, de l'avis de tous, un personnage extraordinaire, au destin lumineux et tragique. C'est de lui que je vais vous parler, en m'appuyant à la fois sur la légende et sur les faits avérés, les écrits des historiens et des théologiens. Vous verrez d'ailleurs qu'ils ne sont pas tous d'accord les uns avec les autres. Une seule constatation fait l'unanimité : son histoire est fascinante !

Une naissance problématique

Bon alors, le début de l'histoire, c'est le moment le plus compliqué. Elle commence en Galilée, un territoire situé au nord de la province romaine de Judée. Auguste, le fils adoptif de Jules César, règne alors sur le vaste Empire romain qui englobe toutes les rives de la Méditerranée.

Dans la petite bourgade de Nazareth vit une jeune fille nommée Marie. Elle a environ seize ans et elle est juive. Selon les différents Évangiles et notamment celui de saint Luc, elle aurait un jour reçu la visite de l'ange Gabriel qui lui fait une étonnante déclaration : « Je vous salue Marie pleine de grâce, le Seigneur est avec vous, etc., etc. Vous êtes enceinte du fils de Dieu et vous l'appellerez Jésus. »

J'aime autant vous dire que la jeune Marie est très perplexe car elle n'a jamais connu un homme au sens biblique du terme. L'ange la rassure et lui promet qu'il s'est déjà entretenu avec un charpentier nommé Joseph. Cet homme est très bon et très pieux. Il l'épousera pour la sauver du déshonneur. En effet, dans cette société antique, il est impossible d'être une fille-mère. Les enfants dépendent de leur père. C'est ce qu'on appelle le patriarcat.

Marie serait donc tombée enceinte des œuvres divines, sans fécondation, en l'occurrence sans l'action physique d'un géniteur mâle fait de chair et de sang. C'est ce que les scientifiques appellent la parthénogenèse mais a priori, aucune humaine n'est capable d'accomplir ce petit prodige biologique.

Depuis l'Antiquité, il existe plusieurs controverses sur la naissance de Jésus. Certains racontent que Marie aurait eu une liaison avec un légionnaire romain du nom de Pantera. Évidemment, je respecte tous ceux qui pensent que Pantera a été inventé par les ennemis du Christ. Mais les historiens ont découvert au bord du Rhin, à la fin du XIXe siècle, une pierre tombale sur laquelle était gravée l'inscription suivante : « Tiberius Julius Abdes Pantera (originaire de Sidon), (mort à) 62 ans, Soldat ayant quarante ans de service, (membre) de la première cohorte d'archers, repose ici. »

Pour être plus clair, ce Pantera est un soldat romain contemporain de Marie et originaire de Sidon en Galilée. L'historien John Tabor, dans sa biographie de Marie, a démontré qu'ils étaient quasiment voisins au moment où Marie serait tombée enceinte. Les historiens ont établi que la cohorte de Pantera a séjourné en Orient avant de passer en Europe à partir de 6 avant Jésus-Christ.

Ce Julius Pantera pourrait donc être le père de Jésus. En effet, Jésus n'est pas né en l'an 0. Ça, c'est une création tardive du calendrier. Il est né avant la mort d'Hérode le Grand qui, elle, a eu lieu en 4 avant Jésus-Christ. Et Jésus serait né un soir où brillait dans le ciel la fameuse étoile qui aurait guidé les Rois mages.

Or, selon les astronomes, un phénomène rarissime a été observé dans le ciel de Judée en 7 avant Jésus-Christ : l'alignement de Jupiter et de Saturne s'est produit trois fois cette année-là. Et ce phénomène, qu'on appelle la « triple conjonction », a donné l'impression d'une énorme étoile inconnue scintillant dans le ciel.

On a donc désormais l'année de naissance. Jésus est né en 7 avant lui-même. En revanche, il est impossible de trouver le jour. Le 25 décembre a été choisi pour prendre la place dans le calendrier païen des saturnales et de la fête du Soleil invaincu annonçant le retour de la lumière sur le monde.

Est-ce que Jésus est né à Nazareth ou à Bethléem ? Là encore, c'est difficile à dire. Joseph et Marie se sont peut-être rendus à Bethléem pour un recensement organisé par les Romains mais rien n'est moins sûr.

Selon l'historien Daniel Marguerat, il semblerait que Jésus ait pu être considéré par les habitants de son village comme un mamzer, un bâtard, un enfant né hors mariage. À l'époque, c'est une véritable souillure sociale. Cela expliquerait peut-être pourquoi Joseph a tenu à quitter le village pour l'accouchement de Marie. Cela expliquerait peut-être aussi pourquoi Jésus, lui-même marginalisé socialement, aurait eu un attrait particulier pour tous les marginaux (les malades, les femmes (de l'époque ! Attention !), les collaborateurs des Romains…) et aussi pourquoi il ne se serait jamais marié : les mamzer n'en ont pas le droit.

Il semblerait aussi que Jésus ait eu quatre frères et deux sœurs. On ignore si ceux-ci sont les enfants de Marie ou ceux de Joseph nés d'un premier lit.

Bien que le père de Jésus devant les hommes, Joseph, soit charpentier, le jeune garçon reçoit une éducation assez soignée. Il parle l'araméen. Il appellera publiquement Dieu Abba, ça veut dire « papa » en araméen. Il lit aussi l'hébreu car il connaît parfaitement les Écritures et il a peut-être des connaissances en grec, l'équivalent de l'anglais à l'époque dans l'Empire romain.

Dans certains textes tardifs, Jésus est décrit comme un enfant difficile, déjà charismatique et indocile. Son tempérament à la fois colérique et plein d'empathie serait en germe. Mais en réalité, les historiens et les théologiens admettent ne presque rien savoir de sa jeunesse. Sa vie d'adulte ne nous est connue qu'après ses trente ans, au moment où il commence son ministère.

Jean le Baptiste et les disciples

Jésus a environ trente-cinq ans. Il a quitté Nazareth et voyage seul depuis un certain temps. On sait aujourd'hui que Jésus n'est pas un grand blond aux yeux bleus comme dans l'imagerie religieuse du XIXe siècle. Il ressemblait vraisemblablement à un homme du Proche-Orient de type sémite, certainement brun et la peau bronzée par le soleil.

Arrivé sur les bords du Jourdain en 28 après lui-même, Jésus tombe sur une foule compacte massée sur la rive du fleuve. Ces gens attendent de se faire baptiser par un certain Jean, un ascète qui vit en se nourrissant de miel sauvage ou de sauterelles grillées et qui est vêtu d'une tunique en poil de chameau. Jean le Baptiste appartient à un récent mouvement religieux. Il baptise ou purifie des gens avec de l'eau en attendant la venue d'un messie et d'un monde nouveau.

Jean est un marginal considéré comme un homme ayant une grande influence sur les foules dans la région. On pense, mais ce n'est pas sûr, que Jean aurait pu faire partie pendant un temps d'une petite secte basée sur les rives de la mer Morte, les esséniens.

Quand Jésus se présente devant lui pour être baptisé, Jean se fige sur place. Les deux hommes se sont reconnus. Jean sait qu'il est face à celui qu'il attendait. Il baptise Jésus et l'Esprit-Saint descend sur celui-ci sous la forme d'une colombe. C'est certainement après cet événement que Jésus se retire quarante jours dans le désert. C'est une pratique d'ermite assez courante en ce temps-là. On se retire du monde pour fuir ses tentations, qui corrompent l'âme et le corps. Mais on part aussi sans nourriture et avec fort peu d'eau. L'organisme est mis à rude épreuve. Avoir des hallucinations dans ces conditions est normal sur le plan physiologique. On considère cela à cette époque comme des tentations démoniaques qu'il faut combattre. Jésus résiste aux tentations du démon et sort du désert plus charismatique que jamais.

Après ça, Jean et Jésus passent un moment ensemble. Jean est un peu le mentor de Jésus. Mais au bout d'un moment, le Nazaréen décide de reprendre la route. Il veut vivre au milieu du peuple et prêcher la parole d'amour de son Dieu qui est aussi son père. Ça c'est révolutionnaire ! Jésus est juif et il a grandi dans une culture où Dieu est un personnage distant que l'on doit craindre et révérer. Or, le Dieu de Jésus aime les hommes et compatit à leur souffrance. En outre, il promet un paradis, un ailleurs heureux pour les justes et les démunis. Il propose ainsi aux personnes qui écoutent ses prêches un horizon eschatologique absent de la majorité des croyances païennes.

C'est à ce moment-là que Jésus réunit le groupe des douze apôtres. Tous les historiens sont d'accord pour dire que cette création est tardive dans les Écritures et sûrement symbolique car le nombre douze est chargé de magie et de mystère tant dans la culture hébraïque que dans la culture gréco-romaine.

Si on fait le compte, il y a : Pierre, André, Jacques, Jean (mais ce n'est pas le Baptiste), Philippe, Barthélémy, Matthieu, Thomas, un autre Jacques, Thadée, Simon et Judas.

La majorité de ces douze disciples font de la figuration parce que Jésus a ses favoris parmi lesquels l'Iscariote : Judas. Judas est le rebelle de la bande. Personne ne l'aime dans le groupe sauf Jésus, il demande constamment à Jésus de le rassurer sur son affection pour lui.

Jésus lui prouve son attachement en lui confiant une tâche importante : la gestion de la trésorerie du groupe.

Mais le plus important des disciples, c'est Pierre, vous savez : « Tu es Pierre, et sur cette pierre je bâtirai mon Église. »

Eh bien Pierre, en vrai, il s'appelle Simon ! Mais Jésus décide de changer son nom pour constituer un jeu de mots, parce qu'il sera la « pierre » sur laquelle il bâtira son Église. Dans l'Antiquité, les gens adorent les jeux de mots.

Entre Jésus et Simon-Pierre, tout a commencé au bord du lac de Tibériade. Jésus marche le long de l'étendue d'eau à la recherche de disciples car il prêche à l'égal des rabbis. Bientôt, Jésus voit deux hommes sur une barque. Ceux-ci lancent des filets de pêche qui remontent toujours vides. Jésus les invite à se rendre en eaux profondes et à jeter leurs filets de l'autre côté de la barque. Ils en remontent chargés de poissons. C'est une pêche miraculeuse. Jésus propose ensuite à Simon-Pierre et à André d'abandonner leur activité pour devenir pêcheurs d'hommes et disciples de leur nouveau rabbi.

À ce moment-là, en effet, Jésus commence son ministère. Ça veut dire qu'il fait un travail de rabbi. Il prêche l'amour de Dieu et la bonne nouvelle dans tous les villages où il passe et il est très écouté. En gros, il annonce l'avènement d'un monde nouveau.

Son groupe ne se limite pas aux douze qui forment le premier cercle. Il y a en réalité beaucoup de gens qui le suivent, y compris des femmes. Jésus aime et respecte les femmes et il les traite comme ses autres disciples. Certains évangiles mentionnent parmi ceux-ci Suzanne et Jeanne, l'épouse d'un intendant d'Hérode Antipas nommé Chouza.

Mais l'une d'entre elles a une place à part, c'est Marie de Magdala. Elle a la même importance que Pierre. Quand les disciples jaloux demandent à Jésus : « Pourquoi tu nous aimes moins que Marie ? » il répond par une autre question : « Comment se fait-il que je ne vous aime pas autant que Marie ? »

Contrairement à ce qu'on a longtemps dit, Marie n'est pas une prostituée. L'Église l'a officiellement reconnu au XXe siècle. Elle est devenue une prostituée au Moyen Âge, quand on l'a confondue avec la pécheresse qui a lavé les pieds de Jésus avant de les essuyer avec ses cheveux, acte éminemment érotique à l'époque. En réalité, le Nazaréen a exorcisé Marie de Magdala qui était possédée par sept démons. Si on la nomme par sa ville d'origine, c'est parce qu'elle n'est pas liée à un père ou à un époux. C'est une femme indépendante qui pouvait donc suivre librement Jésus. Elle a pu être sa concubine. On sait qu'ils s'embrassaient sur la bouche, mais le baiser sur les lèvres était aussi une marque de respect entre Jésus et ses disciples. Mais plus simplement, elle était peut-être aussi la femme qu'il aurait voulu épouser s'il l'avait pu (je vous rappelle qu'en tant que mamzer, il ne pouvait pas se marier).

Maintenant que Jésus a composé ses premiers cercles de fidèles, il se met en route vers Jérusalem, mais le voyage réserve des surprises étonnantes.

Les miracles

Jésus est un prophète mais les historiens admettent qu'il était aussi un guérisseur de génie en rupture avec la médecine hippocratique de l'époque. Son attention au patient est totalement novatrice. Bientôt, on considère ses guérisons comme des miracles et sa réputation se répand comme une traînée de poudre à travers toute la Judée. Quand il entre dans un village, il est désormais accueilli par tous les habitants, curieux ou subjugués.

On lui attribue vingt-sept miracles. Je vous propose un petit florilège…

Un jour, Jésus voit un aveugle. C'est un mendiant, assis par terre, qui vit la main tendue dans l'espoir que les gens y déposent une petite obole. Un des hommes qui écoutaient les prêches de Jésus lui explique que ce mendiant est né aveugle. Était-ce pour le punir de ses péchés à lui ou de ceux de ses parents ? Et là, Rabbi Jésus répond : « Cet homme est aveugle pour que les œuvres de Dieu se manifestent en lui. »

Jésus ne s'attribue jamais les honneurs de sa pratique médicale. Dieu agit par son truchement.

Jésus s'approche de l'aveugle, crache par terre, fait de la boue avec sa salive et de la poussière et l'étale sur les yeux de l'aveugle.

Jésus dit ensuite à l'aveugle : « Va te laver au réservoir de Siloé. » L'aveugle y va, se nettoie le visage et recouvre la vue. La lumière et les couleurs lui éclaboussent les rétines.

Selon certains sceptiques, Jésus aurait détourné l'attention de l'aveugle pour lui arracher d'un coup d'ongle agile une cataracte apparue dès l'enfance. Un coup d'ongle, même agile, me semble bien incapable de faire un tel « miracle », mais il est vrai qu'à l'aide d'une sorte de petit stylet, on pouvait percer l'opacité du cristallin, et que certains médecins de l'Antiquité opéraient ainsi.

Admettons que ce miracle puisse avoir une explication médicale. D'autres nous interrogent un peu plus.

Alors que Jésus se trouve près de la piscine de Bethzatha et que la foule s'est réunie autour de lui, des gens déposent à ses pieds un paralytique sur un brancard. Le bonhomme a trente-huit ans, il ne marche plus depuis des années.

Là, Jésus regarde le bonhomme par terre. Il réfléchit deux secondes. Et puis, il ouvre les bras, regarde le ciel, prend une grande inspiration, baisse les yeux sur le paralytique et s'écrie d'une voix puissante : « Lève-toi et marche ! »

Et là, le paralytique se lève. Bon, il n'est pas bien assuré sur ses jambes mais il marche ! Ce miracle rappelle un peu ceux des pasteurs guérisseurs dans les États-Unis du XIXe siècle. On pense aujourd'hui que par sa force de conviction, Jésus était capable de guérir des troubles d'origine psychosomatique.

Quoi qu'il en soit, la réputation de Jésus est faite. Il reçoit des sollicitations de malades de toutes parts. Peu avant la Pâque juive, Jésus arrive en Béthanie, à trois kilomètres de Jérusalem, le jour de l'enterrement de Lazare. Sa sœur Marthe est très triste car elle espérait depuis plusieurs jours que Jésus sauve son frère mais celui-ci n'a pas hâté le pas pour venir au chevet du moribond.

Jésus se rend directement au cimetière, demande à faire enlever la pierre qui scelle la sépulture et commence à parler à son père, Dieu en personne. Et d'un coup, il crie : « Lazare, sors dehors ! »

Et là, sous les yeux ébahis des habitants de Béthanie, Lazare, décédé quatre jours auparavant, se lève tout empêtré dans son linceul et sort de son tombeau. Jésus ajoute calmement à l'attention des témoins : « Déliez-le et laissez-le aller », comme si ce miracle était banal à ses yeux.

Bon, là, j'ai pas d'explication médicale pour ce miracle, à part peut-être une forme de coma mais ce n'est pas le plus important. Jésus est désormais une sommité locale adulée.

Lorsqu'il entre dans Jérusalem, une foule compacte se presse autour de lui et lui réclame des miracles.

Les grands prêtres du temple de Jérusalem sont sur le qui-vive. Ils n'aiment pas beaucoup ce campagnard qui débarque de Galilée et qui a plus d'autorité qu'eux sur le peuple. Ce Jésus de Nazareth, ils auront sa peau, avec la complicité d'un de ses disciples s'il le faut.

Passion et Crucifixion

Après son entrée triomphale dans Jérusalem à l'occasion de la Pâque, Jésus se rend au Temple. Il tombe des nues quand il voit que le Temple est devenu un centre commercial. Il y a des marchands et des changeurs partout. Les prêtres avaient autorisé les commerces au sein de la première cour du Temple, un espace ouvert aux païens, pour se prendre une commission au passage.

Jésus entre dans la plus grande rage de sa vie. Il se met à renverser toutes les tables des marchands et à les chasser à coups de pied. Dans un temple, on prie, on n'achète pas les dernières sandales à la mode !

Après ce coup d'éclat, Jésus sait qu'il a désormais beaucoup d'ennemis. C'est le moment pour lui d'organiser son dernier repas chez un de ses sympathisants. L'ambiance est lourde. Jésus ne respecte pas le menu typique de la Pâque avec les herbes amères et le pain azyme. Il propose seulement à son premier cercle de disciples du pain et du vin auquel il donne une portée symbolique avec les mots : « Ceci est mon corps, ceci est mon sang. »

Le dernier repas, la cène, ressemble à un adieu. Jésus annonce qu'un traître est à sa table, que ses disciples fuiront bientôt et que Pierre le reniera.

Après le dîner, Jésus se retire dans une oliveraie. Il embrasse Judas sur la bouche, signe de respect entre le rabbi et son disciple, juste avant d'être arrêté par un groupe armé envoyé par le sanhédrin avec la complicité de Judas.

La tragédie commence.

Quelques heures plus tôt, Judas a vendu Jésus aux grands prêtres pour trente pièces d'argent. Jésus, mené au sanhédrin, subit une parodie de procès. Cette assemblée juive à laquelle il ne restait plus, à l'époque romaine, qu'un pouvoir symbolique, veut trouver un moyen légal de se débarrasser du Nazaréen. Le grand prêtre lui demande s'il est le messie et le fils de Dieu. Jésus répond par l'affirmative. Il est accusé de blasphème par le sanhédrin. Mais cette noble institution ne peut pas légalement condamner à mort le blasphémateur. Jésus est donc emmené chez Ponce Pilate, le gouverneur romain, pour « trouble à l'ordre public lié à une prétention messianique ».

Pendant l'audience devant le gouverneur, Jésus se tait et ne cherche pas à sauver sa peau. Par courtoisie diplomatique, Ponce Pilate le renvoie à Hérode Antipas, le tétrarque de Galilée inféodé aux Romains, pour le cas où celui-ci ordonnerait une grâce à l'occasion de la Pâque. Comme cette grâce n'est pas accordée, Ponce Pilate condamne Jésus à mort. Comme tous les Romains, Ponce Pilate n'a qu'une obsession : l'ordre. Il ne se lave nullement les mains du cas de Jésus et condamne sans état d'âme ce fauteur de troubles.

En se disant fils de Dieu et roi des Juifs, Jésus a commis un acte de sédition contre le pouvoir romain en place. Il est donc condamné à la flagellation et à la crucifixion, des peines humiliantes réservées chez les Romains aux esclaves et aux étrangers.

Jésus, jeté à terre en place publique sous les regards des voyeurs avides de sang, est d'abord flagellé. Les lanières des fouets romains sont parsemées d'esquilles d'os tranchantes qui déchirent la peau et se terminent par une boule en métal pour les alourdir. Quand un fouet claque dans l'air, il dépasse la vitesse du son. Cela donne une idée de la puissance destructrice de l'impact.

Jésus a le dos lacéré mais le supplice ne dure pas très longtemps car Ponce Pilate trouve que le petit Juif n'est pas bien solide et il doit encore porter la traverse de sa croix jusque sur le mont Golgotha, le lieu-dit du Crâne. La distance à parcourir est courte mais Jésus est à bout de forces.

Parce qu'ils ont le sens de la mise en scène et le goût de l'humiliation des condamnés, les Romains ceignent le front de l'autoproclamé roi des Juifs d'une couronne d'épines qu'ils lui fichent dans le crâne.

Sur le chemin de croix, Simon de Cyrénaïque, une force de la nature, prend Jésus en pitié et l'aide à porter sa croix. Des femmes juives lui proposent du vin mêlé de myrrhe, un narcotique, mais Jésus refuse. Il a promis de souffrir sur la croix pour les hommes.

Arrivé au sommet du Golgotha, on passe des cordes autour des bras de Jésus pour bien le tenir à la traverse de la croix et on lui plante un clou dans chaque poignet, après on hisse la traverse sur la potence, on lui joint les pieds et on les fixe ensemble à l'aide d'un autre gros clou. Voilà, Jésus est crucifié sous le regard de la foule curieuse.

Généralement, l'agonie est très longue mais Jésus meurt vite après avoir prononcé cette phrase en araméen : « Mon Dieu, Mon Dieu, pourquoi m'as-tu abandonné ? » Le bourreau lui enfonce alors sa lance dans le flanc gauche pour percer le cœur et être bien certain de la mort.

Le soleil est sur le point de se coucher. L'heure de célébrer la Pâque se rapproche. Le peuple présent à la crucifixion redescend du Golgotha, pensant que tout est terminé alors que l'histoire de Jésus ne fait que commencer.

Sépulture et Saint-Suaire

L'initiative d'inhumer Jésus vient d'un riche Juif nommé Joseph d'Arimathie. Le corps de Jésus est descendu de la croix, on le dépose ensuite sur une pierre qui se trouve aujourd'hui dans l'église du Saint-Sépulcre construite sur le mont Golgotha. On l'enroule dans un linceul et on le place dans une sépulture toute proche fermée par une très lourde pierre.

Des études archéologiques récentes semblent prouver que la tombe située dans le Saint-Sépulcre n'a jamais servi.

En revanche, en 1980, une sépulture collective a été découverte au sud-est de Jérusalem dans un quartier nommé Talpiot-Est. Une fouille d'urgence a permis de mettre au jour une salle avec dix ossuaires. Sur certains d'entre eux, on peut lire ces noms : Jésus fils de Joseph, Maria, Joseph, Judas fils de Jésus, Mathieu. Il est aussi question d'une femme au nom grec, Mara pour Marie.

La tombe date bien du Ier siècle et beaucoup pensent que l'on aurait découvert ici la tombe familiale de Jésus de Nazareth.

Mais les historiens et les archéologues restent prudents. D'une part, ces prénoms sont très courants dans la Judée antique. D'autre part, pourquoi la famille de Jésus, originaire de Galilée, aurait-elle été enterrée à Jérusalem suivant les mœurs funéraires de cette ville ?

En 2002, un autre ossuaire a été découvert par un archéologue français. Sur l'ossuaire de Silwan, un quartier de Jérusalem-Est, daté du Ier siècle de notre ère, on peut lire « Jacques, fils de Joseph, frère de Jésus ».

La présence du nom du frère sur l'épitaphe est inhabituelle. Cela suppose que ce Jésus a été un homme très important et qu'il serait peut-être le Jésus fondateur du futur christianisme.

Cependant, les historiens se querellent. L'ossuaire a longtemps été aux mains d'antiquaires avant d'arriver entre celles de l'archéologue français. L'épitaphe aurait pu être rallongée bien après la mort de ce Jacques et la mention du frère de Jésus pourrait être tardive. Le mystère reste entier, même si tous les historiens sont d'accord sur le fait que Jésus, l'homme de chair et de sang, a réellement existé.

Et là, l'homme Jésus est mort. Que le fils de Dieu ait ressuscité n'est pas de mon ressort et je garde mes convictions pour moi. Je vous laisse le soin de consulter les Évangiles…

En revanche, un autre point reste à éclaircir…

Le mystère du Saint-Suaire

L'analyse du Saint-Suaire de Turin, célèbre pour avoir conservé l'empreinte en négatif d'un homme mort crucifié passant pour être Jésus, a encore épaissi le mystère. En 1988, trois laboratoires différents se sont vu confier des fragments du suaire pour en faire une datation au carbone 14 afin de savoir s'il s'agit bien d'une sainte relique ou d'un faux médiéval. Les laboratoires datent leur échantillon respectif de 1260 et de 1390. Ces dates sont compatibles avec l'idée selon laquelle des faussaires auraient fabriqué un linceul du Christ lancé sur le marché aux reliques. La pièce est en effet répertoriée en France à partir du XIVe siècle.

Mais la controverse ne cesse pas là pour autant. Comment les faussaires ont-ils pu créer l'image en négatif aussi nette d'un homme crucifié ? Et surtout, il semblerait que les morceaux de Saint-Suaire analysés auraient été prélevés sur des morceaux de tissu rapiécés tardivement. Pour certains, cela expliquerait la datation médiévale au détriment d'une datation antique.

Parmi les scientifiques qui ont analysé le Saint-Suaire, certains doutent encore. Il faudrait analyser un fragment central pour en avoir le cœur net. Mais personne n'est d'accord pour détruire le centre du Saint-Suaire, là où le corps de Jésus aurait laissé sa marque indélébile.

Entre la foi et la science, il n'y a pas de gagnant. Le mystère autour de cet homme nommé Jésus s'épaissit encore et toujours. Une chose est certaine, cet habitant de Judée né pendant la triple conjonction a changé la face du monde.

CLOVIS

Le premier clou de la maison France

Aujourd'hui j'ai envie de vous parler d'un souverain que vous connaissez tous très bien : Clovis. Un sondage récent a montré qu'il est cité par les élèves des collèges avant de Gaulle ! Un comble, si l'on songe que presque tout ce que nous croyons savoir à son sujet est imprécis sinon inventé. Même sa date de naissance n'est pas assurée. Il est célèbre pour avoir cassé le vase de Soissons, ou plutôt pour avoir cassé la tête de celui qui l'avait cassé, vous parlez d'une affaire ! Plus sérieusement, c'est son baptême par l'évêque Rémi qui a été l'affaire de son siècle, et plus encore des siècles suivants. Car Clovis est le premier roi de tous les Francs, et même, selon certains, le premier roi de France ! Et croyez-moi, ce n'est pas une mince affaire de vous raconter son histoire. Que des points d'interrogation ! Et puis des noms à coucher dehors avec un billet de logement, des Clodomir, des Childebert, des Chilpéric, des Clotaire… Et je ne vous parle même pas de ses petits copains, les Goths, les Ostrogoths, les Wisigoths qui passent leur temps à se tirer la bourre avec les Francs. Mais vous me connaissez, je ne vais pas me laisser impressionner par un barbare chevelu qui a tué de sa main dix rois et fils de roi, sans compter ses oncles, neveux et cousins jusqu'au sixième degré. Brrrr… Allez ! Courage !

Le petit-fils de Mérovée

Clovis est né au milieu du ve siècle, vers 466, et si on parle de lui encore aujourd'hui ce n'est quand même pas parce qu'il a cassé un vase à Soissons. À ce compte-là tous les maladroits vont devenir des personnages historiques ! Clovis appartient au peuple des Francs. Les Francs, là, ça vous dit forcément quelque chose. Mais je vais être franc avec vous, malgré les apparences ce n'est pas Clovis qui a créé le royaume de France. Il ignorait complètement ce mot et le territoire qu'il représente aujourd'hui. Tout cela s'est fait bien après lui. Clovis c'est un Germain, qui parle le francique, la langue des Francs originaires des Pays-Bas qu'on appelait les Francs Saliens. Peut-être parce qu'ils récoltaient du sel au bord de la mer du Nord.

Nous sommes au ve siècle, à une époque où l'Empire romain est très affaibli après les invasions barbares et les usurpations du pouvoir impérial. Tout commence avec l'arrière-grand-père de Clovis, Clodion le Chevelu. Ce surnom de « Chevelu » est très important. Chez les Francs, une longue chevelure est signe d'ascendance royale ; elle distingue le roi de ses sujets. Pour authentifier les actes des rois, il paraît que l'on glissait quelques-uns de leurs cheveux dans la cire du sceau royal. Et le moyen le plus sûr de se débarrasser d'un rival était de le tondre et de l'enfermer dans un couvent ! Comme quoi, un trône ne tient parfois qu'à un cheveu… Clodion est roi des Francs, mais il n'a pas vraiment de royaume. Il va profiter du départ en Orient du général romain Aetius pour s'emparer d'un petit territoire du nord de la Gaule : la Belgique seconde, qui correspond à peu près à la Belgique actuelle, avec pour capitale Tournai. Mais Aetius revient. Clodion s'enfuit, puis il finit par négocier une alliance avec les Romains, le *foedus*, qui donne à son peuple le statut de fédéré. Il garde son titre de roi des Francs, mais il représente l'autorité romaine et défend les frontières de l'empire. Mais attention, il ne se convertit pas au christianisme comme les Romains ou les autres peuples barbares, les Goths, les Wisigoths, les Ostrogoths… Il est païen, il croit au dieu germanique de la guerre Wotan, à la déesse de la fertilité représentée par une vache, ou encore à des divinités aquatiques… Pas question pour Clodion d'un seul dieu qui commande de tendre l'autre joue lorsqu'on vous colle une claque ! Mais, par contre, si une divinité aquatique viole sa femme, c'est un honneur ! Il faut que je vous la raconte celle-là, car elle est à l'origine du nom de la dynastie de Clovis : les Mérovingiens.

La femme de Clodion, alors qu'elle barbotait tranquillement dans la mer du Nord, est assaillie par un monstre marin à tête de taureau, un Quinotaure. Elle accouche d'un fils, Mérovée, qui est donc un quasi-dieu, un quart de demi-dieu ! Et ça, ça vous pose dans une famille ! Mérovée à son tour a lui aussi un fils, Childéric, qui est donc élevé en Germain et en Romain. Mais il commence très mal sa carrière. C'est un coureur de jupons compulsif, jusque-là rien de grave, sauf qu'il s'avise de violer des jeunes filles de l'aristocratie. Un véritable crime pour les Germains, non pas parce que lesdites jeunes filles n'ont pas donné leur consentement, ce n'est pas encore à la mode, mais parce que ces viols bouleversent les structures de parenté. On ne sait plus qui est le père de qui. Ses sujets exilent donc Childéric en Thuringe, un petit royaume au centre de l'Allemagne, dont il revient quelques années plus tard après avoir enlevé Basine – quand je vous dis que c'est un compulsif ! –, la femme du roi qui lui avait donné l'hospitalité ! C'est donc à Tournai que Basine donne naissance à Clovis vers 466.

Son père, Childéric Ier, a acquis un statut plus qu'honorable en acceptant la suzeraineté théorique de l'Empire romain et en assurant sa défense contre les Burgondes, les Huns, les Alamans et les Saxons. Roi des Francs, il est donc aussi un haut fonctionnaire de l'empire, général romain et gouverneur de la Belgique seconde. Au XVIIe siècle, sa tombe a été retrouvée à Tournai. Il a été inhumé avec tous les insignes de sa fonction et avec un trésor qui atteste sa puissance. Sa tombe contenait plus de quatre-vingts kilos de bijoux en or, dont trois cents abeilles. Selon certains historiens, elles symbolisaient la vie éternelle. D'autres pensent, à cause de la reine des abeilles qui tue le bourdon pendant le vol nuptial et qui pond ensuite toute l'année, que ces petites bêtes symbolisaient la puissance des femmes, c'est-à-dire du matriarcat, dans les sociétés germaniques. Si Napoléon Ier, qui voulait rattacher sa dynastie à celle des Mérovingiens, avait eu connaissance de cette symbolique féminine, il aurait réfléchi à deux fois avant de semer des abeilles sur son blason et de s'asseoir sur le trône de Dagobert !

Lorsque naît Clovis, l'empire romain d'Occident n'a plus que dix ans à vivre. Son dernier empereur, Romulus Augustule, est déchu en 476. C'est désormais l'empire d'Orient qui représente le pouvoir impérial, de très loin – de Constantinople –, et qui continue de décerner des titres et des honneurs à des rois barbares quasiment indépendants. La petite Belgique de Clovis est ainsi entourée de royaumes bien plus puissants qu'elle. Il y a les Wisigoths qui occupent tout le sud-ouest de la France actuelle, et les Alamans qui occupent l'Alsace et une partie de l'Allemagne. Il y a aussi les Burgondes qui sont installés dans la vallée du Rhône et de la Saône, et qui donneront leur nom à la Bourgogne. Et il y a un royaume particulier, qui recouvre la Normandie, la Touraine et l'Île-de-France et qui est tenu, non pas par un roi barbare mais par un Romain, Syagrius, qui s'est autoproclamé « roi des Romains ». Tout le monde est roi de quelque chose dans cet empire disloqué dont le pouvoir central a sombré. Et chacun lorgne sur le royaume de l'autre…

Le conquérant

Clovis a quinze ans lorsque son père Childéric meurt, en 481. À une époque où l'espérance de vie ne dépasse pas vingt-cinq ou trente ans, il est majeur. Sa chance c'est de ne pas avoir de frères. Il échappe ainsi à la *tanistry*, un mot barbare qui désigne la loi de succession germanique, laquelle, lors de la mort du roi, donne la préférence à ses oncles, ses frères, cousins ou neveux plutôt qu'à ses fils. Je vous laisse imaginer les conséquences. Un petit exemple pour le fun ? Gondebaud, le roi des Burgondes, est un homme raffiné et un bon chrétien. Ça ne l'empêche pas d'éliminer sans état d'âme ses trois frères dont le dernier, Chilpéric, qu'il égorge de ses propres mains. Il noie l'épouse de Chilpéric, Carétène, dans un puits, une pierre au cou, et pour faire bonne mesure, il fait décapiter leurs deux fils et exiler leurs deux filles. L'une d'elles s'appelait Clotilde… Mais n'allons pas trop vite. Clovis n'a pas de frères mais il a des rivaux. Né et élevé pour la guerre, il n'a pas été prénommé pour rien « Chlodowig » qui signifie « glorieux au combat ». Et tiens ! au passage, je vais vous faire un petit cours sur l'origine des noms. Savez-vous que de Chlodowig en francique, latinisé en Chlodovechus, on est passé à Hlodovicus puis à Ludovic puis à Louis en français moderne ? Clovis s'appelait donc Louis ! C'est curieux, c'est le nom de dix-huit rois de France. Vous comprenez pourquoi ? Mais nous allons continuer à l'appeler Clovis, histoire de ne pas tout confondre.

Les sources le concernant sont très rares. La principale est l'*Histoire des Francs* de Grégoire de Tours, écrite plus de cinquante ans après sa mort, et sur laquelle les historiens sont très réservés.

« Franc » signifie « guerrier courageux, illustre ». Clovis est digne de cette réputation de fougue, et il a été formé par son père à la stratégie et à la discipline romaines. C'est donc un chef de guerre redoutable et il va très tôt le démontrer. Les grandes invasions du ve siècle sont terminées, la situation géopolitique s'est un peu stabilisée entre les royaumes que je vous ai cités, qui s'observent, se guettent, nouent des alliances, se trahissent ou passent à l'offensive. De 486 à 509, Clovis en réunit quatre sous son autorité. Pour bien préparer le terrain, il a recours à des méthodes qui ont fait leurs preuves : assassiner les chefs francs saliens ou leurs « cousins » francs rhénans établis au-delà du Rhin, qui pourraient contrecarrer ses ambitions, sans oublier quelques parents éloignés. Puis il conforte le tout par des alliances plus ou moins stables avec la Burgondie et avec la Thuringe, dont sa mère est originaire – vous vous souvenez, la reine Basine… Son épouse à la mode germanique, Évochilde, est aussi originaire de Thuringe et elle lui a donné un fils, Thierry.

À peine devenu roi, Clovis s'attaque au Romain Syagrius. Avec le soutien de quelques Francs Rhénans, il remporte une victoire écrasante à Soissons en 486. Syagrius s'enfuit à Toulouse chez le roi wisigoth Alaric II. À trahison, trahison et demie : celui-ci le renvoie à Clovis qui le fait égorger, plus tard, en secret. C'est quand même un Romain… Les Francs sont des païens. Alors piller les églises ça fait partie du job. Vous vous souvenez du vase de Soissons ? C'est maintenant qu'il fait son entrée dans notre histoire. Lors du partage du butin entre le roi et ses soldats, Clovis veut récupérer un vase sacré que l'évêque de Reims, Rémi, lui a réclamé. Le soldat qui l'a tiré au sort refuse. Clovis s'incline. C'est la loi de l'armée. Mais lors d'une revue, il prend le même soldat en faute pour tenue non réglementaire. Il lui arrache son épée et il lui tranche la tête sur ces mots : « Ainsi as-tu fait, à Soissons, avec le vase. » Vindicatif, notre Franc Salien ! Mais alors cassé ou pas cassé ? *That is the question* en bon francique. En réalité, le vase était en argent et Clovis l'avait récupéré dans un autre tirage au sort, mais tout cabossé. En tout cas le voilà, lui, le farouche païen, en odeur de sainteté auprès de Rémi de Reims qui est déjà son conseiller politique ! Et il est désormais maître de Soissons, Senlis, Beauvais et surtout de Paris qui sera sa nouvelle capitale. Une chrétienne, Geneviève, qui a sauvé la ville des Huns d'Attila, lui a ouvert les portes. Clovis soumet ensuite les Thuringiens en 491. Et de deux ! Puis c'est au tour des Alamans qui sont vaincus à Tolbiac, près de Cologne, en 496. La Germanie est à lui ! Et de trois. Il se retourne alors contre les Wisigoths qu'il considère, avec les Burgondes, comme responsables de la chute de l'empire. En 507, il les écrase à Vouillé près de Poitiers. Il tue en personne le roi Alaric II, et c'est la débandade. Les Francs occupent toute l'Aquitaine au-delà de Toulouse. Et de quatre ! L'empereur d'Orient, Zénon, nomme alors Clovis consul, ce qui le met au rang d'un vice-empereur romain. Son rêve s'accomplit. Restent les Burgondes…

Le baptême

Parlons-en des Burgondes. Vous vous souvenez de leur charmant roi, Gondebaud, qui a exilé ses deux nièces après avoir assassiné leurs parents ? Les ambassadeurs de Clovis lui ont vanté la noblesse et les vertus de l'aînée, Clotilde. Clovis a besoin d'une épouse de haute lignée pour relever la sienne. Et Gondebaud ne peut pas la lui refuser, car Clovis a donné sa sœur en mariage au puissant Théodoric le Grand, maître de l'Italie. Ce serait ballot pour Gondebaud d'irriter l'Ostrogoth ! Clotilde quitte Genève et épouse le roi des Francs, sans doute à Soissons, en 492, 493, ou peut-être 500 ! Petit détail, qui va beaucoup compter pour la suite, Clotilde est chrétienne. Mais le mariage va se dérouler selon la coutume germanique qui assure à l'épouse, après la nuit de noces, le fameux don du matin – le *Morgengabe* – en remerciement de sa virginité. Pas mal comme coutume, mais a priori ça ne marche qu'une fois ! Clotilde est arrivée avec des chariots bondés de trésors qui représentent sa dot constituée par son « bon tonton » Gondebaud, qui, en réalité est furieux, et a même cherché à la rattraper. Clovis de son côté lui constitue un douaire, c'est-à-dire un ensemble de biens qu'elle gère librement et qui lui permettra de rester indépendante si elle devient veuve. Les reines sont très puissantes chez les Francs. Elles ne se contentent pas de « pondre », comme l'écrit Grégoire de Tours, même si « pondre » leur assure déjà un grand pouvoir. Clovis a répudié sa concubine thuringienne. Une seule femme l'occupera désormais, Clotilde. Comparé à son père, Childéric, violeur en série, et à son fils, Clotaire Ier, qui, entre rapts, viols et petits meurtres entre amis de bamboche, n'eut pas moins de six épouses, Clovis fait figure de moine.

Le mariage avec Clotilde est la première étape de sa conversion. Puis c'est le baptême de leurs enfants, auquel il ne s'oppose pas. Sauf que leur premier fils meurt peu après, signe évident pour Clovis de l'impuissance du Dieu de la reine. Elle a le soutien des évêques Rémi de Reims et Vaast d'Arras, et celui de Geneviève, la « patronne » de Paris dont l'autorité, appuyée par des miracles, est de plus en plus grande. Mais Clovis résiste toujours. Il a du mal à concevoir un dieu unique. Quant à un dieu qui se laisse crucifier sans piper, ce ne peut être qu'un lâche, une lavette, que dis-je, un impuissant. Bref ce n'est pas un homme. C'est justement ce qu'on essaie de lui faire comprendre, c'est un dieu ! Mais s'il se convertit, il va devoir admettre que tous ses ancêtres sont en enfer, non ? Clovis ne sait plus à quel dieu se vouer. En 496, il craint que ses guerriers germains se choisissent un autre roi s'il perd le combat contre les Alamans sous l'étendard de Jésus-Christ. À coup sûr, ils vont sortir la tondeuse ! En même temps, notre Franc païen a besoin du clergé qui peut rapprocher les Gallo-Romains et les Germains en plein choc des cultures. Et puis Clotilde ne le lâche pas. Alors, « perdu pour gagné », le Franc, avec un millénaire d'avance, nous fait presque le coup du pari de Pascal : « Cher Jésus-Christ, si tu es un dieu vivant, tu me donnes la victoire et je me fais baptiser » ! Il gagne à Tolbiac en 496. Maintenant il va falloir rendre la monnaie.

Depuis des siècles, les historiens s'interrogent sur la date du baptême de Clovis. Tout ce qu'on peut dire c'est qu'il a été baptisé sans doute à Reims, par l'évêque Rémi, le 24 ou le 25 décembre d'une année comprise entre 496 et 511. On ne sait rien de plus. Grégoire de Tours raconte que l'évêque aurait apostrophé le roi : « Courbe-toi, fier Sicambre. Adore ce que tu as brûlé et brûle ce que tu as adoré. » On dirait du Victor Hugo, malheureusement c'est encore une embrouille ! Comme le terme de Sicambre, qui est tiré d'une légende qui faisait remonter l'origine des Francs aux Troyens qui avaient fondé la ville de Sicambrie. Les petits écoliers en blouse grise de la IIIe République se tordent de rire quand leurs instituteurs leur servent le « fier Sicambre », et ils connaissent tous la réponse de Clovis au vieux Rémi : « Et toi, cambre-toi, fier si courbe » ! La machine à fabriquer les mythes et légendes s'est emballée. On en reparlera…

Le roi de tous les Francs

C'est bien beau de conquérir à tous vents, de parader sur un cheval blanc et d'être acclamé comme un héros béni des dieux. Non ! de Dieu, enfin on ne sait plus trop. Mais maintenant il faut gérer, et vous imaginez qu'il n'est pas simple de faire coexister des populations d'origines, de religions, de langues, de coutumes complètement différentes. « L'unité dans la diversité », voilà son programme. Le projet de Clovis n'est pas d'imposer un pouvoir germanique aux Gallo-Romains, mais d'opérer une fusion comparable à celle qu'avait réussie Rome dans son immense empire. Un peu mégalo, notre Cloclo ? Non, simplement réaliste, et visionnaire aussi. Il est lui-même le produit d'une double culture, germanique et romaine, et ça lui a plutôt réussi. Encore faut-il trouver le lien qui unira, comme aurait dit Mirabeau, « cet agrégat inconstitué de peuples désunis ». La solution c'est la religion catholique, celle des empereurs, des papes et des évêques, qui se propage, malgré les guerres, les usurpations, les schismes, les hérésies. Parlons-en, des hérésies ! La principale c'est l'arianisme, du nom d'un prêtre chrétien, Arius, qui a décrété au IVe siècle que le Christ n'était pas de nature divine. Je vous la fais courte sur tous les débats théologiques qui ont agité l'empire à partir de ces élucubrations. Finalement, en 325, Arius est condamné par le concile de Nicée qui définit le dogme catholique. Mais la plupart des royaumes barbares se sont convertis à l'arianisme.

Nous sommes en 496 et seul un petit peuple d'irréductibles païens résiste encore et toujours : les Francs de Clovis ! Mais si le roi des Francs veut être le roi de tous les peuples qu'il a conquis, il va devoir faire ses preuves pour avoir l'appui de l'Église, qui est proche des populations et qui peut relayer l'autorité royale. Alors baptisé ou pas (puisque la date de son baptême se situe entre 496 et 511), Clovis soutient l'activité évangélisatrice de Clotilde, qui est une catholique pur jus, et il fait construire avec elle la basilique de Saint-Denis. Il se rend en pèlerinage à Tours, sur la tombe de saint Martin qui a été un grand adversaire des ariens. Et il comble de biens son ami l'évêque Rémi. Encore faut-il définir les relations entre l'Église et l'État. Le pouvoir temporel, celui du roi, est-il supérieur au pouvoir spirituel de l'évêque ? La réponse relève du droit canon. Le mot est bien choisi lorsque l'on se souvient des luttes explosives entre les empereurs, les rois et la papauté au cours du Moyen Âge. En 511, l'année de sa mort, Clovis convoquera un concile à Orléans qui adoptera 32 « canons » d'où il ressort que chacun est souverain dans son domaine, mais que le roi doit se soumettre. On ne sait toujours pas si Clovis savait lire. En tout cas, il ne change pas une virgule au texte et les décisions du concile seront décisives pour la réorganisation des diocèses et l'éradication de l'arianisme. Et pour enfoncer le clou, Clovis envoie une belle couronne au pape à Rome et commence la construction, à Paris, d'une basilique dédiée à saint Pierre.

Pour autant, surtout dans les régions du Nord les plus germanisées, la violence est terrible. Un petit exemple, juste pour donner le ton. Les Thuringiens ont pris en otage 200 jeunes filles de la haute société franque. Ils les attachent sur des chevaux emballés, ils font passer sur leurs corps des chariots lourdement chargés, et ils donnent ensuite leurs restes aux chiens et aux oiseaux ! Le symbole est très fort, c'est par les femmes que l'on supprime toute descendance. Clovis le sait mieux que personne !

Pour commencer, il fait réviser le code de lois des Francs Saliens, les lois saliques. Alors attention, il ne s'agit pas de la loi salique inventée au XIVe siècle pour empêcher les femmes de monter sur le trône de France. C'est un ensemble de lois élaboré avant le Ve siècle par les Francs Saliens et destiné surtout à mettre fin à la *faide*, la vengeance privée, la vendetta, qui ensanglante régulièrement les familles. Pour éviter ces bains de sang, la loi propose de faire payer les dommages aux coupables, plutôt que de les couper en deux à la hache ! Plus étonnant, les peines pour les agressions sur les femmes. Du #MeToo à la sauce franque ! Toucher la main d'une femme = 15 sous, l'avant-bras = 30 sous, le sein = 45 sous. Et la loi est la même pour tous. L'inceste est désormais interdit. Plus de vieil oncle qui épouse sa petite-nièce ou de veuf inconsolable qui épouse sa belle-sœur ! La morale chrétienne y trouve son compte mais aussi le pouvoir patriarcal. Merci Clovis ! Je vous explique. En supprimant la possibilité d'épouser la veuve d'un oncle maternel, la loi élimine de la succession les oncles et cousins de la veuve en question et redonne de l'importance à la lignée paternelle.

Tout cela concerne le droit privé mais Clovis considère ses royaumes comme des propriétés privées et il est hanté par leur transmission à ses fils. Ses derniers massacres jettent une ombre tragique sur son œuvre d'évangélisateur et de législateur. En effet, il entreprend la liquidation de tous les parents qui lui restent. Il fait assassiner Sigebert, le roi des Francs Rhénans, par son propre fils, puis il fait décapiter celui-ci et se fait proclamer roi à sa place. Un autre petit roi mérovingien et son fils sont tondus et envoyés dans un couvent. Il y a juste un petit hic, lui dit le roi Chararic : les cheveux ça repousse ! Mais pas sur une tête coupée, lui répond Clovis ! Puis c'est au tour du roi de Cambrai et de son frère que Clovis tue lui-même à la hache. Je continue ? Encore une bonne dizaine de personnes vont subir le même sort sans que celui qui nous raconte les faits, Grégoire de Tours, évêque de son état, s'étonne de ce carnage. Il est vrai que les victimes étaient des païens.

À la mort de Clovis, Clotilde gère sa descendance… et est canonisée !

Clovis meurt dans son lit, à Paris, le 27 novembre 511. En 1793, les révolutionnaires chercheront son tombeau dans la nécropole royale de Saint-Denis, mais ce n'est qu'à partir de Dagobert que les rois des Francs s'y sont fait enterrer. Clovis, lui, a choisi de rejoindre son amie Geneviève dans l'église des Saints-Apôtres, qui est aujourd'hui l'église Sainte-Geneviève. Alors si vous passez tout près, rue Clovis, songez que vous marchez peut-être sur les restes du premier roi de tous les Francs. Son existence a été marquée par l'itinérance, les doutes et la violence, et par un grand amour : Clotilde. Mais quid de ses goûts, de ses loisirs, de sa culture, de ses relations avec ses fils ? La seule certitude c'est qu'il est hanté par la terreur que son royaume leur échappe ou qu'eux-mêmes le démembrent. Alors il organise un partage d'une complexité machiavélique. Leurs terres sont tellement imbriquées les unes dans les autres qu'il est persuadé que cela les empêchera de s'entretuer. Thierry, le fils de sa concubine, reçoit l'ancien royaume de Cologne, Reims, et quelques villes d'Aquitaine. Les fils de Clotilde, Childebert et Clotaire, héritent des territoires situés au nord et au sud de la Gaule et seul Clodomir reçoit un royaume d'un seul bloc, d'Orléans à Poitiers. Mais la loi salique se révèle pire que la *tanistry*. Ces nouveaux petits rois chrétiens s'assassinent désormais entre frères et même leur mère, Clotilde, retrouve des instincts germaniques. Elle n'a pas oublié le meurtre de ses parents par son oncle. Alors elle pousse ses fils à conquérir la Burgondie et à éliminer les descendants de Gondebaud. Clodomir se charge de la corvée et il égorge et jette dans un puits le roi Sigismond, sa femme et ses enfants. Mais pis encore, lorsqu'en 532, Clotaire et Childebert demandent à Clotilde, pour éliminer les héritiers de Clodomir, de choisir pour eux entre la tonsure ou l'égorgement, elle se résigne à la deuxième solution. La tonsure aurait écarté ses petits-fils non seulement du trône mais de la communauté des guerriers. La reine germanique l'emporte alors sur la reine chrétienne. Il y a vraiment de quoi s'arracher les cheveux. Par contre, vous l'avez remarqué, ses fils lui demandent de prendre la décision. Clotilde était réellement une femme puissante… et sans pitié. Mais elle consacra ses dernières années à expier ses crimes à l'abbaye de Saint-Martin de Tours. C'est ainsi que l'Église du VIe siècle fabriquait des saintes !

Clotaire et Childebert achèvent la conquête de la Burgondie et, en 558, Clotaire réunit le royaume de son père mais seulement pour trois ans... Que reste-t-il alors du grand rêve de Clovis ? Sur le terrain et encore pour quelques décennies, des partages, des meurtres et des mariages en série. Mais il a posé les premiers jalons d'une société plus stable, fondée sur la notion romaine de contrat et sur la monogamie chrétienne. Encore quelques siècles, et on y verra plus clair.

Les métamorphoses de la postérité

Je vous avais promis qu'on reparlerait du baptême de Clovis. On ne sait pas comment ça s'est passé, mais trois siècles plus tard un archevêque de Reims, lui, s'en « souvient ». Et voilà ce qu'il nous dit : « Clovis a été baptisé à Pâques et pas à Noël et 3 000 soldats ont été baptisés avec lui. » Sachant que le baptistère ne pouvait en recevoir que trois à la fois, on comprend que ça ait duré jusqu'à Pâques... Et vous vous souvenez sûrement des images de vos livres d'histoire : une colombe aurait apporté à l'évêque Rémi la Sainte Ampoule contenant les huiles destinées à sacrer le roi. Mais alors, me direz-vous, il a été baptisé ou sacré, Clovis ? Les deux, nous dit l'archevêque de Reims. L'idée, bien sûr, c'est que Reims apparaisse comme la métropole des empereurs carolingiens. En fait, c'est seulement en 1131 que la Sainte Ampoule fait son apparition pour le sacre de Louis VII. Un Capétien celui-là, et qui a bien besoin de Clovis pour consolider sa dynastie. Mais à côté de Charlemagne, le roi des Francs ne fait pas le poids. Il faut attendre Saint Louis pour qu'il devienne non plus le roi des Francs mais le roi des Français. On avance. Le voilà canonisé – sans l'avis du pape – et les trois crapauds qui ornaient son bouclier sont transformés en fleurs de lys, l'emblème des rois de France. En fin de compte, de métamorphoses en miracles et en fake news, Clovis est reconnu comme le fondateur du royaume de France. La Révolution, elle, n'en veut plus du royaume de France et elle fracasse la Sainte Ampoule. Avec Clovis XVIII, pardon Louis XVIII, et la restauration des Bourbons, on recolle les morceaux. Napoléon III, lui, préfère les Gaulois et Vercingétorix. Il n'a pas tort si l'on se souvient que ce sont des Germains, les Prussiens, qui l'ont fait tomber de son trône en 1870. Du côté catholique et royaliste, par contre, on célèbre le premier chrétien « de France » à tout-va. Clovis a passé sa vie à cheval et il continue de galoper dans nos imaginaires…

GILLES DE RAIS

L'ombre et la lumière

« Le pire serial killer du Moyen Âge ! », dit-on de lui. Oui mais attention, ce n'est pas n'importe quel soudard ni un bandit de grand chemin notre homme, oh que non… C'est d'un ogre, d'un monstre sanguinaire, que nous allons parler maintenant.

Un personnage multiple, illustre maréchal de France, seigneur de Bretagne, compagnon d'armes de Jeanne d'Arc, s'il vous plaît. Un homme qui, dans les catacombes de son sinistre château de Tiffauges, s'est livré aux pires atrocités sur un grand nombre d'enfants. Cent quarante, officiellement, et peut-être plus. Tortures, crimes sexuels, magie noire, pacte avec le diable… Plus macabre, tu meurs ! C'est la grande affaire criminelle du XVe siècle.

Et elle met en scène l'effroyable seigneur Gilles de Montmorency-Laval, plus connu sous le nom de Gilles de Rais.

Un enfant cruel… Un guerrier valeureux

Nous sommes au début du XVe siècle, sous le règne de Charles VI dit « le Fol ». Bien aimé de ses sujets au début de son règne, ce roi devient peu à peu incapable de gouverner, et pour cause : il est victime de démence !

Les appétits pour le pouvoir grandissent autour de lui et de nombreux princes se disputent alors la régence…

mais pas vraiment par voie diplomatique ! L'un d'eux, le duc de Bourgogne, fait assassiner le propre frère du roi, Louis d'Orléans. Imaginez l'ambiance…

Une véritable guerre civile éclate alors au sein du royaume entre Armagnacs (qui défendaient le parti d'Orléans pendant la guerre de Cent Ans) et Bourguignons (partisans du duc de Bourgogne). Or comme le veut l'Évangile : « Tout royaume divisé contre lui-même est dévasté. » Et c'est bien ce qu'il advient du royaume de France, lors de la bataille d'Azincourt, en 1415. Les archers Anglais déciment la fine fleur de la chevalerie française.

La France est à genoux, et l'ennemi héréditaire anglais compte bien en profiter.

À son tour, notre fameux duc de Bourgogne est assassiné par les Armagnacs et son fils, Philippe le Bon, sentant le vent tourner, se rallie aux Anglais. Il s'autoproclame même grand-duc d'Occident, rien que ça, et se rêve carrément empereur. De fait, le duché de Bourgogne à l'époque a la taille d'un empire, tandis que le royaume de France se réduit comme une peau de chagrin.

L'héritier du royaume de France, futur Charles VII, se réfugie, lui, au sud de la Loire, à Bourges, avec un dernier carré de fidèles. Le traité de Troyes ne lui permet même plus de devenir roi… titre qui reviendra à l'héritier anglais. Comble du déshonneur !

De toute façon, déjà amputé, son royaume est cerné d'ennemis, et celui qu'on appelle alors avec mépris le « petit Roi de Bourges » doute lui-même de sa légitimité. Bref, le royaume de France est à l'agonie.

C'est dans ces années terribles, où tous ces fléaux s'abattent sur la France, que grandit le petit Gilles de Rais, né Gilles de Montmorency-Laval, baron de Retz. Il voit le jour dans l'actuel Maine-et-Loire, au château de Champtocé, dans une chambre appelée la tour Noire. Ça ne s'invente pas ! On ne connaît pas exactement sa date de naissance mais on la situe vers 1405.

Dans son giron familial, comme dans le royaume, c'est le chaos. Sa mère Marie de Craon meurt à une date inconnue et son père Guy de Laval-Rais la suit dans la tombe fin octobre 1415, soit au lendemain de la fameuse bataille d'Azincourt.

À l'âge de dix ans, le petit Gilles se retrouve donc orphelin. Il est confié à Jean de Craon, son grand-père, un homme cruel et débauché, selon les chroniqueurs du temps. C'est pas le genre de grand-père gâteau avec qui on va à la pêche, mais plutôt celui qui vous enseigne à fendre des crânes avec un fléau d'armes…

On rapporte une anecdote qui en dit long sur les mœurs de notre Gilles dans sa jeunesse. Il aurait affamé une dizaine de gros chiens pendant des jours avant de les promener dans la campagne et de les lâcher sur un troupeau de moutons, juste pour savourer la joie malsaine de regarder les crocs des molosses s'enfoncer dans les chairs et de voir le sang couler. Gilles de Rais, vous l'aurez compris, n'a pas vraiment le profil d'un enfant de chœur…

À peine sorti de l'enfance, il épouse une riche héritière, Catherine de Thouars, qui lui apporte une dot énorme, mais il la délaisse aussitôt. Les paisibles joies domestiques, c'est pas pour lui ! Le jeune chevalier se jette à corps perdu dans les fureurs de la guerre et s'illustre vite au combat. En tant qu'arrière-petit-neveu du célèbre Bertrand du Guesclin, il a de qui tenir ! Il offre ses services au Dauphin, le futur Charles VII, qui lui fait miroiter la dignité de maréchal de France. Gilles de Rais fait ainsi équipe avec d'autres foudres de guerre célèbres comme Poton de Xaintrailles, La Hire, Georges de La Trémoille ou Dunois, « le bâtard d'Orléans », une joyeuse bande de rudes gaillards. Mais bouter les Anglais hors du royaume n'est pas une mince affaire. Les Anglais restent maîtres d'une grande partie du territoire, et ils assiègent la ville d'Orléans, qui constitue un verrou sur la Loire. La clef de la reconquête est là.

Et c'est alors qu'un beau matin, le mercredi 23 février 1429, se présente à la cour installée à Chinon une petite nana, sortie de son bled de Domrémy en Lorraine. Vous l'avez tous reconnue : c'est Jeanne d'Arc.

Le fidèle compagnon de Jeanne d'Arc

Gilles de Rais aurait été présent lors de cette entrevue historique entre le Dauphin et la pucelle. Celle-ci annonce tranquillement qu'elle a entendu les voix de l'archange saint Michel, de sainte Catherine et sainte Marguerite qui lui ont commandé de bouter les Anglais hors du royaume et d'aller faire sacrer le Dauphin dans la cathédrale de Reims. Rien que ça ! Les vieux barons ont des doutes, mais au point où on en est… Pourquoi pas ? Et puis cette petite Jeanne est fascinante. Elle a un charisme fou. Même des durs à cuire comme notre Gilles de Rais acceptent de se rallier à sa bannière blanche.

Jeanne d'Arc guide l'armée jusqu'à Orléans. Et le miracle s'accomplit ! Après un siège tenace, la ville se rend enfin. Orléans est libérée. Dès lors, Gilles de Rais accompagne partout la guerrière au cœur pur, qui brûle d'en découdre avec les Anglais sur tout le territoire. Et le Dauphin est bel et bien sacré en juillet 1429 à Reims ! Gilles de Rais a même l'insigne honneur de tenir la Sainte Ampoule par laquelle le roi reçoit l'onction du Saint Chrême. Fait maréchal de France, Gilles commence à siéger au conseil royal. Il est au faîte de sa gloire. Au top, le mec !

Il participe aux côtés de Jeanne d'Arc à la « campagne de la Loire », qui vise la reconquête des villes occupées par les Anglais dans la région. Il est présent à la grande victoire de Patay, le 18 juin 1429. Mais moins d'un an plus tard, Jeanne d'Arc tombe aux mains des Bourguignons, après une embuscade, aux abords du siège de Compiègne.

La suite est bien connue.

Jeanne est vendue aux Anglais, jugée à Rouen par un tribunal ecclésiastique présidé par l'évêque de Beauvais, le bien nommé Pierre Cauchon. Gilles de Rais est sans doute affecté par cette capture. Eh oui, derrière l'armure du foudre de guerre, il y a tout de même un petit cœur qui bat.

Un cœur qui n'est peut-être pas insensible à la pureté de Jeanne d'Arc. Gilles de Rais aurait pu, selon la légende, participer à un projet d'expédition afin de la libérer, en vain. Fin mai 1431, Jeanne est brûlée vive sur la place du Vieux-Marché de Rouen. Gilles était-il présent discrètement dans la foule pour assister aux derniers instants de la Pucelle ? Aucune preuve mais rien n'interdit de l'imaginer, car on sait que les proches compagnons de la Pucelle se trouvaient dans les environs de Rouen seulement quinze jours plus tôt.

Jeanne est morte : Satan reprend les choses en main

Il est impossible de connaître la véritable nature des sentiments de Gilles pour Jeanne mais le martyre de la future sainte correspond à un tournant dans sa vie. Il s'illustre une dernière fois dans cette interminable guerre contre les Anglais, contribuant en 1432 à la levée du siège de Lagny, l'un de ses faits d'armes les plus notoires. 1432, c'est aussi l'année où son terrible grand-père, Jean de Craon, lui laisse en héritage de nombreux châteaux et de vastes domaines dans le pays nantais. Gilles de Rais, âgé de vingt-huit ans, se retrouve à la tête d'une fortune colossale. Et forcément, ça fait des envieux, en particulier le duc de Bretagne, qui lorgne sur ses propriétés. Chose qui aura son importance pour la suite.

Gilles de Rais se retire alors sur ses terres. Pris par la folie des grandeurs, il mène un train de vie princier, étale sa magnificence en organisant des pièces de théâtre aux décors et costumes somptueux. Peut-être pour tromper l'ennui de sa nouvelle vie à la campagne et par nostalgie de ses hauts faits passés. Sa garde est composée de plus de deux cents chevaliers, écuyers, capitaines… Et tout ce beau monde vit bien entendu dans son château de Tiffauges, aux frais du propriétaire des lieux.

Celui-ci commence alors à dilapider son immense fortune, au grand dam de sa famille. Il n'y a plus de limites à sa prodigalité. En clair, il pète les plombs.

En 1435, le roi Charles VII a vent de ses excès par des plaintes répétées de sa famille et proclame la mise sous interdit du baron de Rais. Le maréchal de France sombre alors dans une spirale de difficultés financières. Les dettes s'accumulent. Il en est réduit à aliéner une partie de ses terres. Il en vend certaines, ainsi que des forteresses, à Jean de Malestroit, évêque de Nantes, puis au duc Jean V de Bretagne.

C'est à cet instant que les choses dégénèrent sérieusement. Gilles de Rais s'en remet à des alchimistes et des charlatans de tout poil. Il espère réaliser le Grand Œuvre : transformer le plomb en or. Ce qui serait bien pratique pour remettre ses finances à flot. Mais la pierre philosophale, ça ne se trouve pas sous le sabot d'un cheval !

L'ex-compagnon de Jeanne d'Arc passe alors à la vitesse supérieure et se tourne vers la sorcellerie et la magie noire. Il fait venir sur ses terres Francesco Prelati, un Florentin considéré comme un grand mage, capable d'invoquer les démons. Le seigneur fantasque est prêt à tout : même à entrer en communication avec le Malin, promettant tout à l'exception de son âme. Car le paradoxe de notre baron noir, c'est qu'il reste d'une grande piété tout au long de ses expériences surnaturelles. Il est obsédé par l'idée de pureté… qu'il estime désormais perdue ici-bas. Est-ce le souvenir de Jeanne d'Arc qui laisse en lui une marque indélébile ? Après tout, si les hommes ont été capables de brûler une sainte avec la bénédiction de l'Église, c'est qu'il n'y a plus rien à attendre de ce monde cruel ! Si Satan est le prince de ce monde, alors autant faire affaire avec lui.

Gilles de Rais passe donc complètement du côté obscur de la force. Avec l'aide de complices, il kidnappe un petit garçon et lui tranche la gorge, lui arrache le cœur et les yeux, en offrande au diable, qui ne daigne pas se manifester. Il lui faut plus de sang, croit Gilles. Il a surtout pris goût au crime.

De 1432 à 1440, les habitants de l'Anjou, de la Bretagne et du Poitou vivent dans la terreur. Leurs enfants disparaissent les uns après les autres, sans qu'on retrouve aucune trace de leur corps. Les parents crient, pleurent, en vain. Les raisons de ces crimes restent inexpliquées. Pendant ce temps, Gilles continue de s'enfoncer dans les ténèbres. Le maréchal ne se contente plus de tuer ses victimes, il leur fait subir avant les pires sévices, les violant, les torturant pour finalement les égorger ou les étrangler. Gilles utilise ensuite le sang des enfants pour écrire ses grimoires et formulations. Les corps finissent démantelés, brûlés dans les grandes cheminées des châteaux de la famille ou entassés dans les latrines. On nage dans le gore, je vous avais prévenus !

La population finit par se rendre compte que les enlèvements ont lieu sur un territoire bien défini, sur les terres du baron Gilles de Rais. Mais toutes les plaintes restent secrètes. Quels paysans oseraient se révolter contre le puissant seigneur du coin ? En juillet 1440, Jean Malestroit, l'évêque de Nantes, qui est aussi – ce n'est pas un détail ! – le chancelier du duc de Bretagne, lance l'action judiciaire. L'étau finit par se resserrer autour du baron noir. Gilles de Rais est finalement arrêté par le capitaine d'armes Jean Labbé le 15 septembre 1440 en son château de Machecoul. Le tueur en série est envoyé dans le château de la Tour-Noire à Nantes, où il sera enfermé et interrogé. Décidément, l'adjectif « noir » le poursuit. Il était déjà né dans « la tour Noire » du château de ses parents... Il n'a que trente-cinq ans.

Le sire de Rais est cité à comparaître devant le tribunal ecclésiastique de Nantes, sous les accusations de « meurtres d'enfants, sodomie, invocations de démons, offense à la Majesté divine et hérésie ». Il est accompagné de ses complices, dont ses valets, le mage Prelati et deux femmes accusées d'être des pourvoyeuses d'enfants. L'Inquisition se charge de la procédure avec toute la finesse qu'on lui connaît... Les aveux de ses compagnons sont arrachés sous la torture. Les confessions de ses deux valets sont hallucinantes, je cite : « Ledit Gilles de Rais quelquefois se vantait d'avoir une plus grande délectation à tuer et à égorger ou à faire tuer lesdits garçons et filles, à les voir languir et mourir, à couper leurs têtes et leurs membres et à voir le sang, que d'exercer la luxure sur eux. » Au tribunal, Gilles de Rais confesse ses crimes sans rien cacher. Il raconte l'agonie vécue par tous les enfants, devant des parents en larmes. À la fin, il tombe sur ses genoux : « Ô Dieu, mon Rédempteur, je vous demande miséricorde et pardon. » Puis il se tourne vers le peuple et crie à nouveau : « Vous, les parents de ceux que j'ai si cruellement mis à mort, donnez, ah ! donnez-moi le secours de vos pieuses prières ! » Le 25 octobre 1440, le tribunal le condamne. La sentence est double : la pendaison puis le bûcher. La totale.

Après un repentir sincère, qui émeut même la foule, laquelle l'accompagne jusqu'au gibet avec des prières, Gilles de Rais marche au supplice serein, avec l'espérance d'être enfin délivré de ses démons. Il meurt en chrétien le 26 octobre 1440.

Quelle est la part du mythe… et celle de la réalité ?

Dans cette sombre affaire, on doit bien sûr se poser la question. Car ce qui a fait tomber Gilles de Rais dans un premier temps, c'est son contentieux avec le duc de Bretagne et l'évêque Jean Malestroit à propos de l'aliénation de ses terres. Gilles avait osé séquestrer leur avoué, un clerc tonsuré… Tout est parti de là. Ce n'est qu'après que tous ces crimes lui ont été imputés, sous la torture qui plus est. Et quand on vous enfonce des clous dans les ongles ou que l'on vous accroche des poids aux testicules, vous avouez n'importe quoi ! Qui veut parier ?

Il n'en reste pas moins que des enlèvements et des crimes d'enfants ont bel et bien été commis et que Gilles de Rais en est le coupable. Quant à savoir le nombre exact et la nature des supplices… Mystère. Le baron noir a emporté ses plus inavouables secrets dans la tombe. Tout le reste n'est que littérature ! Et justement, c'est un écrivain qui va donner une envergure légendaire à l'histoire du maréchal déchu : Charles Perrault écrit le conte pour enfants *Barbe-Bleue* en s'inspirant de récits folkloriques et en ajoutant une pincée d'imagination. La vie et les actions de Gilles de Rais sont pourtant loin de celles du personnage du conte, mais la tradition orale locale finira par associer les deux figures. Gilles de Rais devient le Barbe-Bleue nantais !

Le compagnon maudit de Jeanne d'Arc entre alors dans la légende, fascine les romantiques et les décadentistes comme Joris-Karl Huysmans, qui enquête sur lui lors de ses propres expériences satanistes. Il en fera un roman génial : *Là-bas*. Les historiens ont aujourd'hui la tâche délicate de retrouver le véritable Gilles de Rais, en exhumant et en confrontant les sources abondantes. Mais une chose nous échappera toujours. Comment un homme au sommet de sa gloire a-t-il pu sombrer dans une telle barbarie ? Y a-t-il eu un déclic ou bien le ver était-il dans le fruit dès le début ?

Pour ma part, j'aime à croire que le martyre de Jeanne a contribué à faire perdre la raison à Gilles de Rais. Jeanne et Gilles… Deux trajectoires incandescentes en pleine guerre de Cent Ans. Celle qui entendait les voix des anges et celui qui était hanté par ses démons. La sainte et le maudit, la blanche colombe et le cygne noir, l'ombre et la lumière… C'est romantique, je sais. Que voulez-vous, on ne se refait pas ! Au matin du 30 mai 1431 sur la place du marché de Rouen, Gilles de Rais a peut-être perdu son grand amour et sa foi en l'humanité. Souhaitons-lui d'avoir trouvé la paix. Amen.

DAGOBERT

Le roi culotté

C'est un personnage comme je les aime. C'est-à-dire hyper important pour l'histoire de France mais relativement méconnu, négligé, voire malmené par la postérité.

Et ce personnage, c'est un roi de France, un roi lointain, un Mérovingien ! Ah les Mérovingiens… Difficile de les citer comme ça de mémoire, à part le premier, Clovis. Pour les autres on se rappelle surtout qu'ils ont des noms chelou qui sentent bon la baston et la ripaille. On les imagine chevelus, on pense qu'à leur époque, c'était un joyeux bazar entre rivalités, incestes et meurtres en famille. Bon, j'avoue, c'est un peu vrai aussi ! Et pourtant, il y en a un parmi eux qui est fondamental pour l'histoire de France. Je dirais même qu'il a sa place dans le top 5 des rois de France, tant son œuvre politique, ses apports et son héritage ont été importants, malgré un règne de seulement dix ans.

Ce roi, c'est Dagobert. Coluche l'a même incarné au cinéma. Et bien avant Coluche, de ce roi on a fait une chanson, une histoire de culotte à l'envers. « Le bon roi Dagobert a mis sa culotte à l'envers… » C'est quand même dingue que cette chansonnette écrase dans les mémoires un règne aussi riche et déterminant ! Mais on y reviendra sur cette « culotte à l'envers », et vous allez être surpris. Alors, c'est parti, je vous fais entrer dans l'Histoire, pour découvrir le vrai roi Dagobert !

Bienvenue chez les Mérovingiens !

Dagobert… Rien que le nom, c'est un poème. Dans la langue des francs ça devait signifier « Bonheur du jour », de *obert*, bonheur, et *dag*, jour. Pourtant ce n'est pas vraiment le bonheur lorsqu'il naît, au début du VIIe siècle, vers l'an 604. On est alors en plein milieu de la dynastie mérovingienne, et ces rois mérovingiens ont la fâcheuse manie de s'entre-déchirer et de s'étriper pour un oui ou pour un non. À la naissance de Dagobert, le royaume se remet à peine d'un incroyable conflit entre deux héritiers et leurs épouses respectives qui a provoqué une guerre civile durant quarante-cinq ans.

Bon, autant vous prévenir : l'affaire est un peu technique et les protagonistes ont presque tous des noms à coucher dehors en plein mois de janvier, donc c'est un peu chaud. Mais c'est passionnant.

Alors accrochez-vous. À la mort du fils de Clovis, Clotaire, le royaume des Francs qui était encore uni se divise entre ses quatre fils survivants. Caribert reçoit en gros l'Aquitaine, Gontran la Bourgogne, Sigebert les terres de l'Est, l'Austrasie, et Chilpéric hérite des terres du Nord-Ouest, la Neustrie.

Là on pourrait se dire : eh bien c'est parfait, ils vont gérer l'héritage tous ensemble, ça va être sympa pour Noël, un coup chez nous un coup chez vous, et on va s'inviter pour les vacances, du genre j'irais bien faire du surf chez Caribert à Lacanau… Ok mais pour Noël on va tous skier chez tonton Gontran à La Clusaz…

La famille Ricoré, quoi !

Mais au final : pas du tout ! Ils vont tous s'entre-tuer pour agrandir leur territoire… Et il n'y avait pas que les maris qui étaient remontés ! Les reines aussi, elles étaient farouches. Sur les quatre frères, deux avaient épousé deux sœurs, on peut penser que ça garantit la cohésion familiale. Le problème c'est que l'une des deux est assassinée par la maîtresse de Chilpéric, une certaine Frédégonde. Et que celle-ci va devenir par la suite sa femme légitime. Imaginez l'ambiance entre les belles-sœurs. Frédégonde, donc… et – retenez ce nom – Brunehaut. Cette dernière supplie évidemment son mari de venger l'honneur de sa sœur et d'attaquer le royaume de Chilpéric et de sa nouvelle garce de femme.

La guerre éclate entre les deux frères et leurs royaumes respectifs.

Sigebert prend l'avantage, mais il n'a pas le temps de savourer sa victoire car il est sauvagement assassiné à Vitry-en-Artois. Sur ordre de devinez qui ? Frédégonde !

Donc je récapitule, notre bonne Frédegonde a déjà tué le mari et la sœur de Brunehaut. Joli doublé gagnant. Et la pauvre Brunehaut est faite prisonnière à Rouen. Dans son malheur, elle retrouve malgré tout l'amour, bon avec son neveu mais passons…

Et évidemment, quelques années plus tard, son nouveau mari est – je vous le donne en mille – assassiné à son tour par Frédégonde ! Ça y est : on a le tiercé dans l'ordre.

La pauvre Brunehaut rejoint alors son fils, qui est le roi de ce qu'on appellerait aujourd'hui le Grand Est, à Metz. Mais là, les grands du royaume ne lui font pas un super accueil. Ils se méfient de cette ambitieuse intrigante. « Éloigne-toi de nous, femme… Maintenant, c'est ton fils qui règne… Éloigne-toi, pour que les sabots de nos chevaux ne t'écrasent pas sur leur passage », lui lance-t-on, selon le chroniqueur Grégoire de Tours. Mais Brunehaut a du caractère et elle finit par s'imposer ! Elle va régner ensuite d'une main de fer, comme régente du royaume, pendant quarante ans.

Brunehaut finit pourtant par être renversée par les puissants de son royaume d'Austrasie, fatigués de sa mainmise sur les affaires. Avec l'aide du royaume voisin et ennemi, la Neustrie, ils parviennent à la capturer. Et là, on lui réserve un supplice sacrément gratiné. Torturée pendant trois jours, elle est ensuite exposée nue entre les bosses d'un chameau devant les soldats hilares – à l'époque, c'était l'humiliation absolue d'être trimbalée nue sur un chameau. Là voilà donc attachée par les cheveux, un bras et une jambe à la queue d'un cheval indompté, le reste du corps traînant le long des pattes arrière. Le cheval part au galop. Son corps brisé est ensuite brûlé. Ah oui, ils étaient comme ça, à l'époque. Quand t'étais condamné, t'étais condamné ; c'était pas un simple rappel à la loi.

Ainsi finit Brunehaut, la reine maudite.

Si je vous raconte tout ça, c'est non seulement parce que c'est une histoire de dingues, mais surtout parce que cela explique le contexte explosif de l'époque qui précède la naissance de Dagobert, où le royaume des Francs était à feu et à sang. Vous comprendrez mieux alors son extraordinaire capacité à mettre tout le monde d'accord. Et c'est ce que nous allons voir tout de suite.

Une solide formation

Notre Dagobert, il est le fils de Clotaire II, le roi de Neustrie, celui qui a fait tomber la redoutable Brunehaut et qui, ainsi, a pu recomposer le royaume des Francs. Mais on ne sort pas indemne de quarante-cinq ans de guerres civiles. Les ruines de ce conflit sont encore fumantes pendant la jeunesse de Dagobert. Il sait bien que quand viendra son tour de régner sur ce vaste royaume, il faudra faire preuve de diplomatie, car les esprits s'échauffent facilement chez les Mérovingiens… La moutarde leur monte vite à la moustache. Les vestes se retournent en un tournemain et les poignards se défouraillent en un clin d'œil. Pour nous qui connaissons un territoire uni, cela paraît dingue, mais à l'époque tout était à faire, l'union n'allait pas de soi et les divisions territoriales étaient monnaie courante à la mort d'un souverain. Bref, être roi des Francs à cette époque-là, c'était pas de la quiche.

Mais notre jeune Dagobert est à bonne école. Sa mère, la reine Bertrude, l'envoie dans la villa royale de Reuilly, à l'est de Paris (station de métro Reuilly-Diderot, oui le métro est un bon moyen de suivre les traces de l'histoire de France).

Les clercs lui enseignent le latin et l'histoire, et dès l'âge de dix ans, il apprend à monter à cheval et à manier les armes. Car ça fait partie du job de roi à l'époque : savoir faire tournoyer une hache d'un mètre de long pour exploser des crânes. Il poursuit ensuite son éducation à l'école du palais pour valider son cursus. Le palais à l'époque est au cœur du pouvoir. Dagobert y côtoie ce qu'on appelle les « maires du palais ». Ce sont les plus hauts dignitaires des royaumes francs, des administrateurs sur lesquels s'appuie le roi. Des hauts fonctionnaires, dirait-on aujourd'hui. Cette expérience à l'école du palais est d'autant plus formatrice pour le jeune Dagobert qu'il fait la rencontre de trois personnalités extraordinaires, qui vont vite devenir ses potes et le noyau dur de son futur gouvernement. Ce sont trois hommes hyper compétents, fiables et valeureux. Il y a d'abord Éloi de Noyon. Vous savez le fameux « bon saint Éloi » de la chanson. Dagobert l'adore. À l'origine c'est un orfèvre ciseleur. Il s'y connaît en métaux ! Et c'est sans doute pour cela que Dagobert en fera un jour son responsable des Monnaies. Il sera son principal ministre, toujours de bon conseil.

Ensuite, il y a Ouen de Rouen. C'est l'homme de loi, très efficace aussi. Dagobert en fera son chancelier et le chargera d'importantes missions d'unification du royaume. Lui aussi sera canonisé et c'est pour cela que plusieurs communes de France portent le nom de Saint-Ouen, comme celle qui se trouve au nord de Paris.

Quant au troisième larron, c'est Amand de Maastricht, un homme de Dieu, un évangélisateur infatigable, considéré même comme le fondateur de l'Église en Belgique. Il sera l'aumônier à la cour de Dagobert et restera dans l'Histoire comme saint Amand, encore un saint, eh oui. C'est déjà la preuve que Dagobert sait très bien s'entourer.

Mais en attendant d'être roi un jour, il se fait les dents sur des missions diplomatiques. Il a son diplôme en poche, il est maintenant stagiaire en quelque sorte ! Son père, le roi Clotaire II, l'envoie un peu partout sur le vaste territoire du *regnum francorum*, le royaume des Francs. Allez, va te promener fiston, va voir du pays. En fait Clotaire, conseillé par sa nouvelle épouse, cherche à l'éloigner de la cour pour favoriser Caribert, le demi-frère de Dagobert. Et clairement, le chouchou du roi. Ça sent à nouveau les embrouilles...

C'est ainsi en tout cas que le jeune Dagobert explore la Neustrie, l'Austrasie et la Burgondie. Il va y faire tout un tas de rencontres avec des grands dignitaires mais aussi de plus humbles sujets. Et c'est une excellente expérience, car il va en retirer une bonne connaissance des territoires sur lesquels il devra régner un jour. Il faut s'imaginer qu'au VIIe siècle, les moyens de communication étaient encore rudimentaires et qu'on ne voyageait pas comme aujourd'hui. Faire un Paris-Lyon, c'est toute une expédition, sachant qu'on parcourt environ 75 kilomètres à cheval par jour. T'as intérêt à avoir une bonne selle car l'époque n'est pas adaptée aux petites fesses douillettes. Et notre Dagobert, non seulement il apprend à connaître le pays, mais réciproquement, le pays fait connaissance avec lui ! Il noue des relations avec des hommes importants et on l'imagine aisément avec la couronne sur la tête. Il a tout juste vingt ans lorsqu'il commence à siéger au conseil du royaume, où il participe aux décisions gouvernementales. Il attend son heure. Elle va bientôt venir.

De bons débuts

En 622, le père de Dagobert, le roi Clotaire, lui confie la couronne d'Austrasie (le Grand Est)… Mais il le place sous la tutelle de l'évêque de Metz, Arnoul, et d'un certain Pépin de Landen, maire du palais d'Austrasie. Retenez bien ce nom car c'est de lui que descendent les Carolingiens. Oui, il est l'aïeul d'un certain Pépin le Bref et d'un certain Charlemagne.

Mais revenons-en à notre Dagobert, roi d'Austrasie. Il se consacre beaucoup à l'amélioration du système judiciaire. Il existe alors une loi germanique, le *wergeld*, littéralement « prix de l'homme », en vertu de laquelle une somme d'argent est exigée d'une personne coupable d'un meurtre ou d'un autre crime grave, en réparation. Genre, je tue ton frère, je te donne un peu d'oseille, et voilà, tu renonces à te venger et on reste bons amis, ok ? Sauf que dans la pratique, ça ne marche pas vraiment, et tout le monde finit par s'entre-tuer. Dagobert va chercher à placer l'autorité royale au centre du système juridique afin de mettre de l'ordre dans les coutumes et clarifier les relations hiérarchiques. Il va donc mettre en place des leudes, des nobles fidèles. C'est le début du système féodal. Je me soumets à toi, mais en échange tu me protèges. Ça fonctionne plutôt bien, la preuve : ce système va perdurer un millénaire ! En fait, c'est avec Dagobert que l'on entre de plain-pied dans ce que l'on appellera plus tard le Moyen Âge.

Dagobert s'intéresse tant aux questions judiciaires qu'il cherche à rendre la justice partout où il se trouve. En cela, il est un peu le précurseur de Saint Louis. La fameuse image de Saint Louis rendant la justice sous un chêne, vous savez ! Pendant ses années de règne en Austrasie, Dagobert passe son temps à régler des conflits, soit par les armes, soit par la négociation, de préférence. Il pacifie les frontières orientales, menacées par les Saxons, Thuringiens, Alamans et Bavarois.

Il est présent sur les batailles et participe à certains combats. Il limite les prétentions des grands aristocrates. Il favorise l'ascension de magistrats intègres. Il assainit la nomination des évêques. Il réforme le domaine fiscal. Bref, il prend le taureau par les cornes et ne recule devant aucune difficulté.

Mais au fait, à quoi ressemble-t-il, le bon roi Dagobert ? La seule chose que l'on sait, c'est qu'il a les cheveux longs. Eh oui, les Mérovingiens sont connus comme les « rois chevelus ». On associe alors une longue chevelure à la puissance, peut-être en référence à la figure biblique de Samson, doté d'une force extraordinaire liée à la longueur de ses cheveux, nous disent les Saintes Écritures. Donc les belles crinières sont à la mode. Dagobert est sans doute un homme assez robuste, si l'on considère ses nombreux voyages et l'énergie qu'il a déployée dans tous les domaines. On sait aussi que c'est un bon vivant. Il a eu d'innombrables concubines et pas moins de cinq épouses légitimes, dans l'ordre du quinté : Gomatrude, Nanthilde, Ragnetrude, Wulfégonde, Berthilde… (Vous marrez pas, au train où nous allons, ce sont sans doute des prénoms qui reviendront à la mode un jour !) En tout cas, Dagobert est probablement un roi un peu paillard, une sorte de Henri IV en version mérovingienne, à la fois soucieux du bien public et de la paix mais qui ne crache pas sur la gaudriole !

Un roi formidable

Quand son père meurt en octobre 629, Dagobert est un roi déjà aguerri, rompu à l'exercice du pouvoir. Il est prêt à régner sur l'immense royaume des Francs, que l'on peut déjà commencer à appeler la Francie, et qui deviendra un jour la France.

Dagobert impose aussitôt son autorité sur la Neustrie, que son père avait donnée à son demi-frère Caribert, par préférence et ce malgré ses compétences très limitées. Dagobert l'envoie paître en Aquitaine, où il mourra à peine trois ans plus tard. Le nouveau roi s'installe à Paris et en fait sa capitale, comme son père l'a fait, et Clovis avant lui. Ses domaines favoris sont Creil, Clichy, Épinay ou Reuilly. La région est en plein essor, car Dagobert mène une politique économique florissante, avec ses grands ministres, Éloi, Ouen et Amand, le trio magique. En particulier l'infatigable Éloi, qui fait du réseau des évêques et des monastères un outil précieux. Eh oui, ce milieu de VIIe siècle, ce n'est pas encore le temps des cathédrales mais c'est le temps des monastères. L'incontournable règle dite de saint Benoît, qui définit les lois de la vie monacale, a fait son chemin. Les monastères poussent comme des champignons. C'est l'émergence d'un modèle de la chrétienté occidentale qui allait perdurer pendant un millénaire.

Avec les monastères, qui diffusent et abritent les reliques, les pèlerinages se généralisent et c'est toute une économie qui se développe. Et il y a un lieu de pèlerinage que Dagobert va considérablement favoriser : la basilique de Saint-Denis, le site considéré comme le plus sacré de l'histoire de France des origines, car il rend hommage à Denis, le premier évêque de Paris, martyrisé par les Romains au cours de sa mission d'évangélisation. Il aurait été décapité avec ses compagnons sur la butte Montmartre. C'est d'ailleurs pourquoi la rue qui y mène aujourd'hui s'appelle la rue des Martyrs. Selon la légende dorée, le saint décapité se serait relevé, aurait ramassé sa tête, et aurait marché jusqu'au lieu de sa sépulture, c'est-à-dire jusqu'à l'endroit qui porte aujourd'hui le nom de Saint-Denis. L'importance de ce saint martyr est telle que Dagobert fera édifier une basilique en son honneur sur le lieu précis de sa sépulture. Bien sûr, à l'époque mérovingienne, elle ne ressemble pas à l'édifice gothique que nous pouvons admirer aujourd'hui. Mais elle devient déjà une abbaye royale, dont

Dagobert est le protecteur. C'est lui qui va lui donner une impulsion extraordinaire, grâce au prestige du saint et aux foires qu'il va développer dans la ville. Les pèlerins affluent, et les commerçants aussi.

Deux légendes illustrent ce lien si fort entre Dagobert et saint Denis, dès sa jeunesse. La première nous raconte que lors d'une partie de chasse près de Paris, Dagobert poursuivit un cerf avec ses chiens. L'animal traqué trouva refuge dans une chapelle dédiée à saint Denis. Et les chiens se seraient arrêtés net devant la porte, n'osant pas pénétrer dans le lieu sacré. Une autre légende nous dit plus tard que Dagobert, à cause d'une querelle avec l'un des fidèles de son père, se serait senti en danger de mort. Il serait revenu dans cette même chapelle, où il se serait assoupi. Saint Denis lui serait apparu, pour lui proposer sa protection s'il s'engageait à honorer sa mémoire. Légende ou réalité, on peut dire que Dagobert a largement tenu sa promesse, car il a favorisé la gloire de la basilique de Saint-Denis jusqu'au moment de sa mort. Lorsqu'il sent sa fin proche, en 639, rongé par la maladie, il demande même à mourir près du tombeau de saint Denis et à être inhumé au sein de la basilique. Il inaugure ainsi une longue tradition, car tous les rois de France, ou presque, se feront enterrer dans cette basilique, qui devint ainsi une nécropole royale. Vous pouvez y admirer encore aujourd'hui les nombreux gisants des rois. Alors ayez une petite pensée pour le bon roi Dagobert la prochaine fois que vous irez la visiter !

Une œuvre gigantesque… éclipsée par une pantalonnade !

La mort du roi Dagobert en 639 marque la fin des grandes heures mérovingiennes. Car après lui des rois médiocres vont se succéder. On les appellera les « rois fainéants ». Tu fais rien, tu fais néant. Fainéant ! Cette image de rois bons à rien va être passablement caricaturée sous la IIIe République. On va les représenter comme des gros nigauds jouisseurs, se faisant tirer par des chars à bœufs ou en train de se prélasser sur des peaux de bête en bâfrant de la bidoche. C'est sans doute excessif, mais c'est vrai qu'ils ne font pas grand-chose, ces derniers Mérovingiens. À partir de Thierry III, ils laissent carrément les maires du palais gouverner à leur place. Mais quand la situation finit par devenir intenable, un maire du palais va siffler la fin de la récré. C'est Pépin le Bref. Il décrète qu'il est temps de changer d'autorité royale – il se voit bien lui-même dans le rôle. Il est issu de la noble famille franque des Pippinides, en pleine ascension. Bref – c'est le cas de le dire –, Pépin est l'homme de la situation. Toutefois, il fait ça un minimum dans les règles en écrivant au pape pour lui demander la permission de déposer le dernier descendant de Clovis, Childéric III. « Très Saint Père, euh… comment vous dire… voilà j'aimerais bien être roi à la place de ce glandu de Childéric. Ça ne pose pas de problème de votre côté ? » Le pape donne son feu vert et c'est ainsi que Pépin le Bref monte sur le trône des Francs en 751 et propulse une nouvelle dynastie – les Carolingiens –, dont le plus célèbre sera son fils : Charlemagne.

Dagobert apparaîtra alors rétrospectivement comme le dernier grand Mérovingien. Et c'est vrai que lorsque l'on fait le bilan de son règne, c'est du lourd, du très lourd. Il a jeté les bases d'un gouvernement solide. Il a favorisé l'essor des grands principes du Moyen Âge – féodalité, monastères –, il a forgé un État central puissant – même si cet État s'est défait après sa mort, avec le partage des royaumes entre ses fils –, il a fait de Paris sa capitale unitaire, il a fondé la basilique de Saint-Denis. Mais surtout, il s'est montré tout au long de son règne soucieux du bien public. Et cela, c'est peut-être ce que l'on a tendance à oublier.

Et pourquoi l'oublie-t-on ? À cause d'une petite chanson qui a fini par éclipser son œuvre gigantesque dans la mémoire collective. Je vous rappelle le premier couplet : « Le bon roi Dagobert / A mis sa culotte à l'envers / Le grand saint Éloi / Lui dit : "Ô mon roi ! / Votre Majesté / Est mal culottée." / "C'est vrai, lui dit le roi / Je vais la remettre à l'endroit." » Cette chanson, elle ne date pas du tout de son règne. Elle a été écrite bien plus tard, dans la seconde moitié du XVIIIe siècle. Mais pourquoi cette histoire de culotte à l'envers ? Eh bien parce que, selon la légende, Dagobert était tellement distrait qu'il avait l'habitude de mettre ses culottes, c'est-à-dire ses pantalons dans le langage de l'époque, à l'envers. On raconte même que Dagobert, très populaire et bon vivant, ne rechignait pas à se tourner lui-même en dérision. Mais en réalité, cette chanson parodique ne cible pas directement Dagobert, c'est toute l'autorité royale qui est visée et tournée en ridicule, en ce siècle des Lumières qui prépare le terrain à la Révolution française. D'ailleurs, les couplets ont été écrits au fil du temps et certaines paroles datent précisément de la période révolutionnaire. À travers Dagobert, c'est de Louis XVI dont on se moque, tout en échappant à la censure. On se moque par exemple d'une certaine tendance à la gloutonnerie qu'avait Louis XVI : « Le bon roi Dagobert / Mangeait en glouton du dessert. » Pauv' Dagobert, c'est bête quand même, il a passé toute sa vie à œuvrer pour un royaume fort et en paix, et il nous apparaît comme une espèce de grand dadais qui ne sait pas mettre son slip ! La postérité est parfois injuste.

ALIÉNOR D'AQUITAINE

La méga-reine

Si elle apparaissait là, devant moi, je n'en finirais pas de lui faire des courbettes tellement elle est impressionnante. Elle a quand même été duchesse d'Aquitaine, reine de France puis reine d'Angleterre. Ça claque comme CV. Même Meghan Markle ne tient pas la comparaison ! Notre duchesse deux fois reine est belle, intelligente, ambitieuse, elle parle cinq langues, elle croque dans la vie comme dans les hommes et elle est douée d'un grand sens de la politique et d'une audace sans limite… Bref, je vous emmène au Moyen Âge sur les traces d'Aliénor d'Aquitaine !

La duchesse

Aliénor d'Aquitaine est née vers 1122. Et il faut remonter un peu le temps pour comprendre ce que représente le duché d'Aquitaine, son territoire. Vous savez, au Moyen Âge, la carte de France, elle change toutes les trois minutes. Il suffit qu'un duc ou un comte aille souffler dans les bronches de son voisin, et, ça y est, on sort les crayons de couleur et on redessine les frontières !

Donc, pour faire très simple, la France à l'époque ressemble à la France d'aujourd'hui, mais elle est morcelée en seigneuries plus ou moins importantes tenues par des vassaux du roi de France.

En 854, le comte Ramnulf Ier de Poitiers annexe le duché d'Aquitaine. Rien que son nom à celui-là, ça vend du rêve, mais attention faut pas le chauffer sur le champ de bataille, le gars. En 1063, soit deux cents ans plus tard, Guillaume VIII d'Aquitaine, son descendant, s'empare du duché de Vasconie. La Vasconie, c'est entre Bordeaux et Bayonne. C'est là où l'on fait du surf, en gros. Et donc, petit à petit, à force de bouffer ses voisins, le duché d'Aquitaine finit par représenter un très gros quart sud-ouest de la France actuelle.

C'est vraiment le duché le plus puissant de France. Le père d'Aliénor, Guillaume X d'Aquitaine, est le dernier Ramnulfide à diriger son duché. Sa femme, la duchesse de Châtellerault, lui a donné trois enfants : Aliénor, Pétronille et Guillaume qui meurt en bas âge. Privé de fils, Guillaume X éduque ses filles comme ses héritières. Et y a pas à dire, grandir à la cour d'Aquitaine, c'est sympa. Les Occitans ne sont pas proches du Vatican. Tout en étant très pieux, ce qui est naturel à l'époque, ils ne se laissent pas dominer par le pape et sa vision de la vertu. La région est d'ailleurs le berceau de l'amour courtois et des troubadours. On sait draguer en Aquitaine ! La vie est joyeuse.

Aliénor est élevée pour tenir son rang. Elle apprend le latin, la musique, la littérature, l'équitation et la chasse. Et en plus, pour ne rien gâcher, elle a l'esprit particulièrement aiguisé et elle est d'une beauté à couper le souffle. Imaginez un visage gracieux encadré de très longs cheveux dorés, un corps fin et souple… bref, elle est parfaite. Mais ce qui fait d'elle la femme la plus convoitée d'Europe, ce n'est pas son joli minois, ce n'est pas son intelligence non plus, non, c'est son fief. « T'as un beau fief, tu sais », lui aurait dit Jean Gabin dans la version poitevine de *Quai des brumes.*

Guillaume X va donc choisir le meilleur parti pour sa fille, le fils du roi de France Louis VI le Gros, Louis VII. L'union est conclue entre le roi et le duc alors que celui-ci est mourant.

Mais mourir sur le chemin de Saint-Jacques-de-Compostelle en plein pèlerinage, en 1137, c'est la classe. Et pendant que Guillaume X taille le bout de gras avec saint Pierre, la petite Aliénor prend son duché en main. Du haut de ses quatorze ans, elle ne rigole pas, la gamine ! Elle exige que tous ses vassaux lui prêtent allégeance. Mais elle a beau avoir de l'autorité la petite, elle ne peut pas rester longtemps sans mari. Au XIIe siècle, enlever une femme pour l'épouser de force, ça se faisait encore. Or, si Aliénor se fait kidnapper et épouser, son mari deviendra le duc d'Aquitaine et tant pis s'il la séquestre. Oui, on est encore très loin de la loi sur le harcèlement de rue, au XIIe siècle. Aliénor s'installe donc à Bordeaux sous la garde de l'évêque Geoffroy de Loroux dans l'attente de l'arrivée de son fiancé…

Reine de France

– Pétronille, ma soeur Pétronille, ne vois-tu rien venir ?

– Ah ben si, si, je vois un petit prince venir. Il a dans les dix-sept ans, il est un peu maigre, il est blond, il a pas un charisme de ouf mais ça peut le faire…

Oui, ça peut le faire parce que dans le fond, Aliénor, elle n'a pas envie d'épouser un gros macho. Elle préfère un mari qu'elle pourra avoir à sa botte. Nous sommes le 25 juillet 1137, le petit couple s'avance devant l'autel de la cathédrale de Bordeaux et, après un oui ému, les voilà mari et femme. La noce a lieu au château de Taillebourg où Aliénor attend avec ferveur la consommation de son mariage. Dans le lit, c'est manifestement elle qui prend les devants et il aime ça, le petit Louis. Lui si pieux, si timide, tombe raide dingue de sa femme.

Elle passerait bien la semaine au lit, Aliénor, histoire de profiter de sa lune de miel, mais un événement inattendu survient. Louis VI le Gros meurt dans les jours qui suivent son mariage. Son fils Louis VII donc lui succède et Aliénor est propulsée reine de France à quinze ans. Mais ça ne lui fait pas peur, bien au contraire.

Après quelques semaines de voyage, Aliénor pose ses valises au palais de la Cité. Le château du roi de France se trouve alors sur l'île de la Cité, près de l'actuelle Sainte-Chapelle. Le bâtiment deviendra plus tard la prison de la Conciergerie où sera enfermée Marie-Antoinette avant d'être guillotinée. Le palais de la Cité ne ressemble pas à une enfilade de salons cosy. Ce sont plutôt de grandes salles froides. La cour est super austère. On ne pense qu'à prier ou à guerroyer. Quand Aliénor arrive, c'est une petite révolution. Imaginez cette fille superbe qui débarque avec ses robes colorées, très moulantes au niveau du buste, entourée de toutes ses copines occitanes qui veulent écouter des troubadours, organiser des grands dîners, et se faire dragouiller courtoisement par les damoiseaux. Belle-maman Adélaïde de Savoie apprécie moyennement sa bru. C'est pas grave, son fiston l'envoie en vacances sur ses terres pour pouvoir roucouler tranquillou avec sa reine. Avec tout ça, au nord de la France, Aliénor se fait vite une mauvaise réputation mais le roi, son mari, n'a d'yeux que pour elle et lui passe tous ses caprices.

– Que voulez-vous, ma mie ?

– Je veux que ma sœur Pétronille épouse ton cousin, le sénéchal de France Raoul de Vermandois.

– Ça va être compliqué, ma mie, il est déjà marié.

– Débrouille-toi, sinon c'est ceinture !

Que voulez-vous qu'il fasse, Louis VII ? Aliénor a bien compris que la politique commence avec le jeu des alliances et elle veut que sa petite sœur épouse l'un des hommes les plus importants du royaume. Louis VII oblige son sénéchal à répudier sa femme pour cause de consanguinité – genre il ne s'en était pas rendu compte avant – pour épouser sa belle-sœur.

Et là, c'est le drame !

Éléonore de Blois, la femme répudiée, va immédiatement chouiner dans les bras de son frère Thibaut IV de Blois-Champagne. Et comme l'auraient dit plus tard les rappeurs d'IAM : « Oh, comment tu parles à ma sœur ! »

Donc plutôt que d'aller se fumer derrière les cyprès façon marseillaise, Thibaut se la joue champenoise : il déclare la guerre au roi de France ! Et là, Louis VII, il l'a très mauvaise, mais vraiment très mauvaise. Il est obligé d'assiéger Vitry-en-Perthois puis d'y mettre le feu avec ses habitants encore dedans. Défait, Thibaut IV de Blois-Champagne se rend. Mais le roi ne savoure pas sa victoire… Oh non ! Il se tape une grosse dépression. Il a tué des civils à cause d'une histoire de jupons. Et sa jolie Aliénor, il la regarde plus pareil.

En 1147, Louis VII décide de faire plaisir au pape, de servir Dieu, son royaume, et de racheter son âme. Il va partir en croisade. Son but est de porter secours aux chrétiens d'Orient contre les Turcs qui mènent une politique d'expansion. Mais Aliénor n'a pas l'intention de le laisser partir tout seul. Elle le fait accompagner de chevaliers et de pèlerins. Pendant qu'il les réunit, Aliénor rassemble des dames et des troubadours. Deux salles, deux ambiances. Elle, elle part clairement faire du tourisme.

De son côté, Louis VII, qui à part cramer ses propres sujets dans une cité assiégée ne sait pas faire grand-chose sur un champ de bataille, va enchaîner les défaites au Proche-Orient. En mars 1148, tout le monde estime qu'il est temps de faire une pause et les convois croisés s'installent à Antioche dont le souverain est Raymond de Poitiers, l'oncle d'Aliénor.

Il n'y a pas à dire, Raymond de Poitiers a su mêler l'art de vivre occitan avec celui de l'Orient. Autant Aliénor adore ces petites vacances et la gastronomie locale, autant Louis VII ronge son frein et veut partir pour Jérusalem. Le couple est en pleine crise et bientôt, de vilaines rumeurs commencent à courir sur Aliénor. On raconte qu'elle a une liaison avec son oncle. Après une bonne grosse dispute, les croisés repartent. Louis VII essuie une nouvelle série de défaites et au final, tout le monde rentre en France. C'est ce qu'on appelle faire la croisade pour des prunes, d'ailleurs l'expression vient de là car ils ramèneront justement en France ce fruit exotique...

Le roi et la reine, toujours fâchés, refusent de rentrer sur le même bateau. Il n'y a plus qu'un point sur lequel ils sont d'accord : ils pourraient faire annuler leur mariage pour consanguinité. Mais avant d'en arriver là, se laisseront-ils une dernière chance ?

D'un roi à l'autre

Au final, Louis VII et Aliénor essayent de recoller les morceaux. Évidemment, ils tentent de régler leurs problèmes sur l'oreiller et Aliénor tombe enceinte. Hélas, c'est une fille qui vient au monde, or ils en avaient déjà une. La reine a échoué à donner un héritier à la couronne de France. En 1152, le couple réunit les évêques du royaume pour faire annuler leur mariage. Maintenant ça suffit !

Louis VII, en sa qualité de roi célibataire, a l'embarras du choix. Constance de Penthièvre, princesse Bretonne, lui fait de l'œil mais il lui préfère Constance de Castille qui lui donnera elle aussi deux filles. Quand ça veut pas, ça veut pas.

De son côté, Aliénor, âgée de trente ans, est prête à monter en grade. Elle se cherche maintenant un homme ambitieux, à fort potentiel, qu'elle pourra manipuler pour assouvir ses propres ambitions. Régner c'est son gros kiff.

Il lui faut pas deux mois pour mettre le grappin sur un petit jeune de vingt-deux ans, Henri Plantagenêt. Ce nom lui viendrait d'une habitude d'un de ses aïeuls de planter une branche de genêt sur sa coiffe. Mais de surcroît, le petit Henri, il a autant de terres qu'elle : il est comte d'Anjou et du Maine et duc de Normandie. À eux deux, Aliénor et Henri possèdent plus des deux tiers de la France. Mais surtout, Aliénor épouse cette fois un homme au tempérament radicalement différent de celui de Louis VII. Henri est fougueux et audacieux. Ensemble, ils décident de se lancer dans un grand projet : la conquête de l'Angleterre.

Aussitôt dit, aussitôt fait, Aliénor devient reine d'Angleterre en 1154 après avoir été reine de France. On parle même de l'empire Plantagenêt. Le couple possède un territoire qui va de l'Écosse aux Pyrénées. Le fief de la couronne française n'est qu'une bande de terre allant de la Flandre à Carcassonne. Celui-ci est deux fois moins grand que l'empire Plantagenêt.

Tout ce pouvoir, ça les excite drôlement, Aliénor et Henri. Ils vont avoir huit enfants, dont Richard Cœur de Lion et Jean sans Terre, vous savez, le prince Jean dans Robin des bois ! Cependant, la lune de miel ne va pas durer plus de quelques années. Henri Plantagenêt a trop de caractère pour laisser Aliénor jouer bien longtemps les Pygmalion. Bientôt, il remet sa femme à sa place : dans sa chambre à pondre des héritiers. J'aime autant vous dire que ça plaît moyennement à Aliénor. Malgré tout, elle délaisse l'Aquitaine pour suivre son mari dans tous ses déplacements et lui servir de lieutenant autant qu'elle le peut. Mais les choses sont loin d'être simples. Et Henri, sans surprise, comme bien des hommes de pouvoir, collectionne les maîtresses. Aliénor doit intriguer pour que les bâtards du roi ne concurrencent pas ses propres fils. Elle va jusqu'à demander au pape Célestin III de donner à l'un d'eux l'archevêché de York pour qu'il ne revendique jamais la couronne de son père.

L'empire Plantagenêt n'a aucune unité. Un duché par-ci, un comté par-là, ça ne fait pas un royaume bien cohérent. Henri tente donc une réforme dynastique pour confier des morceaux de ses terres à ses fils. Richard, fils d'Aliénor et le chouchou de sa maman, reçoit le duché d'Aquitaine. Comme il est encore jeune, Aliénor rentre sur ses terres pour y exercer le pouvoir au nom de son héritier. Elle a presque cinquante ans et considère qu'il est temps pour elle de s'accorder une petite pause.

Elle s'installe donc à Poitiers où elle délaisse la politique au profit d'une paisible vie de cour. Elle fait venir plusieurs artistes auprès d'elle et notamment des troubadours. Il se peut même qu'elle ait eu une liaison avec Bernard de Ventadour, mais soyons prudents sur les coucheries. On sait comment ça marche dans l'Histoire. Pour créer une légende noire à une femme, on lui donne plein d'amants ! D'ailleurs on raconte, mais on ne sait pas si c'est vrai, qu'elle aurait mis en place des « cours d'amour ».

Il s'agit d'un jeu qui parodie une cour de justice pendant lequel on débat de questions amoureuses. En gros, ils se refont un peu *Le Banquet* de Platon en mode jeu de rôles grandeur nature. C'est un certain André le Chapelain qui aurait rédigé les règles de ce jeu mais d'autres disent que le Chapelain aurait tout inventé pour faire passer Aliénor pour une catin.

Je serais bien en peine de trancher entre ces deux versions de l'histoire. Ce qu'il y a de certain en revanche, c'est qu'Aliénor s'entoure d'esprits brillants, d'artistes et d'intellectuels. Sa fille Marie de Champagne ramène régulièrement à la cour de sa mère son protégé, Chrétien de Troyes. Chez Aliénor, celui-ci s'inspire de la littérature anglaise qu'elle a fait traduire, en particulier les chroniques de l'évêque et historien Geoffroy de Monmouth. C'est dans ces écrits que Chrétien de Troyes puise son inspiration pour ses romans de chevalerie qui parlent de quête du Graal, de Table ronde et d'Excalibur. Les romans *Lancelot ou le chevalier de la Charrette*, *Yvain ou le chevalier du lion* et *Perceval ou le conte du Graal* sont à l'origine de la littérature arthurienne, et tout ça, c'est un peu grâce à Aliénor qui fait la jonction entre les talents français et anglais.

Tous les auteurs un peu ambitieux veulent écrire pour elle. Par exemple, le poète normand Wace lui dédicace son *Roman de Brut*, une histoire légendaire de la Bretagne. Aliénor s'impose comme l'un des plus grands mécènes d'Europe. Cela dit, les livres c'est bien, mais elle a aussi envie de laisser son empreinte dans le paysage. En 1162, elle finance les travaux d'une nouvelle cathédrale à Poitiers.

Cependant, tout ça c'est bien gentil, mais les vacances, ça ne dure qu'un temps. L'exercice du pouvoir lui manque. Puisque Henri ne lui laisse plus de place en politique, elle en reprendra par la force s'il le faut !

Prisonnière

En 1170, Henri Plantagenêt fait de son fils Henri le Jeune son héritier. Celui-ci partage la couronne paternelle sans régner pour autant. Ses frères ont aussi leurs propres fiefs. Au creux de leurs oreilles, Aliénor murmure : « Mes chers fils, votre père ne vous laissera jamais régner… Peut-être que… »

L'air de rien, Aliénor remonte ses rejetons comme des coucous et les pousse à faire un coup d'État contre leur propre père. Vous la voyez venir ! Elle espère retrouver son influence politique en devenant la conseillère de l'ombre de ses fils. Et voilà que Richard Cœur de Lion, Geoffroy II de Bretagne et Henri le Jeune se rebellent contre papa. Et alors là, c'est le bordel. Pour la faire courte, Henri Plantagenêt va remettre ses fistons au pas avec une bonne rouste sur le champ de bataille. Le plus difficile à dompter, c'est le lion, qui est en réalité l'archétype du fils à maman ! Plantagenêt lance deux offensives contre l'Aquitaine. À la seconde, il prend le dessus. Voyant le vent tourner, Aliénor essaye de se carapater. Déguisée en homme, elle fuit par une fenêtre de son château, genre en rappel comme si elle avait son brevet d'État d'alpinisme, et elle s'en va au triple galop. Mais pas de bol, elle est arrêtée par les hommes de son mari. Au final, Richard Cœur de Lion repasse dans le camp de papa. Fin de partie pour Aliénor, qui se retrouve emprisonnée par son propre mari et baladée en résidence surveillée de château en château, Chinon, Salisbury et un paquet d'autres en Aquitaine.

Pour la petite blague : vous savez où Aliénor comptait se réfugier quand elle a essayé de s'enfuir ? Chez son ex-mari, le roi de France Louis VII ! L'idée ne lui est pas venue par hasard. Il faut bien imaginer que ça fait vingt ans que Louis VII et Henri Plantagenêt se bastonnent pour agrandir leurs fiefs. En plus de ses terres et de celles d'Aliénor, Henri Plantagenêt a mis la main en 1170 sur la Bretagne. Ses terres sont si vastes que le poète gallois Giraud de Barri le surnomme « l'Alexandre d'Occident » ! Quand il fait de la flagornerie, le Giraud de Barri, il n'y va pas avec le dos de la cuillère à pot ! Louis VII l'a mauvaise car tout roi d'Angleterre qu'il est, Plantagenêt est son vassal en France. Depuis, les deux n'arrêtent pas de se bagarrer et leurs enfants vont hériter de leur conflit. Alors vous pensez bien, quand Louis VII voit les enfants de son pire ennemi se liguer contre leur père, il les soutient. Il avait même accueilli Thomas Becket, l'archevêque de Cantorbéry quand celui-ci s'était opposé au roi d'Angleterre. Dans ce contexte, donner l'asile à son ex-femme pour faire bisquer Plantagenêt, ça le faisait bien délirer… mais vous l'aurez compris, ça n'arrivera jamais. Aliénor va passer quinze ans en résidence surveillée.

C'est tellement long que tous ses enfants défilent dans le bureau de papa en mode médiateur conjugal, mais Henri ne lâche rien. Il sait bien qu'Aliénor est incontrôlable. Elle vit pour le pouvoir. Le seul moyen de la neutraliser, c'est de l'enfermer.

En 1185, Richard Cœur de Lion menace encore de se soulever contre son père depuis son fief d'Aquitaine. Henri autorise alors Aliénor à séjourner sur ses terres natales à l'unique condition qu'elle calme les velléités de son rejeton. Et puis Aliénor, partout où elle peut exercer son influence, elle le fait. Elle ne cherche plus à nuire à son mari car elle veut vraiment préserver l'unité de son empire. En contrepartie, elle espère bien pouvoir gouverner un peu son duché. Mais en 1189, un nouvel événement vient à nouveau bouleverser la vie de la duchesse d'Aquitaine.

La veuve joyeuse

En 1189, Aliénor est enfin veuve ! C'est pas beau la vie ! Vous pensiez qu'elle allait prendre sa retraite parce qu'elle a soixante-sept ans ? Oh que non ! La vie commence à cet âge, au contraire.

C'est Richard Cœur de Lion, son chouchou, qui succède à son père et en plus il a l'intention de se barrer en croisade. Et qui va régner sur l'empire Plantagenêt pendant qu'il guerroie sur les terres orientales ? C'est maman ! Pour se mettre dans la poche les anciens ennemis de feu son mari, elle sillonne l'Angleterre à cheval pour les faire libérer et les obliger ensuite à prêter allégeance à son fils. C'est malin, faut le reconnaître.

Aliénor ne s'arrête pas là. Alors que son fils vient de se fiancer avec Bérengère de Navarre, elle va chercher sa bru et l'escorte jusqu'en Italie pour qu'elle puisse partir avec son nouvel époux en croisade. Voyage de noces ! C'est cadeau.

Pendant qu'Aliénor fait du cheval entre l'Angleterre, la Navarre et l'Italie, son fils Jean sans Terre en profite pour prendre du galon et essayer d'usurper la couronne de son frère. Pour y parvenir, il s'allie à Philippe Auguste, le fils de Louis VII et de sa troisième femme, devenu roi de France, et lui cède le Vexin. Vous suivez toujours ?

Aliénor va piquer une de ces colères ! Elle ne va quand même pas laisser son propre gamin démanteler son empire… Heu pardon, l'empire de Richard Cœur de Lion. Elle va réunir autour d'elle ses vassaux et aller assiéger son propre fils. Là, Jean sans Terre, il se fait bien tirer les oreilles. Mais ses enfants n'ont pas fini de lui en faire voir de toutes les couleurs. Alors qu'il rentre de la troisième croisade, Richard se fait kidnapper. Non, pas à Jérusalem, ça aurait été trop facile ! Il se fait kidnapper sur le territoire du Saint Empire romain germanique par le duc Léopold V d'Autriche. Et pourquoi il le kidnappe ? Parce que Richard et Léopold s'étaient pris le chou quelques mois plus tôt en Orient et que Richard avait publiquement insulté Léopold. Le lion se retrouve en cage à Dürnstein avant d'être livré à l'empereur Henri VI. L'empereur exige cent cinquante mille marcs d'argent pour libérer son prisonnier. C'est deux ans de PIB de la couronne anglaise… vous me pardonnerez l'anachronisme mais c'est l'idée !

Aliénor a plus de soixante-dix ans mais je crois que dans le fond, ça l'amuse pas mal de gérer ses terres et ses gamins. Elle va réunir cent mille marcs, soit les deux tiers de la somme, et les acheminer elle-même à Mayence pour faire libérer son fils. Elle a même écrit au pape pour lui reprocher de ne pas venir en aide à Richard. Ça, il fallait oser le faire. À l'époque, les réseaux sociaux n'existent pas mais l'information peut circuler étonnamment vite. En apprenant la libération de Richard Cœur de Lion, Philippe Auguste aurait envoyé un message à Jean sans Terre : « Le diable est lâché ! » Je répète : Le diable est lâché !

Richard rentre en Angleterre et reprend sa couronne à son petit frère de force. Cette fois, Aliénor n'accompagne pas son fils. Elle prend un peu de vacances à l'abbaye de Fontevraud.

Lorsqu'elle apprend le décès de Richard en 1199, elle prend cette fois parti pour Jean sans Terre contre son rival, le comte de Bretagne. La couronne doit rester en famille. À soixante-dix-sept ans, infatigable, Aliénor parcourt tous ses fiefs pour pousser ses vassaux à prêter allégeance à son dernier fils.

Sur ces entrefaites, Aliénor se donne une dernière mission : placer une de ses descendantes à la cour de France. Pour cela, elle passe un accord avec Philippe Auguste censé conclure la paix entre la France et l'Angleterre. Il s'agit de fiancer l'héritier de la Couronne, le futur Louis VIII, à une des petites-filles d'Aliénor.

Pour ce faire, Aliénor, qui frôle les quatre-vingts ans, se rend en Castille dont le roi, Alfonse VIII, a épousé l'une de ses filles, Aliénor d'Angleterre. Le couple a deux filles disponibles pour des alliances : Urraque et Blanche. Théoriquement, Aliénor devrait suivre l'ordre des naissances et choisir l'aînée. Mais elle n'a pas franchi les Pyrénées pour se plier à cette règle trop évidente. Elle est venue jauger ses deux petites-filles pour choisir laquelle des deux continuerait son œuvre. Elle juge Urraque trop douce. En revanche, elle voit en Blanche une petite fille aux yeux brillants d'intelligence et au caractère bien trempé. C'est donc Blanche de Castille qui épousera le futur Louis VIII. Elle s'est pas trompée, Aliénor. Par ce mariage, elle donne à la France une future grande reine. Blanche de Castille mettra au monde le futur Saint Louis et exercera la régence à la mort de son mari. Telle grand-mère, telle petite-fille.

Aliénor, quant à elle, s'éteint à quatre-vingt-deux ans à Poitiers en 1204. Jusqu'à son dernier souffle, telle Olenna Tyrell dite la reine des Épines dans *Game of Thrones* dont elle est l'inspiratrice, elle a soumis ses vassaux rebelles et tenu ses fiefs d'une main de fer. Incroyablement indépendante d'esprit, politicienne avisée, voyageuse infatigable, elle laisse une empreinte indélébile sur l'Europe médiévale. Mes hommages, madame la duchesse !

JEANNE D'ARC

L'Âme de la France

La vie de Jeanne d'Arc est une histoire si passionnante et si étonnante qu'elle dépasse en rebondissements, en émerveillement et en intensité dramatique les contes les plus fabuleux. C'est bien simple : même avec toute l'imagination du monde, nul n'aurait su écrire une telle histoire, une telle trajectoire, un destin aussi stupéfiant que celui de ce petit bout de femme de seulement dix-sept ans qui porte sur ses frêles épaules le sort de tout un royaume. C'est un gros dossier de l'histoire de France. Un de ces dossiers bien épais dont le Moyen Âge a le secret, à la fois ténébreux et lumineux, dont les pages jaunies par les siècles n'ont rien perdu de leur éclat.

En ce temps-là, la France, prise dans la tourmente de la guerre de Cent Ans, est sur le point de disparaître. Et c'est alors que surgit des marches de Lorraine une pucelle qui se dit guidée par des voix célestes. Elle vient bouter les Anglais hors du royaume et faire sacrer le roi Charles VII. Elle vient, tout simplement, sauver la France. Rien que ça ! Elle s'appelle Jeanne d'Arc. Son épopée n'a duré que deux ans mais six siècles après, elle continue de nous fasciner. Des milliers de statues d'elle se dressent sur les places de nos villes et villages. Mais, au-delà de la figure de vitrail, qui était cette femme de chair et de sang ? Pourquoi a-t-elle stupéfié ses contemporains ? Quel miracle a-t-elle accompli ? C'est ce que je vais vous raconter maintenant. Alors sonnez trompettes, roulez tambours et hissez-vous bannières, direction le XVe siècle !

Une jeune paysanne comme les autres...

Jeanne d'Arc est née dans le village de Domrémy, situé dans la vallée de la Meuse, aux marches de la Lorraine et de la Champagne, sur un territoire frontalier du Saint Empire : le « Barrois mouvant », surnommé ainsi car sans cesse tiraillé entre les puissances voisines. Le registre paroissial n'étant pas encore tenu à l'époque, la date exacte de sa naissance est incertaine, mais la tradition s'est fixée sur le 6 janvier 1412. Le 6 janvier, c'est le jour de l'Épiphanie. Vous savez, le jour où l'on mange la galette des Rois, en souvenir de ce fameux épisode de l'Évangile où les Rois mages viennent apporter des cadeaux à l'Enfant Jésus. Ah j'aime bien ça la galette des Rois, avoir la fève, la couronne en carton doré, choisir la reine... Bon je m'égare. Donc je disais, on a choisi cette date du 6 janvier pour la naissance de Jeanne d'Arc, car ça fait un joli symbole pour celle qui sera un jour faiseuse de roi. Jeanne est la fille de Jacques d'Arc, laboureur de son état, et d'Isabelle Rommée. C'est une famille paysanne relativement aisée. Son père est propriétaire d'une vingtaine d'hectares de terres et compte parmi les notables de Domrémy. La légende de la pauvre bergère est apparue plus tard, pour rapprocher Jeanne de son destin de sainte chrétienne. Là aussi, on est dans la symbolique biblique, le bon pasteur, le berger des âmes égarées, vous voyez... Cela dit, il est fort probable que Jeanne ait gardé parfois des moutons quand elle était à Domrémy, car sa famille possédait des bêtes. Elle-même y fera allusion plus tard. Il lui arrive aussi de sarcler le jardin, d'aider aux moissons et aux tâches ménagères, mais ce qui l'occupe plus que tout, c'est de filer la laine et le chanvre, pendant des heures. Elle rapièce les chemises de ses frères et coud des cottes de lainage. Il paraît qu'elle excelle dans ce domaine, car elle dira pendant son procès qu'elle est aussi douée que les femmes de Rouen pour tisser et coudre.

Jeanne, ou Jeannette, comme on la surnomme, grandit avec ses trois frères et sa sœur dans une famille pieuse et aimante. Elle va souvent à l'église et parfois en pèlerinage à Notre-Dame de Bermont, où elle va déposer des couronnes de fleurs au pied de la statue de la Vierge Marie. Jeanne prie avec ferveur, se confesse et communie autant qu'elle le peut. Si elle ne sait « ni A ni B », comme elle le dit elle-même, reconnaissant son illettrisme, elle sait en revanche sur le bout des ongles le *Credo*, le *Pater Noster* et *l'Ave Maria*, que lui a enseignés sa mère. À ses heures perdues, Jeannette aime se promener avec ses copines Hauviette et Mengette à l'orée du bois Chenu, près de sa maison, jusqu'à la fontaine des Groseilliers. Elles vont papoter à l'ombre de l'arbre aux Dames, un hêtre colossal qui, selon les vieilles croyances, abriterait des fées. L'une de ses marraines dit en avoir déjà vu, mais Jeanne se tiendra toujours à l'écart des superstitions païennes. Bref, Jeanne est une fille de la campagne, une jeune paysanne comme les autres. Enfin presque.

Dans ce tableau pastoral et bucolique, on pourrait croire qu'elle vit une enfance insouciante… Or la guerre fait rage. Elle fait des ravages jusque dans son village, cette interminable guerre que l'on appellera rétrospectivement la guerre de Cent Ans.

Rappelons le contexte… L'Angleterre revendique des droits sur la couronne de France, depuis la mort sans héritier des derniers fils de Philippe le Bel, les Capétiens directs. Ce sont les Valois qui montent sur le trône, mais les Anglais, sous le règne du redoutable Édouard III, débarquent avec fracas et infligent à l'armée française de cuisantes défaites : Crécy, Poitiers, Azincourt. Jeanne n'avait que trois ans quand s'est déroulée cette dernière bataille terrible, où la fine fleur de la chevalerie française fut décimée par les Anglais grâce à leurs archers.

Et cinq ans après Azincourt, soit en 1420, le roi Charles VI, dit « le Fol », complètement dépassé par les événements, commet un acte impensable en signant le « honteux traité de Troyes », comme on l'appellera vite. Le roi de France accepte de déshériter son fils, le dauphin Charles, futur Charles VII, et de céder la couronne au roi d'Angleterre à sa mort. C'est tout simplement de la haute trahison. Mais que vaut un traité signé par un roi complètement dingo, sous la dictée de l'ennemi, à l'instigation du puissant duc de Bourgogne qui joue pleinement son intérêt, quitte à s'allier avec les Anglais ? À la mort de Charles VI, le roi anglais Henri V, le vainqueur d'Azincourt, est déjà mort, et son fils Henri VI est âgé de quelques mois seulement. C'est son oncle, le duc de Bedford, qui assure la régence. Et en France, le dauphin Charles, lui, va se réfugier au sud de la Loire, à Bourges, avec ses derniers partisans. On l'appelle avec mépris « le petit roi de Bourges ». Lui-même doute de sa légitimité, écoutant les rumeurs qui le disent bâtard. Tout semble perdu.

« Puis vint cette voix... dans le jardin de mon père »

Jeanne d'Arc grandit dans un monde qui s'écroule. Tous les fléaux s'abattent sur le royaume de France. Et la vallée de la Meuse n'est pas épargnée. Au contraire ! Domrémy est un lieu de passage qui relie deux vastes possessions du duché de Bourgogne. C'est là aussi que sévissent des bandes de routiers qui terrorisent la population, brûlent les villages – celui de Jeanne sera d'ailleurs incendié –, massacrent les hommes et violent les femmes. Les régions frontalières, plus exposées, sont souvent celles qui payent le plus lourd tribut pendant les guerres. Mais ce sont aussi celles qui ont la plus haute conscience de la patrie en danger. Elles sentent l'urgence. Elles sont les sentinelles, en première ligne, toujours aux aguets. Dans ce « Barrois mouvant » en proie à toutes les convoitises, le village de Domrémy, rattaché à la châtellenie de Vaucouleurs, est resté fidèle à la couronne de France. Le cœur de Jeannette bat fort pour le royaume des lys. Elle déteste ces maudits Godons. C'est ainsi que l'on appelle les envahisseurs anglais, car ils ont le blasphème à la bouche en jurant « *God damn* ». Ça donne « Godons ». Elle écoute les conversations de son père, qui assure parfois le rôle de procureur de Domrémy auprès du châtelain de Vaucouleurs, Robert de Baudricourt. On l'imagine en train de filer près de l'âtre, pendant les longues soirées d'hiver, tendant une oreille attentive aux nouvelles de l'extérieur. Mais un beau matin d'autres nouvelles hallucinantes vont lui venir aux oreilles. Des nouvelles… venues du ciel.

Jeanne a environ treize ans. Ce jour-là, il fait beau, il fait chaud. Passé le seuil de sa chaumière, elle sent quelque chose dans l'air. Comme un murmure dans le vent, un écho lancinant dans la volée de cloches. Elle aperçoit une nuée étincelante. « Puis vint cette voix, environ l'heure de midi, au temps de l'été, dans le jardin de mon père », dira-t-elle, comme le plus beau des poèmes. « Jeanne ! » « Fille de Dieu ! » La voix s'adresse à elle. C'est l'archange saint Michel, le chef de la milice céleste, tout de blanc vêtu et toutes ailes déployées. Jeanne est d'abord effrayée. Elle ne comprend pas. Mais la voix revient, la rassure, et lui donne pour premier commandement « d'apprendre à se gouverner ». Saint Michel lui annonce que sainte Catherine et sainte Margueritte vont bientôt s'adresser à elle, ce qui en effet ne tarde pas. Jeanne dira qu'elles étaient belles et parlaient un beau langage. Les deux saintes lui font une incroyable révélation. Elle est « Jeanne la Pucelle », celle que Dieu a choisie pour accomplir des actions merveilleuses : libérer Orléans assiégée par les Anglais, conduire le dauphin

Charles à son sacre à Reims, libérer Paris et enfin obtenir la libération du duc d'Orléans, le prince poète en captivité en Angleterre. Ça fait un sacré programme pour une petite paysanne illettrée de Lorraine. Elle ne sait même pas manier une épée. Mais Jeanne a confiance. Ses voix lui disent que Dieu pourvoira à tout. Elle doit se mettre en chemin, quitter la maison de son père, sans même le prévenir, car il préférerait sans doute « la noyer plutôt qu'elle devienne une fille à soldats ».

Jeanne suit le conseil de ses voix et part pour Vaucouleurs avec l'aide d'un cousin, qu'elle a mis dans la confidence. Elle veut demander au seigneur de Baudricourt, le représentant du roi, une escorte et une recommandation pour accéder au roi, qui se trouve alors à l'autre bout de la France, à Chinon. Jeanne fait le pied de grue devant le château de Robert de Baudricourt, en attendant qu'il daigne la recevoir. Celui-ci, au début, n'est pas très chaud, c'est le moins que l'on puisse dire. Une jeune fille qui veut libérer la France ? Qu'est-ce que c'est que ces rêveries de péronnelle ? Qu'on la renvoie chez son père avec une bonne paire de claques, s'agace-t-il, et il la flanque dehors. Mais Jeanne ne se décourage pas. Elle revient à la charge. Elle insiste. Elle persiste. Elle va tous les jours dans la crypte du château se recueillir devant la statue de Notre-Dame des Voûtes. Elle s'adresse au peuple dans la rue. Et le peuple, mortifié par la guerre, commence à croire en elle. Les prophéties locales racontent que le royaume sera sauvé par une « pucelle des marches de Lorraine ». Et si c'était elle ? Baudricourt lui-même commence à douter quand Jeanne annonce à l'avance une cuisante défaite à Orléans. C'est que les Anglais assiègent cette ville stratégique depuis la fin octobre 1428. Orléans est un verrou sur la Loire. Si la ville tombe, le sud du royaume risque d'être envahi. La France est en danger de mort. Alors, Baudricourt se dit qu'il n'y a rien à perdre à écouter cette jeune femme exaltée, qui parle au nom du « Roi du Ciel ». Il lui offre une épée et lui baille une escorte de six hommes pour aller rencontrer le roi à Chinon, en lui disant : « Va, fille de Dieu, et advienne que pourra. »

À la cour du roi, un examen sévère

Depuis Vaucouleurs, Chinon, ce n'est pas la porte à côté quand on voyage à cheval, par des chemins caillouteux. Plus de 500 kilomètres d'est en ouest. Le voyage est très dangereux. Il faut éviter les soldats du duc de Bourgogne ou les bandes de brigands. Il faut traverser des rivières à gué en plein hiver et dormir dans la paille sous des abris de fortune. Jeanne a peur que les hommes attentent à son honneur. Elle ne dort que d'un œil et tout habillée. Mais, chemin faisant, ses premiers compagnons d'armes sont de plus en plus charmés par la pureté de sa foi et impressionnés par sa vaillance. Certains lui voueront une fidélité indéfectible. Après onze jours de chevauchée, Jeanne et son escorte arrivent enfin à Chinon. Ce voyage sans embûche est déjà un miracle en soi. Le premier de son incroyable épopée.

À Chinon, sa réputation la précède (eh oui, une ado à cheval menant six cavaliers, ça ne passe pas inaperçu !), mais le dauphin Charles hésite à la recevoir. Il craint de se ridiculiser aux yeux de ses ennemis en s'en remettant à une énième « prophétesse » qui se presse au portillon. Mais lui aussi se laisse convaincre, en suivant le conseil de sa belle-mère fine mouche Yolande d'Aragon, qui sent vite en Jeanne un moyen de galvaniser le peuple pour reconquérir le royaume. Lui-même ne compte plus que sur un miracle, alors…

L'audience a lieu le 25 février 1429 dans la grande salle du château. Une légende tardive veut que le Dauphin se soit prêté à une mise en scène en se cachant dans la foule de courtisans pour mettre Jeanne à l'épreuve. Si Jeanne est bien guidée par Dieu, elle saura le reconnaître sans se tromper. Mais en réalité, l'heure n'est pas à jouer à cache-cache, le roi l'attend, en petit comité. Jeanne accourt auprès de lui, s'incline et lui dit : « Dieu vous donne bonne vie, gentil Dauphin, Sire. Je suis venue de par Dieu vous porter secours à vous et à votre royaume. » Elle lui demande une audience privée pour lui révéler des choses que lui seul peut entendre. On ne saura jamais ce qu'il s'est dit lors de ce tête-à-tête entre la Pucelle et Charles VII, mais toujours est-il que ce dernier en ressort plein d'espoir. Il est prêt à missionner Jeanne à Orléans, mais non sans prendre quelques précautions. Jeanne doit subir au préalable un humiliant examen de virginité dont se chargent des matrones. On l'envoie aussi se soumettre au jugement de gens d'Église dans la ville de Poitiers, afin de s'assurer qu'elle n'est pas inspirée par le diable. Eh oui, au Moyen Âge, on est assez sourcilleux sur ces questions-là ! Mais Jeanne, avec sa spontanéité et son assurance habituelles, répond à toutes les demandes des doctes clercs. « Pourquoi Dieu, tout-puissant qu'Il est, ne boute pas Lui-même les Anglais hors du royaume, si tel est Sa volonté ? », lui demande-t-on. « En nom Dieu, les hommes d'armes batailleront et Dieu donnera la victoire ! », répond Jeanne avec évidence. On exige d'elle un signe, un miracle, pour vérifier si Dieu est bien avec elle. Jeanne répond que le signe, ils le verront lorsqu'on la conduira à Orléans ! Les prélats donnent leur accord. C'est à Orléans que sonnera l'heure de vérité…

Jeanne, cheffe de guerre, libère Orléans

Jeanne a une armure flambant neuve, qu'on lui a faite sur mesure dans la ville de Tours. Le roi lui a fourni écuyers, hérauts et pages, et tout le nécessaire de guerre, dont un cheval et une épée. Mais Jeanne en fait quérir une autre, une épée miraculeuse dans l'église de Fierbois, dont l'emplacement lui a été révélé par sainte Catherine en personne. Mais plus que l'épée, dont elle ne se servira jamais vraiment, ce que Jeanne préfère, c'est son étendard de couleur blanche, frangé de soie, au champ semé de lys d'or. Elle y fait peindre le Roi du Ciel, entouré des archanges saint Michel et saint Gabriel. Elle y fait aussi inscrire les noms de Jésus et de Marie. Jeanne le portera toujours bien haut, comme le signe de ralliement à sa cause sacrée. Jeanne est maintenant officiellement cheffe de guerre. Mais encore faut-il en convaincre les capitaines de l'armée royale, qui rechignent à se faire commander par une donzelle de dix-sept ans qui n'a jamais vu la couleur d'une couleuvrine. Il faut dire qu'il y a de rudes gaillards parmi ses compagnons d'armes. On pense bien sûr au célèbre tandem La Hire et Poton de Xaintrailles. Il y a également Dunois, le « bâtard d'Orléans », qui commande l'armée de Loire. On pense aussi au célèbre Gilles de Rais, futur maréchal de France, qui sombrera dans la folie criminelle la plus sordide peu après la mort de Jeanne d'Arc. Bref, pas facile pour notre Jeannette de se faire une place parmi cette joyeuse bande de soudards. Mais la Pucelle de Lorraine ne se laisse pas intimider. Bien au contraire, elle prend des initiatives. Elle fait du ménage dans l'armée. Elle fait chasser les écornifleurs et les ribaudes qui grenouillent habituellement dans le sillage des armées et ne vivent que de rapine et de pillage. Elle exige que les soldats fassent pénitence, se confessent et assistent à la messe tous les jours. Elle veut ramener la piété dans les rangs, convaincue que c'est la pureté de la foi qui redonnera à la France la faveur de Dieu.

Elle veut aussi laisser une chance aux Anglais de se retirer en bon ordre car, autant que possible, Jeanne veut épargner le sang des hommes, qu'il soit de France ou de l'ennemi. Elle dicte une lettre aux Anglais dans laquelle elle leur adresse une ultime sommation : « *Rendez à la Pucelle, qui est envoyée de par Dieu, le Roi du Ciel, les clefs de toutes les villes que vous avez prises et violées en France. (...) Roi d'Angleterre, si ainsi ne le faites, je suis chef de guerre et vous assure qu'en quelque lieu que je trouverai vos gens en France, je les combattrai et les chasserai et ferai aller hors, veuillent ou non, Et s'ils ne veulent obéir, je les ferai tous occire. Je suis ici envoyée de par Dieu, le Roi du Ciel, corps pour corps, pour les combattre et les bouter hors de toute France.* » Ah oui, elle est comme ça, Jeanne, elle n'y va pas par quatre chemins.

Le 29 avril, elle arrive devant la cité assiégée à la tête de l'armée royale et d'un important convoi de ravitaillement destiné aux habitants. Jeanne veut attaquer sans tarder, mais le bâtard Dunois renâcle. Il sait que ce ne sera pas une partie de plaisir. Les Anglais occupent des bastilles autour de la ville sur la rive nord et tiennent le fort des Tourelles qui verrouille l'unique pont sur la rive sud. Décision est prise d'approvisionner la ville d'abord, pour soulager le peuple d'Orléans affamé. Il s'agit d'acheminer les vivres dans la cité par des barges et des chalands qui doivent d'abord remonter le courant. Mais le vent souffle dans le mauvais sens. À l'instant même où Jeanne invoque ses voix, dit la légende, le vent se met soudain à tourner dans le sens favorable. Les soldats crient au miracle. Dunois, jusque-là fort sceptique, est impressionné. Jeanne fait partie du convoi pour se montrer aux Orléanais qui ont entendu parler d'elle avant même sa rencontre avec le Dauphin à Chinon. Jeanne est déjà une superstar. Son entrée dans la ville est triomphale. Elle défile dans les rues sur son cheval blanc, sous les clameurs d'allégresse. On se masse aux fenêtres. On se presse sur la chaussée. À la vue de son étendard, les bourgeois font voler leur chapeau. Certains se ruent sur elle pour toucher son armure ou sa monture. La ville vibre de tous ses murs. Orléans s'est remise à croire. Il ne faut pas la décevoir.

Le 4 mai 1429, l'assaut est lancé sur le fort Saint-Loup. La garnison anglaise se débande. La bastille tombe aux mains des Français. C'est le premier acte de la délivrance. Puis c'est au tour du fort des Augustins, qui subit le même sort. Et enfin, le 7 mai, c'est le fort des Tourelles qui est pris d'assaut. Jeanne, au cœur de la mêlée, agite sa bannière pour enflammer le courage des soldats. Elle saute dans le fossé et dresse une échelle pour monter à l'assaut du fort. C'est alors qu'un trait d'arbalète la transperce entre l'épaule et la gorge, comme ses voix le lui avait prédit. Elle chute de l'échelle et heurte le fossé de tout son poids. Les Anglais jubilent. Ils croient avoir occis la « sorcière », celle qu'ils appellent avec mépris la « putain des Armagnacs ». Mais quelle n'est pas leur stupeur quand Jeanne revient peu après, guérie de sa blessure, agiter sa bannière pour un ultime assaut victorieux. Le fort des Tourelles est tombé. Orléans est délivrée. La France est sauvée. Ce grand siège qui durait depuis sept mois, Jeanne y a mis fin en sept jours.

Le sacre du roi : mission accomplie !

Bien décidée à poursuivre sur sa lancée, après la libération d'Orléans, Jeanne s'engage avec l'armée royale à la poursuite des Anglais repliés sur des places fortes du Val de Loire : Jargeau, Meung et Beaugency. C'est ce qu'on appelle la campagne de la Loire, un printemps des victoires qui se conclut par la bataille de Patay, le 18 juin 1429, où la chevalerie française écrase l'armée anglaise et vient, quatorze ans après, venger la terrible défaite d'Azincourt. Le miracle s'est accompli. En une dizaine de jours, Jeanne vient de reconquérir ce que les Anglais avaient mis plus de quatre ans à soumettre. Les éloges pleuvent sur ses épaules. Le Dauphin la récompense en lui offrant de prendre pour armoiries les lys de France, la couronne et l'épée. Mais Jeanne n'a que faire de ces vanités. Sa plus grande récompense est de prendre sans tarder le chemin de Reims afin que Charles reçoive enfin la sainte onction et sa royale couronne. Le 17 juillet 1429, c'est le plus beau jour de sa vie. Jeanne se tient en bonne place près de l'autel, dans le chœur de la cathédrale de Reims. Submergée par l'émotion, elle se cramponne fermement à sa bannière. « Il avait été à la peine, c'était bien raison qu'il fût à l'honneur », dira-t-elle. Coiffé de sa mitre, l'archevêque de Reims et chancelier de France Regnault de Chartres dirige la cérémonie. Lorsqu'il dépose doucement la couronne royale sur la tête de Charles, Jeanne est au septième ciel. Ce que ses voix lui avaient promis s'est accompli. Elle a réussi. En ce jour béni, le gentil Dauphin est maintenant Charles VII, roi de France, par la grâce de Dieu. Amen.

Dérapages…

Aux lendemains du sacre, Jeanne est au sommet de sa gloire. Elle a pris goût aux victoires. Mais c'est aussi pour elle le début de la fin. Car apparemment, Là-Haut, ils ne sont pas d'accord. On lui a confié une mission, elle l'a accomplie sous protection divine, mais maintenant c'est terminé ! Eh oui… Mais la future sainte a pour l'heure des réactions bien humaines : le succès lui serait-il monté à la tête ?

Charles VII entame des négociations de paix avec son cousin le duc de Bourgogne Philippe le Bon, au grand dam de Jeanne qui entend poursuivre sur sa lancée, afin de libérer le royaume de France de la présence anglaise au nord de la Loire. L'opiniâtreté de la Pucelle devient embarrassante aux yeux de Charles VII, qui mise sur la voie diplomatique, poussé par son grand chambellan Georges de La Trémoille qui s'est toujours défié de Jeanne. La ville de Paris, sous domination bourguignonne, n'est pas concernée par le traité de paix. Jeanne supplie le roi de la laisser partir à la reconquête de la capitale, ce à quoi il finit par consentir du bout des lèvres... Et c'est là que les problèmes commencent. Accompagnée du duc d'Alençon, de Gilles de Rais, de La Hire et de leurs troupes, Jeanne lance un assaut sur la porte Saint-Honoré. C'est un lamentable fiasco. Les Parisiens se défendent bec et ongles. Et Jeanne est blessée par un carreau d'arbalète. C'est la première fois que sa bonne étoile semble l'abandonner. Le doute commence à s'installer dans les rangs de l'armée royale. Et si Dieu lui avait tourné le dos ? Le roi finit par interdire tout nouvel assaut. L'argent et les vivres manquent et le roi velléitaire préfère de loin la voix diplomatique. L'armée est dissoute mais Jeanne ne se décourage pas. Elle repart aussitôt en campagne. Désormais elle conduit sa propre troupe de volontaires et de mercenaires, sans le soutien du roi, comme un chef de bande. Ses troupes luttent contre des capitaines locaux, mais sans grand succès. La magie n'est plus là. Le printemps des victoires a fait place à l'automne des déboires, et bientôt, à l'hiver des défaites et des désillusions.

Au début de l'année 1430, Jeanne jette son dévolu sur la ville de Compiègne, assiégée par les Bourguignons. Et là, c'est le drame. Alors qu'elle est seule au cours d'une sortie, les portes de la ville se referment brutalement, avant qu'elle ait pu passer le pont-levis. Trahison ? Panique ? On ne saura jamais. Jeanne est cernée par les soldats ennemis. L'un d'entre eux la désarçonne. Jeanne se retrouve à terre, prisonnière de Jean de Luxembourg, un seigneur au service du puissant duc de Bourgogne. Celui-ci exige une rançon de dix mille livres tournois pour la livrer aux Anglais. En attendant l'issue des tractations, au cours desquelles l'ingrat roi de France ne se manifeste même pas, Jeanne essaie de s'échapper par deux fois, mais elle échoue. Elle se blesse même sérieusement en sautant par une fenêtre du château de Beaurevoir. Les Anglais, eux, paient la rançon rubis sur l'ongle, sans mégoter, le 21 novembre 1430. Ils veulent la Pucelle vivante, afin d'exhiber comme un trophée celle qui leur a causé tant de dommages. Jeanne est confiée à Pierre Cauchon, évêque de Beauvais, allié des Anglais. Ceux-ci l'emmènent à Rouen, où se situe leur quartier général. C'est alors que commence un procès au verdict couru d'avance. Mais Jeanne n'a pas dit son dernier mot…

Le chemin du bûcher

Le procès de Jeanne d'Arc est passé dans l'Histoire comme un monument d'iniquité. La caricature de la parodie de justice. C'est un procès voulu par les Anglais mais confié à l'Église. L'objectif est de condamner symboliquement comme sorcière celle qui leur a infligé de terribles défaites et qui a mené Charles VII a son sacre. On veut prouver que c'est au diable, et non à Dieu, que la France doit ses victoires. C'est donc un procès purement politique qui prend le masque de l'Inquisition. Les juges ont été dépêchés de l'université de Paris, sous la houlette de l'évêque Pierre Cauchon, qui est aussi le conseiller du roi d'Angleterre. Il est donc juge et partie. Il faut imaginer la pauvre Jeanne, du haut de ses dix-neuf ans, amaigrie et fatiguée après des mois de captivité, toute seule pour sa défense, devant cet aréopage d'éminents savants et théologiens, plus d'une centaine de chanoines, abbés, évêques et assesseurs qui la bombardent de questions, toutes plus pernicieuses les unes que les autres. Et pourtant, c'est au cours de ce procès qu'elle va montrer toute sa vaillance et sa force intérieure en répondant avec son éloquence légendaire à toutes les accusations. Et la liste est longue comme le bras : homicide, sacrilège, mensonge, superstition, blasphème, sorcellerie, hérésie, déguisement d'homme. Soixante-dix chefs d'accusation sont avancés ! Mais Jeanne a réponse à tout et finit même par déconcerter ses juges. Lorsque Cauchon lui pose la question piège : « Êtes-vous en état de grâce ? », la réponse n'est pas évidente, car si elle dit oui, elle passera pour orgueilleuse. Si elle dit non, on la dira hérétique. Mais Jeanne trouve la parade en répondant du tac au tac : « Si je n'y suis, Dieu m'y mette ; et si j'y suis, Dieu m'y tienne. » Et bim ! Un sans-faute. Insolente, rusée, sublime, elle se défend pied à pied, suivant l'inspiration de ses voix, qui lui auraient dit : « Réponds hardiment, Dieu t'aidera. » Jeanne apparaît comme l'illustration de cette célèbre parole d'Évangile : « Ce que Dieu a caché aux doctes et aux prudents, il l'a révélé aux simples. »

Mais, quoi qu'elle puisse répondre, son sort semble déjà scellé. Les Anglais veulent la brûler. Jeanne se sait condamnée. « Il n'y avait personne au tribunal qui ne tremblât de peur », racontera plus tard un témoin. « Je vois que si l'on n'agit pas selon la volonté des Anglais, c'est la mort qui menace », dira un autre. Au mieux, Jeanne pourrait obtenir la prison à vie dans une prison d'église, en abjurant ses prétendues erreurs. L'évêque Cauchon n'y serait pas opposé. C'est pourquoi, alors que le procès touche à sa fin, il organise une sinistre mise en scène au cimetière de Saint-Ouen de Rouen, face à un bûcher prêt à être allumé devant une foule hostile. Coup de théâtre, Jeanne prend peur : elle signe l'acte d'abjuration ! Les choses auraient pu en rester là, mais ce serait compter sans la détermination des Anglais. Quelques jours plus tard, Jeanne se rétracte, en revêtant à nouveau des habits d'homme, l'un des péchés qui lui ont été reprochés. Comment ces habits d'homme se sont-ils retrouvés opportunément dans sa cellule ? On ne le saura jamais. Sans doute une main anglaise... On peut en revanche aisément imaginer pourquoi Jeanne a enfilé ces habits. On sait qu'elle se sentait plus en sécurité avec des vêtements masculins, car elle a subi deux tentatives de viol dans sa cellule par ses geôliers anglais. Mais au-delà de cet aspect, Jeanne se plaignait de ne pas être incarcérée dans une prison d'église, comme promis, là où elle aurait pu envisager la détention à vie. Dans ces conditions sordides, elle n'avait plus rien à perdre. Peut-être même a-t-elle senti qu'elle devait aller jusqu'au bout de son martyre pour que sa mission soit vraiment accomplie. Cet ultime affront ressemble fort à un sursaut de courage devant le néant pour s'élancer vers les portes du paradis promis par ses voix.

Toujours est-il que, par ce geste, Jeanne est relapse, c'est-à-dire retombée dans l'hérésie. Cette fois, elle ne peut plus éviter le bûcher. Cauchon vient constater la chose, une simple formalité. « Évêque, je meurs par vous », lui lance Jeanne. Celui-ci, peut-être pris de remords, l'autorise à se confesser et à communier, ce qui n'est pourtant pas permis aux hérétiques. Décidément, rien de réglementaire dans ce procès, rien de cohérent, sinon la volonté farouche des Anglais de condamner au pire supplice la Pucelle qui leur a donné tant de cauchemars.

Le 30 mai 1431, vers neuf heures, Jeanne, en tunique de toile soufrée, est conduite sous escorte anglaise dans la charrette du bourreau sur la place du Vieux-Marché de Rouen, où l'on a dressé le bûcher sur une estrade maçonnée pour qu'elle soit bien en vue. Les Anglais veulent hâter la chose, de peur qu'elle leur échappe encore. Jeanne monte au supplice avec courage. Elle demande un crucifix. On lui en fabrique un en bois, qu'elle presse contre elle. Un prêtre va chercher une grande croix dans l'église et la tend bien haut pour qu'elle périsse en voyant l'image du Christ, son Seigneur. Après avoir prononcé six fois le nom de Jésus, tandis que les flammes commencent à dévorer son corps, elle le crie une dernière fois, et sa tête retombe sur son épaule. Jeanne avait dix-neuf ans. Le greffier rapporte que tout le monde pleurait, même l'évêque Cauchon. Et même le bourreau, le plus marqué, qui confiera peu après que « jamais l'exécution d'aucun criminel ne m'a donné tant de crainte que l'exécution de cette pucelle ».

Vingt ans après, un nouveau procès entrepris par Charles VII déclare le premier procès et ses conclusions « nuls, non avenus, sans valeur ni effet ». Jeanne est entièrement réhabilitée. Et cinq siècles plus tard, elle est canonisée par l'Église catholique. La Pucelle devient sainte Jeanne d'Arc, seconde patronne de la France après la Vierge Marie.

Désormais, à peu près tout le monde se disputera la figure de Jeanne d'Arc. Les républicains anticléricaux, qui verront en elle l'humble fille du peuple trahie par les rois et brûlée par les curés. Les catholiques qui verront en elle la sainte absolue. Les nationalistes qui la reconnaîtront comme la première des patriotes. Jeanne divise alors qu'elle devrait rassembler, elle qui, née dans une France déchirée par les factions, n'avait qu'un seul parti : celui de la France. Et puisque tout le monde a son avis sur Jeanne d'Arc, permettez-moi de vous donner le mien. Jeanne, c'est le plus beau des symboles de l'histoire de France. Pourquoi ? Eh bien parce que quand tout semble perdu, le salut ne vient pas d'une grande puissance mais d'une simple fille de la campagne, une pucelle au cœur pur et aux mœurs simples. Voilà, quand tout semble archi-foutu, eh bien tout peut changer par les moyens les plus inattendus. Tel est, selon moi, le sens de la parabole de la Pucelle d'Orléans.

CATHERINE DE MÉDICIS

La reine de sang

Ce grand personnage de notre histoire aurait mérité une entrée au Panthéon tant son rôle a été important pour les destinées de la France. « Aux grands hommes, la patrie reconnaissante », lit-on au frontispice de ce monument. Les grands hommes, les grands hommes... Bon et les femmes dans tout ça ? La patrie ne doit-elle rien à la gent féminine ? Certes, on cite toujours Jeanne d'Arc. C'est vrai qu'elle a fait fort. Libérer Orléans en pleine guerre de Cent Ans, c'est assez spectaculaire pour une jeune pucelle... Mais d'autres femmes ont œuvré, à leur manière, pour le salut de la France. Et parmi elles, Catherine de Médicis.

« Catherine de Médicis » ? vous étonnerez-vous. Alors que son nom évoque surtout des drames, à commencer par le massacre de la Saint-Barthélemy !

Vous imaginez sans doute une vieille veuve acariâtre et machiavélique, conseillée par des sorciers, cachant des fioles de poison sous ses voiles noirs ? J'étais le premier à penser ça aussi, car il est vrai que la postérité n'a pas été tendre avec la Florentine. Juste un petit exemple : dans le jardin du Luxembourg, à Paris, le promeneur peut admirer une vingtaine de statues de reines, saintes et femmes illustres, « choisies pour leur rôle marquant dans l'histoire de France, leur vertu ou leur renommée », selon la documentation du Sénat. Ainsi peut-on croiser des modèles de piété, comme sainte Clothilde ou sainte Geneviève, des reines mères, dont Blanche de Castille ou Anne d'Autriche ; et même des fortes têtes comme Marie Stuart ou Marguerite de Savoie. Inutile de chercher Catherine de Médicis. Elle n'y figure pas. Même pas une plaque. Rien pour lui rendre hommage. L'une des plus puissantes femmes de son temps semble réduite à néant.

Alors… Catherine la méchante ou Catherine l'excellente ? Eh bien, c'est ce que nous allons voir.

Pas vraiment née sous une bonne étoile…

Caterina de Medici est née le 13 avril 1519 à Florence. 1519, Florence… Pas de doute, on est en pleine Renaissance. Pour vous situer un peu, c'est l'année de la mort de Léonard de Vinci et de l'élection de Charles Quint comme empereur du Saint Empire germanique. Pour la petite Catherine, la vie commence mal. Elle perd ses deux parents de maladie, coup sur coup, dans les trois semaines qui suivent sa naissance. À croire que la future passionnée d'astrologie est née sous une mauvaise étoile. Elle est la fille de Laurent II de Médicis, et l'arrière-petite-fille du célèbre Laurent le Magnifique. Et du côté de sa mère, Madeleine de La Tour d'Auvergne, elle a du sang français. Et du bien bleu : le sang de Saint Louis, par sa grand-mère maternelle, Jeanne de Bourbon.

Catherine l'orpheline est envoyée à Rome sous la protection du pape Léon X, un Médicis lui aussi. Pensionnaire au Saint-Siège… Là, vous vous dites que ça sent le séjour austère et monacal. Eh bien pas du tout. Sous le pontificat de Léon X, Rome est une fête. Les artistes illuminent la capitale de leur génie, les banquets sont dantesques, ça part en smurf dans tous les coins, même les prélats n'hésitent pas à s'abandonner aux plaisirs terrestres et à ceux de la chair sans se cacher... Après tout, ils auraient tort de s'en priver : en ce temps-là, tout pêché peut être racheté de manière sonnante et trébuchante. Eh, c'est qu'il faut financer la construction pharaonique de la basilique Saint-Pierre ! Et ça coûte un bras une coupole dessinée par Michel-Ange ! Alors si on peut délester les bourses tout en allégeant les consciences, c'est tout benef'. Mais ces pratiques de débauche et de marchandage sont dénoncées par un certain Martin Luther. Celui-ci va s'embrouiller avec la papauté et cette querelle finira bientôt par déchirer toute la chrétienté.

Et ça marquera à jamais notre Catherine de Médicis.

Mais on n'en est pas encore là, donc pour l'instant, laissons-la profiter de ses premières années...

Renvoyée à Florence à l'âge de quatre ans, elle retrouve la cité toscane en pleine pagaille. Les républicains rêvent de chasser les Médicis. Il faut dire qu'ils sont partout, ces Médicis : en 1523, c'est encore un Médicis qui est élu pape : Clément VII, l'oncle de Catherine. Depuis Rome, il garde la mainmise sur Florence. Mais les Florentins profitent de l'invasion des troupes de l'empereur Charles Quint, grand ennemi du roi de France François Ier, pour se débarrasser des Médicis. Les héritiers sont chassés. Une nouvelle république est proclamée. Et la petite Catherine est condamnée à vivre cloîtrée dans un convent. Les républicains menacent même de la violer et de l'exposer au feu des canons ennemis. Chez une môme de huit ans, ça doit vous tanner le cuir pour le restant de vos jours.

À peine sortie de l'enfance, Catherine a déjà compris beaucoup de choses sur la politique. Une leçon en particulier : ce n'est rien d'avoir le pouvoir, encore faut-il le garder. Et en effet, la République ne fait pas long feu. Après onze mois de siège, elle tombe à l'été 1530. Les Médicis sont restaurés à Florence. Mais Catherine rejoint aussitôt le pape à Rome, car tonton a de grands projets pour elle : à onze ans, elle est bonne à marier. Eh oui, à l'époque, il n'est jamais trop tôt pour construire des alliances et les prétendants ne manquent pas pour épouser la nièce du pape. Parmi eux, c'est notre bon François Ier qui s'impose. Catherine est promise à son fils cadet, Henri. Le roi de France pense avoir fait une sacrée affaire : primo il fait copain-copain avec tonton le pape pour mieux nuire à son rival Charles Quint, deuxio il profite des pépettes des Médicis et tercio il se crée une assise en Toscane. On ne sait jamais, ça peut servir en cas d'invasion de l'Italie. C'est à la mode en ces temps-ci...

Mais François Ier en sera pour ses frais. Il ne jouira d'aucun de ces avantages. Le pape meurt un an après le mariage. Son successeur Paul III rompra le traité d'alliance et refusera de payer la dot. Là, c'est la douche froide ! « J'ai eu la fille toute nue », se lamente François Ier. Ça sent la mésalliance. Lorsque Catherine débarque en France pour les noces, face aux Capétiens de vieille souche, les Médicis passent pour des banquiers parvenus. Et en plus, c'est pas une beauté cette Italienne : petite et maigre, avec des cheveux noirs, un nez un peu fort et des yeux gris quelque peu globuleux. Elle n'est pas laide non plus, mais c'est pas la Joconde. En tout cas, elle ne soutient pas la comparaison face à la confidente et bientôt amante de son époux, une grande Vénus blonde pourtant beaucoup plus vieille que lui, la célèbre Diane de Poitiers. Mais les apparences sont trompeuses, elle a bien d'autres talents, notre Catherine. À la finesse des traits elle oppose celle de l'esprit. On signale son « naturel vif » et « une sagesse au-dessus de son âge ». En vérité, nul ne le sait encore, mais le roi de France vient de faire le meilleur investissement de tout son règne. Il a déjà fait venir Léonard de Vinci et ses chefs-d'œuvre. À présent, il offre à la France une autre figure florentine, dont le génie s'exprimera dans un art redoutable : la négociation. Mais à quoi cela va-t-il lui servir ? En tant qu'épouse du fils cadet du roi, elle n'est pas destinée à un grand rôle politique… Sauf qu'à l'âge de dix-huit ans, le dauphin François meurt après avoir disputé une partie de jeu de paume et bu un verre d'eau glacée. Dans la série les morts à la con de l'Histoire…

Certains accuseront quand même plus tard Catherine de l'avoir fait empoisonner, car c'est un comte Italien qui lui a tendu le fameux verre d'eau. Et pendant la Renaissance, la réputation des Florentins en matière de poisons n'est plus à faire. Arsenic et tagliatelles ! Quoi qu'il en soit, c'est à Catherine que profite cette mort subite, car ce jour-là, son destin bascule. Elle occupe désormais le devant de la scène. Elle sera reine. Et à ce titre, son job prioritaire est de donner des héritiers mâles au trône, *illico presto*.

Et c'est là que ça merdoie un peu. Les années passent et le ventre de Catherine reste désespérément plat. Ne sachant plus à quel saint se vouer, elle consulte les astrologues, absorbe toutes sortes de philtres et tente de conjurer le sort avec des talismans. Au bout de huit ans, toujours rien. Elle semble résignée à une répudiation prochaine. Mais François Ier refuse de la renvoyer en Italie. Sans doute perçoit-il les immenses qualités de sa belle-fille pour assumer les plus hautes responsabilités ?

Reine de France à vingt-huit ans ! reine mère à quarante

Le 19 janvier 1644, après onze ans de mariage, alléluia, l'heureux événement se produit enfin. Il y a un petit Jésus dans la crèche… Catherine donne vie à un héritier, le futur François II. Dès lors, sa légitimité ne sera plus contestée. Ça a dû débloquer quelque chose chez elle, car après cette naissance, elle enchaîne les grossesses : dix enfants en douze ans ! Sept vivront, dont trois rois – François II, Charles IX et Henri III –, deux reines – l'une d'Espagne, Élisabeth, et l'autre de France, Marguerite de Valois, la célèbre reine Margot. Qui dit mieux ? Et Catherine, elle les adore ses gosses. Elle est protectrice pour ne pas dire carrément possessive, limite relou ! C'est vraiment la *mamma* à l'italienne ! *« Ah miei carissimi bambini, vi voglio tanto bene ! »*

Quand François Ier meurt, le 31 mars 1547, son fils Henri lui succède, sous le nom d'Henri II. À vingt-huit ans, Catherine, l'orpheline, la Florentine, devient alors reine de France. Bim ! Tout irait bien sans cette satanée Diane de Poitiers ! Même le jour du sacre à la basilique Saint-Denis, elle se fait remarquer. À la fin de la cérémonie, Henri II pousse la goujaterie jusqu'à déposer la couronne au pied de la favorite. Elle sera ainsi surnommée « la plus que reine » à la cour, et « la putain » dans les lettres de Catherine. Mais la reine ravale l'humiliation et finit par se faire une raison. Elle apprend à cohabiter avec sa rivale en bonne intelligence. Mieux vaut une femme d'un certain âge plutôt qu'une jouvencelle, se dit Catherine. C'est un animal à sang froid Catherine, elle ne se laisse pas emporter par les passions, elle cherche toujours à tirer le meilleur parti de chaque situation. Il faut croire qu'elle en a bien assimilé *Le Prince* de Machiavel, célèbre traité politique dédié à son propre père Laurent II de Médicis.

Mais dans la vie, il y a parfois des choses que l'on ne peut pas prévoir. Le 10 juillet 1559, Henri II participe à une joute lors d'un tournoi à Paris. Comme ça, pour rigoler ! Le roi entre en lice pour un ultime assaut contre le comte de Montgommery. Dans la tribune, Catherine retient son souffle. Le choc est violent. Les chevaux sont renversés et les lances brisées. Le roi perd connaissance, la tête en sang. Un morceau de lance est entré par la visière de son casque et lui a percé le front. Malgré les soins des chirurgiens, dont le célèbre Ambroise Paré, le roi meurt après dix jours d'atroce agonie. Pour la petite histoire, un certain Nostradamus, que Catherine de Médicis a fait venir à la cour quatre ans plus tôt, avait écrit ce quatrain aux accents prophétiques :

« Le Lyon jeune le vieux surmontera ;
En champ bellique par singulier duel,
Dans cage d'or les yeux lui crèvera,
Deux classes une puis mourir mort cruelle. »

Oui je sais, ça fait un peu charabia. Et chacun comprendra ce qu'il voudra. Tout ça pour dire que Catherine se retrouve veuve et reine mère à quarante ans. Sa vie semble finie… En réalité, pour elle, tout commence. Couronné à l'âge de quinze ans sous le nom de François II, son fils aîné montre les signes d'une santé fragile, à l'image du royaume, qui bat de l'aile, tandis que les protestants s'en sentent pousser… des ailes. Malgré les persécutions, la Réforme a le vent en poupe. Ses adeptes représentent environ 10 % des 18 millions d'habitants que compte la France de 1560. Un tiers des nobles adhèrent à la Réforme, dont des princes du sang comme Antoine de Bourbon, roi de Navarre, ou Henri de Bourbon, prince de Condé.

Assumer la régence… et les problèmes de religion

La mort d'Henri II, laissant un roi chétif sur le trône, est une opportunité pour les protestants, les huguenots, comme les catholiques les surnomment. Les huguenots contre les papistes ! Le royaume est une poudrière. Les huguenots vont allumer la mèche en mars 1560, en tentant de kidnapper le roi, afin de le soustraire à l'influence de la famille de Guise, chef de file du camp catholique. C'est la conjuration d'Amboise. Éventé, le complot échoue. Les arrestations se multiplient. La répression, d'une grande férocité, fait près de 1 500 morts. Les chefs protestants sont pendus aux balustrades du château d'Amboise. Le duc de Guise, lui, obtient la lieutenance générale du royaume.

Quand le jeune François II meurt après seulement un an et demi de règne, Catherine est effondrée, mais elle doit vite sécher ses larmes, car le devoir l'appelle. Son deuxième fils, Charles IX, n'a que dix ans. Elle a assuré la descendance, mais maintenant il faut assumer la régence. Elle prend alors le titre de gouvernante de France. Elle endosse enfin le rôle de sa vie : conserver le pouvoir pour ses enfants et préserver l'unité du royaume.

La Florentine met aussitôt en œuvre une politique d'apaisement et de conciliation. Sa position est claire : la crise religieuse ne peut en aucun cas prendre la forme de la dissidence politique. La foi, c'est une chose, mais on ne touche pas au roi ! Faute de pouvoir extirper l'hérésie, il faut un compromis raisonnable. Pas exactement de la tolérance, mais plutôt de la clémence et de la patience car les catholiques comptent bien ramener avec le temps les protestants dans le giron de l'Église.

En attendant il faut rester calme et pragmatique. Elle est même prête à des alliances avec des puissances protestantes, au grand dam du pape, cherchant par exemple à marier l'un de ses fils avec Élisabeth d'Angleterre. C'est dans cet esprit de conciliation qu'elle prend Michel de L'Hospital, un humaniste au ton modéré, pour chancelier de France et qu'elle convoque à l'automne 1561 le colloque de Poissy, réunissant prélats catholiques et ministres du culte protestant. Elle ne réussit pas à obtenir une entente œcuménique, mais elle fait signer en janvier 1562 à Charles IX un édit de tolérance, connu comme l'édit de Janvier, qui reconnaît aux protestants le droit de s'assembler pour leur culte *à l'extérieur* des villes closes. C'est une formidable concession de la reine mère, qui prend ainsi quarante ans d'avance sur le célèbre édit de Nantes d'Henri IV.

Mais les catholiques purs et durs, les Guise en tête, ne l'entendent pas de cette oreille. La pression monte. Le 1er mars 1562, une cinquantaine de huguenots tiennent assemblée *à l'intérieur* de la ville de Wassy, ce qui constitue une entorse à l'édit. Le duc de Guise et ses hommes interviennent pour interrompre le culte. L'altercation dégénère et une cinquantaine de protestants sont massacrés. La première des guerres de Religion a commencé. L'armée protestante, appuyée par des mercenaires allemands, s'empare d'un grand nombre de villes importantes comme Lyon, Poitiers, Rouen et Orléans, où les rebelles déterrent la dépouille du jeune roi François II, avant de jeter ses entrailles aux chiens et de faire fricasser son cœur à la poêle… Bon appétit.

Le pays est déchiré. Catherine parvient pourtant à ramener un semblant de calme à travers la paix d'Amboise, signée en mars 1563. Un vrai tour de force.

Mais elle le sait bien, la paix est précaire. C'est pourquoi elle se lance en 1564 dans un grand tour de France pour présenter aux sujets du royaume son fils Charles IX qui vient d'atteindre sa majorité. Elle a bien compris l'intérêt d'occuper le terrain et de célébrer la concorde retrouvée. Elle fait de la com'. Pendant vingt-huit mois, infatigable, elle accompagne son fils aux quatre coins du royaume, parcourant près de 4 000 kilomètres sur des chemins caillouteux, poussiéreux, boueux. À chaque étape, elle tient à présenter le meilleur visage de l'autorité royale. Elle organise des fêtes somptueuses pour adoucir les mœurs et faire « danser ensemble huguenots et papistes », selon ses mots. Sous sa tutelle, les arts fleurissent dans le royaume. Au lieu de faire appel à des artistes italiens, elle favorise l'émergence d'un « style français », qui annonce les premiers rayons du Grand Siècle. L'Académie de musique et de poésie est créée par Charles IX. Montaigne est un protégé de la reine. Ronsard participe aux fêtes royales et écrit ce sonnet pour la reine mère :

« Catherine a régi le navire de France
Quand les vents forcenés la tourmentaient de flots,
Mille et mille travaux a portés sur son dos
Qu'elle a tous surmontés par longue patience. »

Las ! Le grand tour de France n'était qu'une parenthèse enchantée. Après quatre ans de paix relative, les hostilités reprennent. En 1567, le prince de Condé tente de s'emparer de la personne du roi, près de Meaux. Échappant de justesse aux assaillants, Charles IX et sa mère se réfugient à Paris. Catherine est choquée. La « surprise de Meaux » est un coup de poignard à la paix. Le chancelier Michel de L'Hospital est limogé et la guerre éclate à nouveau, avec des moments de furie, puis d'accalmie, sans parler de l'ingérence des puissances étrangères.

Puis encore et toujours, grâce aux habiles négociations de Catherine, les deux camps, à bout de forces, acceptent la paix de Saint-Germain-en-Laye, le 8 août 1570. Pour qu'elle soit durable, Catherine de Médicis veut sceller cette paix par un mariage entre sa fille Marguerite, la célèbre Margot, et un prince protestant, Henri de Navarre, futur Henri IV. Margot, elle, n'en veut pas de cette union avec ce parpaillot qui sent l'ail mais « le repos du royaume en dépend », lui dit sa mère.

De toute façon, ma fille, t'as pas le choix !

Un mariage qui met le feu aux poudres

C'est dans la chaleur étouffante du mois d'août 1572, à Paris, que le mariage est célébré. Dénoncée comme un « accouplement exécrable » dans cette capitale viscéralement catholique, la cérémonie réunit deux camps à couteaux tirés. L'air est vite irrespirable. Le choc est inévitable. Un homme en particulier concentre toute la haine : Gaspard de Coligny. Les catholiques l'accusent d'exercer une trop grande influence sur Charles IX. Coligny veut envoyer des troupes aux Pays-Bas espagnols afin de porter secours aux protestants. Catherine s'y oppose : pas question de se mettre à dos le très puissant roi d'Espagne ! Coligny devient très gênant… A-t-elle commandité son assassinat pour autant ? La plupart des historiens disent que non. Se débarrasser d'un va-t-en-guerre faisait certes ses affaires, mais pas au point de ruiner tous ses efforts de paix à un tel moment. Catherine, elle, préfère le compromis à l'affrontement. Si l'on veut un assassin, il vaut mieux chercher du côté des Guise, qui détestaient Coligny et qui ne voulaient surtout pas d'un compromis. Le tireur qui a tiré sur Coligny le 22 août s'est d'ailleurs installé dans une maison appartenant aux Guise…

Quoi qu'il en soit, son coup d'arquebuse est l'étincelle qui met le feu aux poudres.

Coligny n'est que blessé. Charles IX accourt à son chevet pour tenter de calmer les esprits, mais les huguenots crient vengeance. Tout s'enchaîne dans la nuit du 23 au 24 août. Le roi tient une réunion de crise avec la reine mère, son frère, le duc d'Anjou, et ses plus proches conseillers. Décision est prise d'éliminer l'état-major protestant, en épargnant les princes du sang, le roi de Navarre et le prince de Condé. Premier sur la liste : Coligny.

Et là, ils ne vont pas le louper… Il est défénestré, puis éviscéré, émasculé et décapité dans la cour.

Au même moment, les portes de la ville sont fermées et le tocsin se met à sonner, réveillant la folie meurtrière des Parisiens. Les huguenots, traqués jusque dans leur lit, sont massacrés séance tenante. La boucherie dure plusieurs jours et se propagera à des grandes villes de province, faisant de 5 000 à 10 000 morts dans toute la France, dont environ 3 000 à Paris. La Saint-Barthélemy restera dans toutes les mémoires.

Alors à qui la faute ? Les huguenots accusent Catherine de Médicis. Mais sans source précise, il est impossible d'établir avec exactitude sa part de responsabilité dans cet épisode terrifiant. On peut toutefois écarter l'idée d'une machination préméditée, d'un mariage ourdi comme un traquenard. Non, Catherine voulait la paix, sa vie entière plaide en sa faveur. Il est plus raisonnable d'imaginer la reine mère dépassée par les événements, faute d'avoir mesuré à sa juste valeur la fureur des Parisiens, essayant de reprendre les devants après la tentative d'assassinat de Coligny. Elle s'est sans doute laissée convaincre par la frange catholique la plus dure d'éliminer les chefs protestants les plus dangereux. « Il valait mieux que cela tombât sur eux que sur nous », se justifiera-t-elle dans une lettre à l'ambassadeur de Toscane.

Charles IX, lui, se décharge d'abord sur les Guise, dénonçant une « lamentable sédition ». Mais deux jours plus tard, devant le parlement de Paris, il reconnaît au nom de sa « justice souveraine » avoir donné des ordres afin de « prévenir l'exécution d'une malheureuse et détestable conspiration faite par l'amiral Coligny ». En gros, il assume. Récuser l'initiative des massacres, c'était se montrer faible, débordé et se voir vite discrédité. L'assumer, c'était certes s'aliéner irrémédiablement la confiance des protestants. Mais ne vaut-il pas mieux paraître impitoyable plutôt qu'impuissant ? Au choix, Catherine et son fils ont préféré la seconde option. Machiavel, quand tu nous tiens !

La fin des Valois

La Saint-Barthélemy ouvre la quatrième guerre de Religion. Le culte protestant est interdit. La politique de Catherine a échoué. Pire, le trône est déstabilisé. Les pamphlets huguenots se déchaînent contre la reine mère. À l'opposé, les membres de la Ligue, soit les catholiques les plus intraitables, conspirent sous la bannière du duc de Guise. Charles IX meurt le 30 mai 1574. Son frère lui succède sous le nom d'Henri III. C'est le chouchou des fils de Catherine : elle l'appelle « mes yeux ». Même si lui préfère la compagnie de ses mignons, elle est toujours aussi envahissante, la *mamma* ! Mais à chaque regain de tension, Henri III n'hésite pas pas à avoir recours aux conseils maternels. À soixante ans, l'infatigable Catherine parcourt encore les routes, tentant inlassablement de réconcilier papistes et huguenots.

Un autre point la préoccupe : la descendance. Henri III n'a toujours pas d'héritier. La couronne reviendrait de fait à un huguenot, à Henri de Bourbon, roi de Navarre. C'est fâcheux.

Mais Catherine n'aura pas le temps de régler ce énième problème. Elle meurt le 5 janvier 1589 à Blois, rongée par la maladie, exténuée par une vie de guerres et de négociations. Huit mois plus tard, le moine ligueur Jacques Clément poignarde Henri III sur sa chaise percée. Triste fin pour la dynastie des Valois. Henri de Navarre, dont Catherine a favorisé l'ascension, monte sur le trône sous le nom d'Henri IV et consent à revenir dans le giron de l'Église pour de bon. Paris vaut bien une messe ! Il proclamera l'édit de Nantes le 30 avril 1598, couronnement posthume de l'œuvre de la Florentine.

Et pourtant, sa postérité n'est pas bien folichonne. Les premiers Bourbons ne feront rien pour redorer l'image des derniers Valois, trop soucieux d'asseoir leur propre légitimité à leur suite. Catherine de Médicis essuie le mépris de la haute noblesse française, pas fâchée de faire porter le chapeau de la Saint-Barthélemy à une étrangère. Elle rejoint alors les Brunehaut, Frédégonde et autre Isabeau de Bavière au panthéon des reines maudites.

On ne dira jamais assez combien ce furent parfois des étrangers qui ont porté à bout de bras la France dans la tourmente. Songez pendant la Fronde à Anne d'Autriche, espagnole, comme son nom ne l'indique pas, ou Jules Mazarin, un Italien. Giulio Mazzarino, de son nom de baptême. Ah ces Italiens ! *Grazie ragazzi, grazie di tutto !* Combien d'entre eux ont contribué au rayonnement de la France. Et pas que dans le domaine politique ! Des artistes : Leonard de Vinci, Lulli ou plus récemment, Jean-Paul Belmondo, Lino Ventura. Des sportifs, dans le football : Michel Platini. Et oui, un Rital not' Platoche national !

Dans son roman *La Reine Margot*, Alexandre Dumas fait de Catherine de Médicis une figure diabolique qui assassine ses ennemis, assistée de son astrologue et parfumeur florentin. Les auteurs s'accrochent à son goût pour l'astrologie, qui rime avec sorcellerie sous leurs plumes avides d'images sensationnelles. Il est vrai que Catherine consultait volontiers des astrologues, comme Nostradamus ou le plus nébuleux

Côme Ruggieri qui observait les astres depuis la « colonne Médicis », seul vestige de son vaste palais parisien, que l'on peut observer aujourd'hui encore, accolée à la Bourse de commerce. À propos de Côme Ruggieri, selon une anecdote fameuse, il aurait prophétisé la mort de la reine « près de Saint-Germain ». D'où le soin scrupuleux de cette dernière à éviter les hameaux ou les églises portant ce nom. Or, le prêtre chargé de lui donner l'extrême-onction s'appelait Julien de Saint-Germain…

Si Catherine avait un œil sur les étoiles, elle n'en gardait pas moins les pieds sur terre. Et c'est Balzac qui fut l'un des premiers à honorer dignement la mémoire de la souveraine. « Catherine de Médicis, écrit-il, a sauvé la couronne de France ; elle a maintenu l'autorité royale dans des circonstances au milieu desquelles plus d'un grand prince aurait succombé », et ce en déployant « les plus rares qualités, les plus précieux dons de l'homme d'État ». Il la classe même parmi « les trois plus beaux génies de l'absolutisme de notre pays », avec Richelieu et Louis XIV. Tandis que catholiques et protestants ne songeaient qu'à leurs intérêts particuliers, la France fut sa priorité. Dans l'horreur de la guerre civile – la pire de toutes –, contre vents et marées, la Florentine a tout fait pour préserver l'unité du royaume, alternant des concessions inédites et des décisions difficiles. Je ne sais pas si elle aurait mérité le prix Nobel de la paix, mais au minimum, elle aurait pu avoir une belle statue, en bonne place dans le jardin du Luxembourg. Vous ne croyez pas ?

LUCRÈCE BORGIA

NOM COUPABLE !

Et si l'on partait en Italie pour plonger en pleine Renaissance ? Ah, la Renaissance italienne… Je suis sûr que cela fait surgir en vous une myriade de belles images. Des tableaux de madones tournant un visage béat vers une douce lumière, des sérénades à la mandoline sous la fenêtre d'une gente dame, une cour d'humanistes dissertant en termes élégants sur la liberté de conscience… Oui, eh bien nous, on va surtout causer assassinats, empoisonnements et incestes. Et tout cela sous les ors du Vatican ! Là vous me voyez venir ! On va bien sûr parler des Borgia. Ah, les Borgia ! C'est tout une époque. Des ombres assassines qui glissent dans les rues sombres et pouilleuses de Rome. Des palais confits de marbre et de stuc accueillant des banquets dantesques, où l'arsenic s'immisce dans les calices. Des cadavres charriés par le Tibre, au petit matin. Dans la sulfureuse famille Borgia, il y a le père, le patriarche, soit le pape Alexandre IV, il y a ensuite son fils turbulent, César. Et enfin la fille, Lucrèce, celle dont je vais faire le portrait maintenant. Un portrait en clair-obscur tant les légendes ont noirci le tableau. Lucrèce Borgia, un nom qui dit « orgie », qui fait rimer Renaissance avec concupiscence. Alors, messieurs-dames, éloignez les enfants, suivez-moi, et entrez dans cette histoire abominable, mais pas pour les raisons que vous imaginez.

On ne choisit pas sa famille, dit l'adage. En cette fin de XVe siècle, Lucrèce Borgia avait statistiquement toutes les chances de naître fille de paysans ou bien d'artisans. Eh bien non, elle est née fille de pape. Il y aurait aujourd'hui plus de chances de gagner au Loto ! En vérité, son père n'est encore que cardinal quand elle naît en 1480 à Subiaco, une ville nichée dans les vallons du Latium, à environ soixante-dix kilomètres de Rome. Fille de cardinal ? vous étonnerez-vous. Mais c'est pas possible ! Comment des hauts prélats, soumis au célibat, peuvent-ils avoir une progéniture ? Que voulez-vous, les temps changent… Déjà à la fin du Moyen Âge, ordonner des hommes mariés était interdit en théorie mais toléré dans la pratique. Il faudra attendre le concile de Trente en 1545 et l'élan de la Contre-Réforme pour mettre fin à ce laisser-aller. Mais au XVe siècle, cela ne choque guère, les cardinaux sont perçus comme des princes de l'Église et peuvent revendiquer une descendance, à qui transmettre un héritage.

Le cardinal Rodrigo Borgia est un homme en pleine ascension dans les années 1480. Il faut dire qu'il est lui-même le neveu d'un pape, Calixte III. C'est sûr, avoir un tonton pape, ça aide pour faire carrière dans la curie romaine. Cette famille Borgia est d'origine catalane. Les ancêtres ont gagné leur renommée d'abord dans l'armée, pendant la Reconquista espagnole, puis au sein de l'Église, notamment grâce au grand-oncle de Lucrèce, qui était évêque de Valence, Alfonso Borgia, le futur pape Calixte III. En s'installant à Rome, celui-ci monte vite en grade, profitant d'une guerre entre deux clans en perpétuelle rivalité pour le trône de Saint-Pierre, deux nobles et puissantes familles : les Colonna et les Orsini. C'est un peu la mafia du quattrocento. Les règlements de compte sont monnaie courante. Alors pour équilibrer le conflit, on mise sur le vieux cardinal Borgia, un homme neutre et diplomate, que l'on croit inoffensif. Et c'est vrai, il meurt seulement trois ans plus tard, mais non sans avoir favorisé la carrière de son neveu, Rodrigo Borgia. Désormais, il faudra compter avec cette nouvelle famille qui entend jouer un autre rôle que celui d'arbitre entre les clans. De nouveaux loups sont entrés dans la bergerie : les Borgia !

En 1457, le cardinal Rodrigo Borgia obtient la charge de vice-chancelier, la plus élevée dans la hiérarchie ecclésiastique après le souverain pontife. La plus élevée et la plus lucrative ! En clair, il pèse et il palpe, le mec. Il conservera cette charge pendant trente-cinq ans, sous quatre pontificats successifs, ce qui prouve son talent politique. Rodrigo mène grand train et fréquente des courtisanes. Il a le sang chaud notre bon cardinal Borgia, il passe sans transition du goupillon aux gourgandines… Il finit par s'éprendre d'une belle patricienne, tenancière d'une taverne huppée, qui lui donne quatre enfants, dont trois garçons, César, Juan, Geoffroi, et une fille… Lucrèce !

Celle-ci passe une enfance relativement heureuse, loin des affaires politiques. On lui enseigne le latin, quelques rudiments de grec. Elle a son maître de musique et son maître de danse. Elle est particulièrement choyée par son père, qui sait quel profit il pourra tirer un jour d'une fille à marier. Car Lucrèce est très jolie. Ses cheveux blonds ondulent derrière ses épaules. Ses traits fins, son teint frais, ses yeux clairs attirent tous les regards. C'est un beau parti. Pour parfaire son éducation, elle fréquente le palais de la puissante famille Orsini et se lie d'amitié avec Giulia Farnese, surnommée « la Bella ». Celle-ci est, dit-on, la plus jolie femme de son temps. Alors forcément, le chaud lapin qu'est le père de Lucrèce en pince pour Giulia. Il devient son amant, malgré l'énorme différence d'âge : « la Bella » a quinze ans et le cardinal bedonnant en a près de soixante… Pour autant, les deux demoiselles restent copines. Tout de même, ça doit être un peu chelou d'être amie avec la maîtresse de son père ! Mais là où les choses prennent un tour carrément bizarre, c'est quand le père de Lucrèce accède à la fonction suprême.

Ça se passe en 1492. Quelle année que cette année-là ! La Reconquista est accomplie avec la prise de Grenade. Un certain Michel-Ange sculpte ses premiers chefs-d'œuvre pour Laurent de Médicis, qui meurt le 9 avril de la même année. Le 3 août, Christophe Colomb hisse les voiles de ses trois caravelles. Et tandis qu'il cingle, sans le savoir, vers une terre inconnue, un vent nouveau souffle déjà sur le monde chrétien. Car le 11 août, Rodrigo Borgia monte sur le trône de Saint-Pierre, sous le nom d'Alexandre VI. Par la grâce de Dieu et… quelques pots-de-vin ! Eh oui, il a fallu jouer des coudes dans cet interminable conclave, à l'issue très serrée. Les Orsini et les Colonna n'ont pas lâché l'affaire. Et les cardinaux romains tiquaient à l'idée d'élire encore un Catalan. Rodrigo Borgia a su trouver des arguments sonnants et trébuchants, n'hésitant pas à faire don de ses propres biens, et même de ceux qui ne lui appartenaient pas, autrement dit ceux de l'Église. Cette corruption ecclésiastique, appelée simonie, sera longtemps reprochée au nouveau pape. Une accusation à laquelle s'ajoutera vite celle de népotisme, car Alexandre VI Borgia fera tout pour imposer sa progéniture dans le jeu politique. En tout cas, *Habemus papam* ! Et, avec lui, ça va swinguer au Vatican.

Fille de pape !

Pour Lucrèce, âgée de douze ans, cette folle année 1492 sonne la fin de l'insouciance. Imaginez ce qu'elle peut ressentir en voyant son père coiffer la tiare pontificale ! C'est lui le vicaire du Christ, l'élu qui commande à tous les rois de la Terre… Mon père, c'est le pape ! Promise tour à tour à deux nobles espagnols dans son enfance, Lucrèce voit subitement ses fiançailles rompues. Alexandre VI a d'autres projets. Maintenant qu'il est au sommet, il peut faire monter les enchères. Et les prétendants ne manquent pas dans cette péninsule italienne morcelée en d'innombrables principautés et cités rivales. Il y a des gros morceaux, comme le duché de Milan ou la république de Venise, au nord, et le royaume de Naples, au sud, aux mains des Aragon. Et au centre, il y a les États pontificaux. Alexandre VI aimerait bien agrandir son territoire. Il a besoin de sceller des alliances. Sa jolie fille, fraîche comme une rose, est un atout dans sa manche. Le choix du pape se porte sur la très puissante famille Sforza, à la tête du duché de Milan. Les Sforza sont les ennemis jurés des Aragon, qui, eux, occupent le royaume de Naples. Et le pape se méfie de ces Aragon pleins d'ambition. Alors il joue la carte de Milan contre Naples. Retenez ça, car c'est important pour la suite. Tous les Sforza de Milan étant déjà casés, le pape va se rabattre sur un de leurs cousins, Giovanni Sforza, seigneur de Pesaro, un comté situé sur la côte adriatique. C'est ainsi que Lucrèce, à seulement treize ans, est promise à ce Giovanni Sforza qu'elle n'a jamais vu, même pas en peinture. Treize ans, tout de même, c'est jeune, mais à l'époque on est en âge de se marier. Lucrèce n'est pas très emballée. Quand on a connu la vie romaine, Pesaro, c'est la province, pour ne pas dire la campagne. Mais son avis n'a aucune importance, la décision est prise.

Le mariage est célébré au Vatican, le 12 juin 1493, puis Lucrèce et son époux Giovanni Sforza partent s'installer dans leur duché de Pesaro. Lucrèce est accompagnée de son amie Giulia Farnese, la « Bella », qui devient sa dame de compagnie.

Alors les deux jolies Romaines, quand elles débarquent à Pesaro, avec leurs robes à la dernière mode et leurs bijoux étincelants, elles font une sacrée impression sur les courtisans. Surtout Lucrèce ! Sublime et richissime, elle envoie du lourd, la fille du pape ! Certes elle se sent un peu à l'étroit dans ce petit comté, mais elle semble s'être attachée à ce mari qu'elle n'a pas choisi. Hélas, elle n'a guère le temps de savourer les joies domestiques, car un événement vient bousculer son train-train : l'arrivée fracassante des Français ! Le roi de France Charles VIII veut arracher la couronne de Naples aux Aragon, faisant valoir des droits que les derniers princes de la maison d'Anjou avaient légués à sa famille. C'est la première des onze « guerres d'Italie ». Et elle va marquer les esprits. Grâce à sa puissante artillerie, la France c'est un peu la terreur de l'Europe en cette fin de XVe siècle. Sa redoutable armée déferle sur la péninsule comme un rouleau compresseur, se livrant aux pillages et aux massacres. Les Italiens sont terrorisés par ces nouveaux barbares qui piétinent tous les principes de la chevalerie médiévale. Ils donnent un nom à cette fougue impitoyable : la *furia francese,* la furie française. Tout le fragile échiquier politique de la péninsule risque d'être chamboulé. C'est la panique. Le pape somme sa fille Lucrèce de quitter Pesaro pour venir le rejoindre à Rome, *illico presto*, car il y a péril en la demeure.

En effet, l'armée du roi de France Charles VIII est aux portes de Rome, une étape sur le chemin de Naples. Le pape Alexandre VI, sa fille Lucrèce et la cour pontificale se réfugient au château Saint-Ange. Le pape doit composer avec les envahisseurs, laissant même son fils César en otage. Les Français parviennent à chasser les Aragon du trône de Naples. Mais le vent finit par tourner. César Borgia réussit à s'évader. Une coalition antifrançaise, nommée la Sainte-Ligue, se forme en 1495 à l'instigation du pape, et les Français doivent rentrer au bercail la queue entre les jambes. Les Aragon, renforcés par l'épreuve, retrouvent leur trône de Naples. Le pape opère alors un renversement d'alliance radical. Les Sforza, soit les Milanais, l'ont déçu. Ils ont joué double jeu avec les Français pour préserver leurs propres intérêts. Bref, ils n'ont servi à rien face à cette invasion. Alors le pape décide cette fois de jouer Naples contre Milan. Mais que faire de Giovanni Sforza ? Le mari de Lucrèce devient gênant… Le pape et son fils César songent d'abord à l'assassiner. Une habitude… En tout cas, ils font courir cette rumeur pour lui ficher la trouille. Apprenant ça, Giovanni quitte Rome la nuit même à bride abattue. Il aurait galopé jusqu'à Pesaro sans s'arrêter, au point, dit la légende, d'en crever son cheval aux portes de la ville. Cela ne règle pas pour autant le problème. Le pape pourrait toujours envoyer un spadassin le refroidir dans son comté. Mais bon, ça ferait quand même un peu désordre. Reste une solution : le divorce. Une procédure très compliquée à l'époque, mais quand on est pape, ça facilite les choses. À condition d'y mettre un minimum les formes. Le droit canon permet le divorce en cas de non-consommation du mariage. Autrement dit, Giovanni Sforza doit déclarer n'avoir jamais honoré la couche de Lucrèce, ce qui revient à avouer son impuissance. Évidemment, il n'est pas très chaud, le Giovanni, il va passer pour un puceau dans toute l'Europe. Mais il a un peu le couteau sous la gorge, donc il signe le papelard, résigné, humilié.

Lucrèce, humiliée elle aussi, est lasse des intrigues de sa famille – elle n'est pourtant pas au bout de ses peines. Un jour, elle fausse compagnie à son escorte et fonce demander l'asile au couvent romain de San Sisto. Elle songe sérieusement à prendre le voile. Le pape est contrarié. Il ne peut plus communiquer avec sa fille et il veut la marier sans tarder. Il a beau envoyer ses hommes tambouriner à la porte du couvent, la mère supérieure demeure inflexible : hors de question de violer ce sanctuaire des servantes du Seigneur. Pas même sur ordre de Son représentant sur terre ! Le pape finit par trouver un moyen d'échanger avec sa fille par un intermédiaire, son vice-camérier, Pedro Calderòn, surnommé Perotto. Celui-ci est chargé de porter une funeste nouvelle. L'un des frères de Lucrèce, Juan, a été assassiné. On a lardé son corps de coups de poignard avant de le jeter dans le Tibre. Peut-être un coup de la famille Orsini qui a pris ombrage de la nomination de Juan en tant que préfet de Rome, fonction qu'ils considèrent comme leur chasse gardée. Certains suspectent César Borgia en personne, son propre frère. Car c'est à lui que profite le crime. Il est ainsi débarrassé du chouchou de son père et peut devenir son bras armé. En l'absence de preuve, le pape préfère classer l'affaire, soucieux d'étouffer le scandale.

Quoi qu'il en soit, attristée par la mort de son frère, Lucrèce se console dans les bras du jeune messager, Perotto. Il a su la réconforter, tant et si bien qu'elle tombe enceinte de ses œuvres au bout de quelques semaines. Apprenant la chose, César entre dans une rage folle. Il pourchasse Perotto au Vatican jusque dans la salle du trône et le transperce d'un coup de dague, sous les yeux du pape. La légende veut que la robe du Saint Père en ait été mouchetée de sang. Le cadavre finira dans le Tibre, lui aussi, avec celui de la servante de Lucrèce qui devait en savoir trop. Cette grossesse, il est vrai, n'arrange pas les affaires des Borgia. En pleine procédure de divorce d'avec son premier époux, Giovanni Sforza, Lucrèce doit paraître devant une cour de cardinaux, chargée d'examiner le dossier. Sortie du couvent, enceinte de huit mois, la fille du pape doit jurer sur son honneur qu'elle est encore *virgo intacta*, c'est-à-dire vierge ! La grosse blague ! Il faut croire que les camérières ont suffisamment arrangé sa robe avec des fanfreluches pour tromper la vigilance de la vénérable assemblée. En réalité, les membres de cette assemblée ont surtout la trouille de César Borgia, qui n'est pas très commode comme vous l'aurez compris. Donc ils ferment les yeux. Le divorce est enfin prononcé. Quant au rejeton, embarrassant en pleine négociation pour un nouveau mariage de Lucrèce, il est tenu à l'écart de sa mère. Le pape règle la question en attribuant publiquement la paternité à son fils César et une dame romaine. Circulez, y a rien à voir. Et voilà Lucrèce de nouveau célibataire ! La voie est ouverte pour un nouveau mariage avec le camp adverse : les Aragon de Naples.

Mariée de force et veuve malgré elle

Le clan Borgia choisit de marier Lucrèce à Alphonse d'Aragon, duc de Bisceglie et prince de Salerne. Oui, je vous l'accorde, il faut suivre ! Lucrèce n'a toujours pas voix au chapitre. Mais à vrai dire, elle n'a pas trop à se plaindre. Alphonse est bel homme. Ils ont à peu près le même âge tous les deux : dix-huit ans. Ils se plaisent aussitôt, et très vite, les deux tourtereaux filent le parfait amour. En plus, le pape confie de grandes responsabilités à sa fille, car il n'a confiance qu'en ceux de sa famille. Il nomme Lucrèce gouverneur de Spolète, une place forte située entre Rome et Pérouse, en Ombrie. Malgré son jeune âge, Lucrèce va au-delà de ses espérances, montrant une véritable autorité politique et assurant une saine gestion administrative. Elle s'acquitte si bien de sa tâche qu'Alexandre VI va jusqu'à lui confier les rênes du Vatican lors de ses déplacements. Vous imaginez ? Une femme se retrouve de fait à la tête de la papauté, chose aussi inédite qu'insolite. Bien sûr, elle ne peut pas régenter les questions liturgiques, mais c'est elle qui prend connaissance du courrier et qui expédie les affaires courantes. Évidemment, cette démonstration flagrante de piston ne va pas sans quelques grincements de dents au sein de la curie. On traite Lucrèce avec ce qu'on appellerait aujourd'hui du sexisme. Un exemple ? Le cardinal de Lisbonne, auprès duquel Lucrèce vient un jour prendre conseil pour un acte officiel, lui aurait rétorqué : « Avez-vous seulement une plume ? » Jeu de mots grivois sur *penna* et *pene* en italien, soit plume et pénis. La classe ! En tout cas tout roule pour Lucrèce. Elle a un nouveau mari qu'elle aime. Elle remplit ses missions politiques avec brio. Seulement voilà, avec les Borgia, le bonheur ne dure jamais bien longtemps.

Un an après le mariage de Lucrèce, les Français reviennent mettre le bazar en Italie. Ils ne lâchent pas l'affaire. Cette fois c'est Louis XII qui veut conquérir le royaume de Naples, et, au passage, le duché de Milan, qu'il revendique de par sa grand-mère Valentine Visconti. Tant qu'à faire… C'est sur le chemin ! Mais cette fois, le pape trouve un terrain d'entente avec les Français, alors il retourne encore sa soutane et lâche les Aragon de Naples. Bon, désolé les gars, finalement, on va quand même pas se fâcher avec le roi de France, hein ? Une fois de plus, le mari de Lucrèce devient gênant. L'Histoire se répète. Alors que faire de ce pauvre Alphonse d'Aragon ? On ne va quand même pas rejouer la comédie de l'impuissance ? Ça va commencer à se voir. Oh bah, on n'a qu'à le tuer cette fois. C'est plus simple.

Lors de sa venue à Rome en juin 1500, Alphonse d'Aragon tombe dans une embuscade. Il a eu le malheur de s'aventurer avec un ami et son écuyer aux abords du Vatican.

Soudain, des faux pèlerins, qui faisaient mine de dormir, se lèvent comme un seul homme et assaillent les promeneurs. Blessé à la tête, Alphonse s'effondre, ensanglanté. Ses deux compagnons parviennent à le traîner jusque dans le palais du Vatican. Mauvaise idée ! Le Vatican, c'est pas vraiment un lieu sûr sous le pontificat d'Alexandre VI Borgia. Lucrèce et Sancia d'Aragon, la sœur d'Alphonse, lui prodiguent les premiers soins. Lucrèce veille à son chevet jour et nuit. Elle fait goûter ses repas par crainte du poison et fait placer seize estafiers à la porte. Un beau jour, César vient rendre visite au convalescent. Tranquille, l'air de rien. Il lui glisse à l'oreille cette phrase assassine : « Ce qui ne s'est pas fait au déjeuner se fera au dîner. » Alphonse est en sursis.

En effet, au bout d'un mois, un homme se présente au palais. C'est le sinistre Michelotto Corella, l'homme de main de César, chargé des basses œuvres du clan, spécialiste du garrot avec une cordelette. Un dur à cuire. Il profite d'un moment où Lucrèce relâche sa surveillance et se jette sur Alphonse pour l'étrangler. Officiellement, on parle d'un accident : il a glissé dans la salle de bains et sa plaie s'est rouverte. Voilà voilà. Pauvre Lucrèce ! En à peine trois ans, elle a perdu son frère Juan, son amant Perotto et son époux Alphonse. Une série noire à laquelle le nom de César est toujours mêlé, de près ou de loin.

Elle n'a même pas le temps de faire le deuil d'Alphonse que son père et son frère César lui choisissent un troisième époux. Et une fois de plus, Lucrèce n'a pas son mot à dire. La politique reprend ses droits. Le nouveau candidat au mariage s'appelle aussi Alphonse ! Comme ça, elle ne se trompera pas de prénom… C'est Alphonse d'Este, le fils du puissant duc de Ferrare. Le mec semble ravi… Moi, à sa place, vu la façon dont ont fini les deux premiers, je me serais méfié, mais bon… Le mariage est signé par procuration, le 26 août 1501.

Lorsqu'elle fait son entrée à Ferrare, les habitants se pressent en masse pour découvrir leur nouvelle duchesse, qui traîne déjà une incroyable réputation de femme fatale à seulement vingt et un ans.

Lucrèce arrive, radieuse, majestueuse, sur un cheval blanc. Les habitants sont vite conquis, car elle se montre aussitôt une excellente duchesse, raffinée, respectée, portée sur les choses de l'esprit. Elle s'entoure d'une cour d'esthètes, de musiciens, de savants, de peintres et d'hommes de lettres.

Lucrèce multipliera les grossesses, sept au total, dont quatre enfants qui atteindront l'âge adulte. Tout va bien pour elle. Mais évidemment, avec les Borgia, le calme précède toujours la tempête.

En 1503, soit deux ans après l'arrivée de Lucrèce à Ferrare, le pape son père meurt empoisonné. Ironie de l'histoire, il aurait bu par mégarde la *cantarella,* le poison emblématique de la Renaissance, à base d'arsenic, qu'il destinait à son hôte – un cardinal dont il voulait se débarrasser. C'est ballot. Le pape est puni par là où il a péché.

Privé du patriarche, César Borgia est acculé à une lutte permanente. En 1507, il trouve la mort dans une embuscade en Navarre, transpercé de coups de lame. Malgré sa peine, Lucrèce vit sans doute ces disparitions comme un soulagement. Les Borgia ne sont plus une menace pour personne. Surtout pour elle. Elle peut s'épanouir dans son duché de Ferrare, où tout le monde lui montre un sincère attachement.

Lucrèce est enfin en paix. Elle effectue de fréquentes retraites au couvent du Corpus Domini, où vit une communauté de sœurs clarisses, fidèles à l'idéal de pauvreté de saint François d'Assise. La duchesse de Ferrare va jusqu'à se faire tertiaire franciscaine. Elle n'est pas nonne à part entière, car elle est encore soumise à ses obligations politiques, mais c'est tout comme. Elle porte le cilice. Elle rase sa belle chevelure et se déleste de ses biens les plus précieux, fourrures et bijoux, qu'elle vend au profit des indigents. Elle a renoncé aux vanités du monde. La magnificence des Borgia n'est plus qu'un souvenir. Faut-il y voir une forme de repentance pour expier les crimes de sa famille ? Peut-être. Épuisée par les grossesses à répétition, Lucrèce contracte une fièvre puerpérale et vit le dernier accouchement comme un calvaire. Sentant son heure venir, elle demande au pape Léon X une ultime bénédiction pour le salut de son âme. Les Ferrarais accompagnent en prière leur duchesse bien-aimée. Après dix jours d'agonie, Lucrèce Borgia s'éteint le 24 juin 1519, à l'âge de trente-neuf ans. Elle est enterrée dans son cher couvent du Corpus Domini, vêtue de son habit de religieuse. Sa dépouille est déposée à même la terre, à la manière franciscaine, recouverte d'une simple pierre tombale. La fille du pape tire ainsi sa révérence en toute discrétion et en toute humilité, et pourtant une incroyable postérité l'attend par-delà les siècles.

Une réputation posthume inique

On vient de le voir ensemble, Lucrèce Borgia s'est toujours montrée une femme digne, humble, pieuse, aimante et aimée, soumise aux intérêts de sa famille et de ses sujets. Alors d'où vient cette réputation de femme fatale, d'empoisonneuse, aux relations incestueuses ? Le premier qui a parlé d'inceste, c'est Giovanni Sforza, souvenez-vous, son premier époux. Vexé de passer pour un impuissant dans l'humiliante procédure de divorce, il se venge en faisant courir le bruit que, si *on lui enlève sa femme, c'est parce que « le pape souhaite avoir la liberté de jouir lui-même de sa fille »*. Un simple sous-entendu rancunier qui va faire couler beaucoup d'encre. Un autre scandale, que la postérité a retenu sous le nom de « banquet des Châtaignes » ou « banquet des Cinquante Courtisanes », a défrayé la chronique. Il s'agit d'une fête donnée par César le 31 octobre 1501 au sein du Vatican, qui aurait tourné en orgie. On aurait demandé à des prostituées, en tenue d'Ève, de déguster des châtaignes par terre, à quatre pattes, pour mieux tendre la croupe aux soudards de César… Or le chroniqueur qui rapporte cette scène, et qui mentionne la présence de Lucrèce, n'était pas présent lui-même au banquet. On peut donc douter de ses propos. Mais les légendes ont la peau dure. Calomniez, calomniez, il en restera toujours quelque chose ! L'irruption de la Réforme protestante dans la chrétienté va beaucoup contribuer à la mauvaise réputation des Borgia. On fustige mieux les papistes en les présentant comme des dépravés, à commencer par le pape en personne. Alexandre VI Borgia devient l'incarnation d'une Église romaine dévoyée, corrompue, où règnent le vice, la simonie et le népotisme.

Et forcément, Lucrèce n'est pas épargnée par les kabbales. Les artistes vont prendre le relais, en caricaturant les ragots, pour créer un personnage en rouge en noir. « Espagnole sous ses cheveux blonds, courtisane sous son air candide, elle avait la tête d'une madone de Raphaël et le cœur de Messaline », écrit Alexandre Dumas dans *Les Borgia*. Mais c'est Victor Hugo qui va en faire la femme la plus sulfureuse de la Renaissance, faisant complètement fi de la réalité historique, pour atteindre une puissance dramatique. En 1833, il signe le mélodrame *Lucrèce Borgia*, accueilli triomphalement la même année au théâtre de la Porte-Saint-Martin. Passionné par les « difformités morales » et les « figures monstrueuses », Hugo prête à son héroïne les pires penchants, tel un fils imaginaire fruit de l'inceste avec son frère, qui meurt empoisonné dans ses bras. Lucrèce n'a pourtant jamais fait usage de la *cantarella*. Mais le poison colle à son image de femme vénéneuse qui séduit tant les esprits baudelairiens.

Alors, c'est vrai, les Borgia n'étaient pas des saints, loin s'en faut. Mais dans le contexte des rivalités princières, ils savaient sans doute qu'il valait mieux être l'assassin plutôt que l'assassiné. Et puis, après tout, sans cette violence, la Renaissance n'aurait peut-être pas été la Renaissance. Que l'on songe à cette excellente tirade d'un film d'Orson Welles : « L'Italie sous les Borgia a connu trente ans de terreur, de meurtres, de carnages… Mais cela a donné Michel-Ange, Léonard de Vinci et la Renaissance. La Suisse a connu la fraternité, cinq cents ans de démocratie et de paix. Et ça a donné quoi ? Le coucou ! »

Comme quoi, le mal, parfois, ça fait du bien. Je vous laisse méditer là-dessus.

MAGELLAN

Pionnier du tour du monde

« C'est pas l'homme qui prend la mer, c'est la mer qui prend l'homme, tatata… »

Ce n'est pourtant pas de Renaud qu'il s'agit ici, mais d'un marin, que dire… Un grand navigateur, un explorateur, et mieux : un découvreur.

La toute première circumnavigation de l'Histoire… La circumnavigation, un mot savant pour dire « tour du monde ».

Certes, aujourd'hui, ça n'a l'air de rien… Il y en a sans doute parmi vous, chers lecteurs, qui ont eu l'occasion de faire le tour du monde. Et peut-être même plusieurs fois. Eh oui, aujourd'hui, un tour de monde c'est pas la mer à boire. Tu te prends une petite année sabbatique. Tu réserves des billets d'avion confortablement depuis ton fauteuil sur ton smartphone, et hop, le tour est joué. Tu n'as plus qu'à te laisser transporter de destination en destination, au gré des décollages et des atterrissages !

Mais au début du XVe siècle, sans carte, sans satellite, c'était pas la même limonade ! Celui dont je vais vous raconter l'histoire a rencontré mille difficultés : mutineries, intempéries, avaries… Il a essuyé les tempêtes hivernales dans l'hémisphère Sud, en plein océan Atlantique. Et croyez-moi ça tangue sévère ! Mais surtout – et c'est là sa prouesse –, il a vogué vers l'inconnu contre vents et marées, contre toutes les idées reçues. Cet homme, c'est Magellan.

Alors aujourd'hui, non seulement vous allez entrer dans l'Histoire mais, ensemble, on va prendre le large !

Une formation de qualité

Fernand de Magellan, Fernão de Magalhães en portugais, serait né aux alentours de 1480, probablement à Porto. Sa vie est assez peu documentée, mais peu importe, c'est son odyssée qui l'est. Essayons toutefois de comprendre ce qui a poussé ce navigateur hors pair à se lancer dans cette incroyable aventure.

Magellan est issu d'une famille de la petite noblesse portugaise. Dès son plus jeune âge, son père le fait entrer à la cour de la reine Éléonore de Viseu en qualité de page. C'est-à-dire un jeune noble attaché au service d'un souverain ou d'un prince. C'est là qu'il a pu apprendre la navigation et l'astronomie, en étudiant notamment les enseignements de Martin Behaim, un marin allemand. L'homme est une référence. C'est lui qui a construit le tout premier globe terrestre. Eh oui, car contrairement à une idée reçue, au Moyen Âge on ne croyait pas que la Terre était plate ! En vérité, la sphéricité de la Terre est connue depuis l'Antiquité. Platon et Aristote, par exemple, le savaient. L'astronome grec Ératosthène, considéré comme le plus grand savant du IIIe siècle avant Jésus-Christ et l'inventeur de la géographie, a même tenté de mesurer géométriquement la circonférence de la Terre en comparant les angles des ombres formées par des rayons lumineux du Soleil en deux lieux différents espacés d'une distance connue. Pas con le mec ! Et le plus dingue, c'est que le résultat de ses calculs n'est pas si éloigné de la réalité : 39 375 kilomètres pour Ératosthène et 40 075,02 km pour les scientifiques avec les moyens modernes. Ah ! ces Grecs anciens, ils n'ont pas fini de nous étonner. Mais revenons à notre Magellan, qui en pleine Renaissance est donc bien conscient que la Terre est ronde. Mais le vaste monde, on est loin d'en avoir fait le tour ! La théorie, les traités, c'est bien beau, mais le jeune Magellan ressent l'appel du large. En matière de science, rien ne vaut l'expérience. L'heure est aux grandes découvertes et aux folles expéditions. C'est pendant la jeunesse de Magellan, en 1492, qu'un marin génois, un certain Christophe Colomb, a découvert un nouveau monde : l'Amérique. En ce tournant des XVe et XVIe siècles, tout semble possible.

Des sources prouvent que Magellan s'embarque en 1505 à bord d'un des vingt navires de l'armada de Francisco de Almeida, vice-roi des Indes orientales portugaises. Car à l'époque ce que l'on appelle les Indes, c'est-à-dire le sous-continent indien et l'Asie du Sud-Est, est une destination privilégiée pour tout navigateur qui se respecte, car « les Indes » regorgent d'épices. Cette terre, promesse de richesse, est convoitée par tous les royaumes d'Europe, qui fonderont chacun son tour des comptoirs le long des côtes : les Anglais, les Danois et bien sûr les Français à partir de 1668. Vous le savez : Pondichéry, Chandernagor, etc. Mais au début du XVIe siècle, les Portugais ont une sérieuse longueur d'avance. En 1498. Vasco de Gama, un compatriote de Magellan, est le premier Européen à arriver aux Indes par voie maritime en contournant le cap de Bonne-Espérance, c'est-à-dire en contournant toute l'Afrique pour voguer sur l'océan Indien. Son expédition marque les débuts de l'empire colonial portugais.

Seulement voilà : aller aux Indes, ce n'est pas très commode. Le voyage par mer peut prendre huit mois… Il faudra attendre trois siècles et demi pour parvenir à raccourcir considérablement cette durée, grâce au percement du canal de Suez par les Français en 1869. Cocorico. En tout cas, cette question de l'itinéraire pour voguer jusqu'aux Indes a son importance pour l'histoire de Magellan. Il y a peut-être un autre chemin ? Ça va cogiter dans sa tête pendant des années…

Changement de sponsor : ce sera le futur Charles Quint !

À l'été 1513, Magellan, qui attend avec impatience de partir à l'aventure en mer, est envoyé au Maroc en compagnie d'une puissante armée en vue de s'emparer de la ville d'Azemmour. C'est à cette occasion que le navigateur soldat sera blessé au genou. Une blessure qui le laissera quelque peu boiteux toute sa vie. Déjà que sur le pont d'un navire, avec le roulis, on ne marche pas droit, cette claudication « naturelle » n'arrange rien. Mais la force de Magellan n'est pas dans ses pieds mais dans sa tête. C'est un dur à cuire, il a un mental d'acier et la foi chevillée au corps, une détermination à toute épreuve… Bref quand il a une idée en tête, il ne l'a pas ailleurs, le mec. Et justement, son idée fixe, elle est révolutionnaire, dans tous les sens du terme. C'est un projet dingue : atteindre les Indes par l'ouest. C'est à peu près aussi barré que d'imaginer aujourd'hui une expédition humaine sur Mars ! Mais Magellan ne pense qu'à ça, il y croit. Christophe Colomb lui aussi a pensé à l'ouest, et c'est ce qui lui a permis de découvrir l'Amérique.

Le hic, c'est que Magellan est un peu seul à y croire. D'autant plus maintenant qu'il est en disgrâce avec son roi, Manuel Ier du Portugal. Pendant l'expédition marocaine, Magellan s'est barré sans permission. Comme ça, en douce. Alors il a été accusé de commerce illégal avec les Maures. Les accusations sont abandonnées, mais le malaise demeure. Sa réputation à la cour n'est pas top. Le roi refuse d'augmenter sa pension mensuelle. Il n'est donc pas en super position pour vendre son projet. Imaginez, votre chef vous déteste et refuse de vous augmenter. Il ne risque pas de vous écouter si vous lui demandez un budget pharaonique pour monter un projet aux débouchés incertains. En 1515, déjà, un navigateur espagnol, Juan Díaz de Solís, avait tenté de s'aventurer dans l'Atlantique Sud et il n'en était jamais revenu… En explorant les terres près de l'estuaire de Río de la Plata, il aurait fini dans la marmite d'Indiens Guaranis qui pratiquent le cannibalisme. Tout de suite, ça refroidit les candidats… et ceux qui commanditent leurs expéditions !

Mais Magellan, on l'a dit, est un obstiné, un têtu. Le roi du Portugal l'a pris en grippe ? Eh bien tant pis ! Il est prêt à faire l'impensable : proposer ses services à la concurrence, pour ne pas dire l'ennemi juré, c'est-à-dire le royaume d'Espagne ! « Trahison ! », hurle-t-on du côté lusitanien. Eh oui, il est comme ça Magellan. Il ne s'arrête pas au premier obstacle. Qu'importe le pavillon, pourvu qu'il ait les subsides ! Et il se trouve qu'en 1518, le roi d'Espagne n'est autre qu'un jeune homme de dix-huit ans appelé à un destin impérial : c'est le futur Charles Quint. Il faut s'imaginer cette rencontre historique entre le marin portugais qui approche la quarantaine et le jeune souverain. Il hésite beaucoup le jeune Charles, car c'est quand même un choix délicat d'investir sur ce petit noble transfuge de la marine portugaise. Les grands d'Espagne le regardent avec mépris. Son projet semble insensé. Christophe Colomb a découvert l'Amérique, mais on ne sait pas ce qui se trouve derrière. Peut-être des monstres démoniaques qui surgissent des flots pour gober les navires comme de gigantesques crapauds… Mais Magellan a de beaux arguments. Cette nouvelle route maritime des Indes par l'ouest serait une formidable opportunité pour accéder aux « îles aux Épices ». Les îles aux Épices, c'est ainsi que l'on appelait l'archipel des Moluques situé dans l'est de l'Indonésie. Et c'est qu'elles sont riches, ces îles aux Épices. Le trafic des noix de muscade et du girofle bat son plein. C'est une manne commerciale de tout premier choix.

Politiquement, le projet ne manque pas non plus d'intérêt. Car ces îles aux Épices, déjà colonisées en partie par les Portugais, se trouvent – croit-on – dans la moitié d'hémisphère définie par le traité de Tordesillas, un accord entre les Espagnols et les Portugais qui partage le Nouveau Monde entre les deux puissances coloniales rivales de l'époque. Il définit un méridien localisé à l'ouest des îles du Cap-Vert comme ligne de partage. L'Amérique est donc théoriquement aux Espagnols. Mais lorsqu'on découvre le Brésil, en 1500, sa partie orientale est attribuée au Portugal. Et voilà pourquoi le Brésil parle aujourd'hui portugais, tandis que tous ses voisins d'Amérique latine parlent espagnol ! Vous y penserez la prochaine fois en sirotant une petite caïpirinha et en écoutant de la bossa nova !

Et donc ces fameuses îles aux Épices devraient revenir à l'Espagne. Cette possible nouvelle route maritime par l'ouest est par conséquent un enjeu de taille. Elle permettrait d'ouvrir la « route des épices » sans dégrader les relations avec le voisin portugais. Et puis notre Magellan, malgré de nombreux ennemis qui lui taillent des croupières, il a quand même de solides appuis. Il peut compter notamment sur le soutien de l'illustre évêque Juan Rodríguez de Fonseca, issu de la plus haute noblesse du royaume de Castille.

Cinq caraques, des vivres pour deux ans, et en route !

Après maintes tergiversations, le roi Charles finit par donner son accord à Magellan pour qu'il tente son pari fou de rejoindre l'Asie par l'ouest. Bon allez, ok, ça va, ça va, qu'il s'en aille ce Portugais, aux îles aux Épices ou au diable vauvert, mais qu'il mette les voiles ! Le roi nomme Magellan et son compatriote et associé Rui Faleiro capitaines. Il leur octroie, entre autres, le monopole sur la route découverte pour une durée de dix ans, leur nomination comme gouverneurs des terres et des îles qu'ils rencontreraient, avec 5 % des gains nets qui en découleraient et un vingtième des gains du voyage. Bon, sur le papier, ça à l'air sympa. Mais en vrai ça n'engage pas à grand-chose pour la couronne. Ce sont des bénéfices sur des résultats hypothétiques. Il faut déjà revenir vivant. Et après on verra… Le roi, s'il soutient le projet de Magellan, ne va pas se ruiner pour autant. On lui fait d'énormes difficultés. On lui confie des rafiots qu'il doit d'abord faire retaper pour les transformer en bêtes de navigation. Ce sont les caraques, des grands navires avec une coque arrondie, des voiles carrées et deux hauts châteaux avant et arrière. En effet, on dirait des petits châteaux forts flottants ! Magellan dispose de cinq caraques : le *San Antonio*, le *Santiago*, la *Concepción,* la *Victoria* et la *Trinidad*, la nef amirale, à bord de laquelle il commandera l'expédition. Les autres navires sont confiés à des grands d'Espagne, comme Juan de Cartagena, qui tique un peu à l'idée d'être sous les ordres d'un nobliau portugais. Eh oui, rien n'est simple dans les préparatifs de ce voyage historique. Les fonds viennent à manquer. On mégote sur l'équipement. Sans parler des manigances du roi de Portugal qui cherche à faire capoter le projet. L'idée qu'un de ses sujets vogue sous pavillon ennemi lui fout un peu les boules, quand même… Mais Magellan ne se décourage pas. Il pare à toute difficulté et s'en remet à sa bonne étoile.

Les bateaux sont équipés en vivres pour deux ans de voyage. En théorie. Car c'est sans compter les probables avaries. Et puis on ne sait pas combien de temps va durer ce voyage. Pendant les préparatifs, un homme, un érudit italien, Antonio Pigafetta, se présente devant Magellan. Il fait des pieds et des mains pour faire partie de l'expédition. Au début Magellan n'est pas très chaud. À quoi peut lui servir cet intello qui manie la plume au lieu des cordages ? C'est une bouche à nourrir de plus. Mais Pigafetta insiste et Magellan finit par céder à un argument de taille : Quelle valeur a un exploit si personne n'est là pour en témoigner ? Magellan fait alors embarquer son atout le plus précieux. Car cet Antonio Pigafetta tiendra scrupuleusement un journal de bord. C'est le fameux *Journal du voyage de Magellan*. Le manuscrit original a été perdu, mais il en subsiste heureusement quatre copies, grâce auxquelles on connaît avec une certaine précision le déroulé du voyage.

Ah ! j'oubliais : à bord de la *Trinidad*, il y a aussi Enrique, le domestique de Magellan. Il s'appelle Enrique mais il n'est pas espagnol. C'est un esclave acheté par Magellan. Il vient des Moluques, c'est donc un parfait interprète pour les futures expéditions dans les îles aux Épices. Au départ, l'équipage compte 265 hommes, répartis sur les cinq navires. Mais combien seront vivants à l'arrivée ? S'ils rentrent un jour… La flotte lève l'ancre à Séville le 10 août 1519. Pour vous situer, 1519, c'est l'année de la mort de Léonard de Vinci, celle de la naissance de Catherine de Médicis, et celle où Charles Quint est élu empereur du Saint Empire. Quelle année, que cette année-là ! En 1519, donc, Magellan hisse les voiles et met le cap sur l'inconnu… La face du monde en sera changée à jamais !

Tempête, mutinerie, famine et enfin le rêve réalisé

Après une escale aux îles Canaries, la flottille se lance dans la traversée de l'Atlantique. Ce qui n'est pas une partie de rigolade. Imaginez les grands vents du large, les embruns qui vous fouettent le visage, un immense horizon de flots scintillants, une houle incessante et les jours de tempête, où l'océan se déchaîne et où les vagues se dressent comme des forteresses. Il faut avoir le cœur bien accroché. Mais Magellan redoute moins les éléments que les tempéraments ! Le danger couve plus dans le cœur des hommes que dans le creux des vagues. Une partie des capitaines rechigne à suivre ses ordres et songe même à se débarrasser de lui. Ça commence mal ! Magellan ne supporte aucune contradiction. Lors de l'appel matinal, au moment de donner ses instructions pour la journée, il n'accepte aucune suggestion. Il suspecte la trahison partout. Surtout de la part de Juan de Cartagena, son vice-amiral, un homme puissant qui n'aime pas qu'on le prenne pour un mousse ! Alors, Magellan ne dévoile ses plans à personne. Ambiance… C'est pas vraiment *La croisière s'amuse* !

Après quatre mois de traversée, la flotte arrive près des côtes du Brésil en décembre 1519. Magellan jette l'ancre le 13 décembre dans la baie de Santa Lucia, une baie promise à un bel avenir, plus connue aujourd'hui sous le nom de Rio de Janeiro. La flotte reprend sa route le long des côtes sud-américaines, avec l'ambition d'en faire tout le tour. Mais qui sait quelle taille mesure ce fichu continent ? L'équipage n'en voit pas le bout et commence à perdre ses nerfs. L'hiver austral s'annonce et plus on descend vers le sud, plus ça caille ! Magellan décide d'hiverner, dans un estuaire qu'il nomme port de San Julián.

En attendant que passent les frimas, c'est un orage qui éclate le 1er avril 1520. Une mutinerie le 1er avril ? Oh les gars, non rassurez-moi, c'est un poisson, vous me faites une blague ? Pas du tout. Sous la conduite de Juan de Cartegena, une bonne partie de l'équipage se révolte. Ils n'y croient plus, les mecs, à ce passage vers l'ouest. Ils veulent rentrer à la maison au lieu de mourir de faim et de froid dans ces régions désertes. Que faire ? Demi-tour ? Pas question. Magellan doit sévir, mais il le fait avec intelligence, car il a besoin de ces hommes, il ne peut pas continuer avec une poignée de fidèles. Alors, il frappe la mutinerie à la tête. Des chefs sont exécutés et d'autres, comme le fameux Juan de Cartegena, sont abandonnés sur le rivage de la baie de San Julián, avec une épée et un peu de pain. Allez, *Hasta la vista*, démerde-toi ! Cartegena est condamné à une mort lente et cruelle dans la solitude la plus totale des déserts de Patagonie…

Magellan est un homme âpre et désagréable, mais il est intègre et déterminé. Il ne lâche rien. C'est ainsi qu'il reprend la mer, vaille que vaille. Et après des mois à caboter, ô miracle ! Le 21 octobre, Il aperçoit un cap, qu'il baptise cap Virgenes et qui marque l'entrée d'un estuaire. Tiens, tiens, ne serait-ce pas plutôt un détroit ? Allons explorer, se dit Magellan. C'est un véritable dédale de fjords bordés par des falaises. Il y a d'innombrables bras d'eau, des bancs de sable et des récifs sous-marins. Un vrai labyrinthe. La navigation est périlleuse, mais le paysage est de toute beauté. Impression de bout du monde. À côté des neiges éternelles, les marins aperçoivent de nombreuses fumées à l'intérieur des terres. Ces feux sont allumés par des pêcheurs nomades. On appellera pour cette raison l'endroit la Tierra del Fuego, la Terre de Feu. L'eau reste salée, c'est bon signe. C'est bien un détroit ! Il sera plus tard baptisé détroit de Magellan en l'honneur du navigateur. Ça y est, celui-ci a réussi son pari : il est passé de l'autre côté de l'Amérique. C'est l'euphorie ! Maintenant un nouvel océan s'ouvre à lui, le plus vaste de la planète. Et personne ne connaît ses dimensions gigantesques. Magellan, contrairement à une légende, se doute qu'il est immense. Et c'est lui qui va lui donner un joli nom, car ses eaux lui paraissent très calmes : l'océan Pacifique.

Pourtant, dit le proverbe : « Méfiez-vous de l'eau qui dort ! » Cet océan Pacifique regorge de petites îles, d'atolls… Tant de marins feront naufrage sur ses innombrables récifs coralliens. Mais Magellan, suivant sa bonne étoile, en fera la longue traversée sans rencontrer d'obstacle. Par contre, il y a un sérieux problème : la bouffe. Le navire qui transportait les provisions a déserté. Il n'y a plus rien à becter ! L'eau n'est plus potable. L'équipage survit comme il peut en mangeant des rats puis des chats, en buvant de la soupe de copeaux de bois trempés dans de l'eau de mer, en faisant cuire les carrés de cuir décousus du coin des voiles. Miam… Alors au menu de ce soir mes amis, le chef vous propose une fricassée de rats crevés sur un lit de copeaux de bois, accompagnée de fines lamelles de cuir, le tout arrosé d'une bonne rasade d'eau croupie coupée à l'eau de mer.

Bon appétit ! Dans son fameux journal de bord, Antonio Pigafetta écrit : « Nous ne mangions que du vieux biscuit tourné en poudre, tout plein de vers et puant, à cause de l'ordure de l'urine que les rats avaient faite dessus et mangé le bon, et buvions une eau jaune infecte. » Quand même… Là, on prend conscience de la rudesse de ces gaillards, perdus au milieu d'un océan jamais cartographié ! Le scorbut ronge des hommes déjà usés par près de deux ans de voyage. Certains hésitent à se livrer au cannibalisme. Pour éviter ça, Magellan doit faire jeter les cadavres à la mer.

L'horizon reste vide, sous un soleil de plomb. Les marins se découragent. Ce voyage ne finira donc jamais ? Après trois mois et vingt jours, les trois navires restants et leurs équipages, enfin ceux qui ont survécu, viennent enfin à bout de l'immense océan Pacifique. Le 6 mars 1521, ils parviennent en vue des îles Mariannes, puis débarquent dix jours plus tard sur l'île d'Homonhon, ce qui fait de Magellan le premier Européen à s'aventurer aux Philippines, comme on les appellera plus tard. Et là, on n'est plus très loin du but, à savoir les Moluques, les îles aux Épices, qui se trouvent à un bon millier de kilomètres au sud. Le rêve semble devenir réalité.

Une gloire posthume

Eh oui, cet archipel a un décor de rêve avec ses paysages enchanteurs, sa végétation foisonnante et ses oiseaux de paradis. Mais attention, ces terres inconnues pour les Européens ne sont pas inhabitées pour autant. Il y a des indigènes insulaires. Magellan va à leur rencontre et peut communiquer avec eux grâce à son esclave interprète de Sumatra, Enrique. La langue n'est pas exactement la même, mais en baragouinant un peu, on se comprend ! Magellan commence à sympathiser, mais il est un peu envahissant. À la vérité, c'est même un envahisseur. Il prend possession des Philippines au nom de Charles Quint et en son nom propre. Les autochtones ne perçoivent pas tout de suite cette ambition colonisatrice, ils pensent que ces hommes viennent faire du commerce. Le jour de Pâques de 1521, Magellan célèbre la première messe sur la place de Limasawa, puis une deuxième sur l'île de Cébu. Là-bas, il convertit au christianisme une partie des indigènes, à commencer par son roi Humabon, avec qui les relations sont plutôt cordiales. Il conquiert et évangélise les petites îles de l'archipel. Magellan se sent pousser des ailes et une ambition de conquistador. Car Charles Quint lui a fait de belles promesses : sa nomination comme gouverneur des terres et des îles qu'il rencontrerait, avec 5 % des gains nets qui en découleraient. Eh oui, ceci explique cela. Peut-être rêve-t-il même de fonder son propre royaume dans le Pacifique ?

Magellan appuie son entreprise de conquête sur son alliance avec Humabon, le roi de l'île de Cébu. Mais celui-ci est en conflit avec Lapu-Lapu, le chef de tribu de l'îlot voisin : Mactan. Et Lapu-Lapu voit d'un mauvais œil l'arrivée inopinée de ces Européens. Magellan décide alors d'aller montrer à Lapu-Lapu qui est le patron. Il y va comme ça, la fleur au fusil, avec une arrogance qui ne lui ressemble pas.

Il suffira, pense-t-il, d'une poignée d'hommes armés pour mater des milliers de « sauvages » avec leurs sagaies rustiques. Erreur ! Erreur fatale même ! Lapu-Lapu est un rude guerrier. Son corps est couvert de tatouages qui symbolisent chacun la victoire dans une bataille. Il en a tellement remporté qu'il a dû se tatouer même le visage ! Bref : en accostant sur l'îlot de Mactan, le 27 avril 1521, Magellan se jette dans la gueule du loup. Lapu-Lapu et ses hommes l'attendent de pied ferme. Dans son journal de bord, Pigafetta raconte la bataille sur la plage : « Nous pointâmes nos armes à feu sur l'ennemi, et tirâmes trente minutes durant sans lui causer de grands ennuis. Lorsque nous fûmes à court de munitions, les Indiens lancèrent l'offensive. » Les insulaires attaquent à coups de flèches et de lances en bambou. Les envahisseurs se font dégommer comme des lapins. Magellan, criblé de flèches empoisonnées, s'effondre sur la plage, mort. Ah non, c'est quand même dommage ! Le mec, il a résisté aux mutineries, aux intempéries, à la famine, il est presque arrivé aux îles aux Épices… et il meurt bêtement dans une bataille inutile.

Pour Magellan, c'est la fin du voyage. Mais les survivants reprennent la mer et parviennent enfin aux Moluques, le but de l'expédition. Après avoir chargé les cales de muscades et de girofles, ils rentrent en Espagne, en contournant l'Afrique. Des cinq caraques du départ de l'expédition, seule la *Victoria* a bouclé la boucle. Elle atteint la côte espagnole à Sanlúcar de Barrameda le 6 septembre 1522, après un voyage de trois ans ! Sur les 265 membres de l'équipage du départ, seuls 18 hommes sont à l'arrivée, dont Antonio Pigafetta, avec son précieux journal en main.

C'est grâce à ces pages que justice sera rendue à Magellan pour l'éternité. Car même s'il n'a pas atteint en personne les îles aux Épices, c'est lui qui a ouvert la route de l'ouest en découvrant le détroit qui porte aujourd'hui son nom. C'est lui qui a porté sur ses épaules cette expédition, depuis ses préparatifs jusqu'à ses succès, en passant par d'innombrables déboires. Il reste pour toujours l'homme à l'origine de la toute première circumnavigation de l'Histoire !

Petite anecdote, l'esclave interprète Enrique, que Magellan avait d'ailleurs prévu d'affranchir, serait peut-être, selon Stefan Zweig, le premier homme à avoir bouclé le tour du monde. L'auteur avance l'idée qu'Enrique aurait survécu à la guerre aux Philippines grâce à sa connaissance de la langue et serait rentré au pays par ses propres moyens, devançant l'équipage de l'expédition portugaise de plusieurs semaines. Bon, absolument rien ne le prouve, mais il y a là une idée séduisante : celle qu'un esclave ait accompli le premier tour du monde. Car comme le dit le poète : « Homme libre, toujours tu chériras la mer ! »

LÉONARD DE VINCI

Veni, Vidi, Vinci

Ici, nous avons rendez-vous avec un personnage monumental. Et je pèse mes mots ! Un homme qui a atteint des sommets dans presque tous les domaines des arts et des sciences. Peinture, ingénierie, architecture, botanique, anatomie, astronomie, optique… et j'en passe. Avec sa barbe de prophète et son regard pénétrant, ce touche-à-tout visionnaire est l'incarnation du génie. Ses œuvres sont devenues des archétypes de la culture occidentale. Elles ont atteint une portée universelle, atemporelle, et, pourrait-on dire, inestimable. *La Cène, l'Homme de Vitruve* ou encore la mystérieuse *Joconde* qui attire au Louvre des millions de touristes chaque année… Évidemment, cet homme, c'est Léonard de Vinci. Aucun artiste n'a autant fasciné le monde. Toute sa vie a été passée au peigne fin par des générations d'historiens. Et pourtant, l'homme nous échappe encore. Léonard reste une inépuisable source d'énigmes. Comment un être humain a-t-il pu à ce point être touché par la grâce et doté d'autant de qualités : le talent, la beauté, la bonté et ce parfum irrésistible de mystère qui émane de ses œuvres. Mais bon sang, quel était son secret ? Y avait-il une ombre au tableau ? Ah ! Leonardo… Nous autres Français, l'aimons particulièrement, car c'est dans notre pays que le Florentin a choisi de finir sa vie, qu'il est enterré et que ses plus grands chefs-d'œuvre, tout comme ses carnets merveilleux, sont conservés. C'est donc avec une émotion toute particulière que je vais vous faire le portrait de Léonard.

Un surdoué, à coup sûr

Léonard de Vinci est né le 14 avril 1452 à...Vinci, comme son nom l'indique. Il est le fils d'un notaire, Piero da Vinci, et d'une jeune paysanne, Caterina di Meo Lippi. Ses parents entretenaient une relation illégitime, c'est-à-dire qu'ils n'étaient pas mariés, ce qui fait de Léonard un bâtard. Et à l'époque c'est un souci. Pas tant dans les milieux de la noblesse, où les bâtards sont reconnus et légitimés sans problème. Mais pour les clercs et surtout les notaires, c'est une autre affaire. Eh oui, les notaires sont censés représenter la rectitude administrative, le bon droit. Or avoir des relations hors mariage, donc illicites, ce n'est pas top sur le plan du droit. C'est ainsi que le petit Léonard grandit éloigné de sa mère, pour éviter les commérages. Il est confié à son oncle Francesco et à son grand-père Antonio, qui va éveiller la curiosité du garçon. Il lui répète souvent « *Po l'occhio !* » – « Ouvre l'œil ! » Le petit Léonard aime observer la nature et comprendre le monde qui l'entoure. Et surtout, dès son plus jeune âge, il présente un don évident pour le dessin. Son père en prend conscience et se dit : « Tiens, il a un joli coup de crayon ce petit-là, il en fera peut-être quelque chose plus tard ! » Pouvait-il un instant s'imaginer qu'un jour, le moindre croquis de son rejeton s'arracherait à des millions d'euros aux enchères ? Messire Piero, qui a son étude à Florence, s'adresse donc au maître d'atelier le plus en vue de la cité toscane, Andrea del Verrocchio. Songez que dans son atelier sont venus se former des petits jeunes prometteurs tels que Botticelli, le Pérugin ou Ghirlandaio, pour n'en citer que quelques-uns ! Bref, l'atelier de Verrocchio, c'est la Champion's League de la Renaissance.

Notre jeune Leonardo da Vinci, après quelques années d'école, entre en apprentissage chez Verrocchio en 1464. Il a quatorze ans. Mais comme le dit l'adage, la valeur n'attend pas le nombre des années. Et ça, Verrocchio va très vite le remarquer. Une anecdote célèbre en dit long sur l'extraordinaire précocité de Léonard. Comme le voulait une habitude des ateliers, certains grands tableaux étaient exécutés en collectif. Au maître la conception générale et l'exécution du thème principal, aux élèves la charge des éléments d'arrière-plan et des détails du décor. Verrocchio travaille alors sur un tableau, le fameux *Baptême du Christ*, et demande à Léonard de s'occuper d'un ange sur le côté. Un élément presque insignifiant. Sauf qu'avec Léonard, « les détails font la perfection, et la perfection n'est pas un détail », comme il l'écrira un jour dans ses fameux carnets. Pour un coup d'essai, c'est un coup de maître. Le visage de l'ange est tellement extraordinaire, dans la douceur de son expression ou dans le soyeux de sa chevelure, que tout le monde en est pantois d'admiration. Tout le monde sauf Verrocchio, qui a un peu les boules de voir le Tout-Florence défiler devant le tableau pour voir « l'ange » au lieu de sa représentation de Jésus baptisé dans les eaux du Jourdain. La même scène se reproduira avec la sainte Anne : Vasari, un célèbre peintre et architecte du siècle suivant, racontera la scène et parlera d'un véritable défilé. C'est sans doute exagéré mais ce qui est sûr, c'est que Léonard fait des débuts plus que prometteurs et que l'avenir ne peut que sourire à cet audacieux…

À Florence chez les Médicis, à Milan chez les Sforza

Léonard se taille vite une belle réputation dans la Florence de Laurent de Médicis, dit Laurent le Magnifique, grand protecteur des arts. La cité toscane est en pleine effervescence. Une époque d'intense créativité que l'on appellera la Renaissance. Florence, Renaissance, effervescence, tout ça rime comme une évidence ! C'est qu'on est un peu poète, nous aussi… Léonard reçoit ses premières commandes d'envergure. En 1472, une grande abbaye lui commande un tableau sur le thème de l'Annonciation. Léonard travaille dessus comme un dingue. Il veut que tout soit parfait dans l'équilibre, les perspectives, les couleurs, les draperies… Il parvient même à rafraîchir ce thème en plaçant la Vierge Marie dans un jardin, au lieu d'une chambre. Cela lui permet de planter un large paysage dans le décor. Il aime ça, les paysages. D'ailleurs son plus ancien dessin daté est un paysage de la vallée de l'Arno. La nature sera toujours un thème obsédant chez Léonard. Bref, son Annonciation est un chef-d'œuvre. Le jeune artiste enchaîne avec deux tableaux de la Vierge à l'Enfant puis un portrait d'une aristocrate florentine, Ginevra de Benci.

En 1480, il reçoit une commande des moines du couvent de San Donato à Scopeto, sur le thème de l'Adoration des mages. Et là encore, Léonard va bosser d'arrache-pied pour moderniser le thème avec une spirale de personnages, habituellement disposés en file indienne, qui viennent adorer l'Enfant Jésus. Léonard veut donner une expression particulière à chaque personnage. Il veut jouer avec des éléments d'architecture singuliers. Bref, il veut frapper fort. Trop fort. Car il ne cesse de revoir sa copie. Le tableau piétine, si j'ose dire, et les moines s'impatientent. En fait, Léonard en restera presque au stade du carton préparatoire, le brouillon à échelle au crayon. En d'autres termes, Léonard renoncera.

C'est là que se dessine, si j'ose encore dire, un aspect très important de la personnalité de notre génie. Léonard veut prendre son temps. Il n'aime pas qu'on lui colle la pression. Ça ne lui plaît pas trop de faire des tableaux d'autel avec des contraintes et des échéances. Lui, il cherche la perfection. Et forcément, ça prend le temps que ça prend, comme on dit. Il aimerait bien avoir un mécène qui le prenne sous son aile et lui donne les moyens de travailler à sa guise, tranquille, au calme. Il lui faut un prince puissant pour donner toute la mesure de son talent. C'est pourquoi il songe à quitter Florence, qui est une république, et un régime trop procédurier à son goût. D'ailleurs, il a eu affaire à la justice. Il a en effet été accusé deux fois de sodomie, le 10 avril et le 7 juin 1476, sur des dénonciations anonymes, très récurrentes à Florence. Leonardo Tornabuoni, cousin du Magnifique, aurait été de la partie, car il figure dans la même dénonciation. Cependant, Léonard recevra une commande publique le 10 janvier 1478, un panneau d'autel pour le Palazzo della Signoria, une commande importante qu'il n'honorera pas d'ailleurs, mais qui prouve en revanche qu'il ne part pas à cause de ces accusations pour sodomie… Il n'empêche que Léonard ne se sent plus en odeur de sainteté dans la cité des Médicis. Le moment est venu pour lui de mettre les voiles. Cap sur Milan.

Léonard pose ses malles dans la capitale lombarde en 1482. Il a trente ans. Nouvelle décennie, nouvelle ville, nouveau départ. Le duché de Milan est alors aux mains de la puissante famille Sforza. Le duc Ludovic le More accueille Léonard à sa cour, car ce dernier lui a envoyé une lettre où il propose ses services, une lettre dans laquelle il liste ses compétences. En gros, il lui envoie son CV. Et c'est là qu'on voit que Léonard à un certain culot. Il se présente comme un ingénieur militaire, alors qu'il n'a jamais construit de machine de guerre. Pas folle la guêpe ! Il sait bien qu'en cette fin de XVe siècle les innombrables petits États de la péninsule se tirent la bourre et font la guerre en permanence. Les ingénieurs militaires sont plus recherchés que les artistes, qui n'ont pas le prestige qu'on leur attribue aujourd'hui : ils sont encore considérés comme des artisans, en quelque sorte. Bref, Léonard détaille des compétences qu'il n'a pas encore et précise en toute fin de sa lettre de motivation :

« *En peinture, je puis faire ce que ferait un autre, quel qu'il puisse être. Et si quelqu'une des choses ci-dessus énumérées vous semblait impossible ou impraticable, je vous offre d'en faire l'essai dans votre parc ou en toute autre place qu'il plaira à Votre Excellence, à laquelle je me recommande en toute humilité.* » Traduction, si besoin, je sais aussi peindre au moins aussi bien que vos meilleurs peintres. Et si vous ne me croyez pas, eh bien mettez-moi à l'essai, vous allez en prendre plein les mirettes. « En toute humilité » bien sûr ! Sacré Léonard, fallait oser. Alors lui, pour le coup, dans un entretien d'embauche, à la question rituelle : « Quel est votre principal défaut ? », il pourrait vraiment répondre : « Eh bien, je suis un peu perfectionniste. » Ça ne serait pas une pirouette.

En tout cas, Ludovic le More l'engage à son service et lui confie un projet qui lui tient à cœur : réaliser une statue équestre monumentale à la gloire de son ancêtre. Léonard est ravi : il adore la démesure. Il n'a pourtant jamais fait de sculpture à si grande échelle, mais il a sculpté, sûrement. Il est très difficile de reconstituer le catalogue « sculptural » de Léonard, mais il est « fils spirituel » de Verrocchio, il a certainement appris la sculpture, même avant la peinture. Par ailleurs, Vasari raconte que, lorsqu'il était dans l'atelier de Verrocchio, il a réalisé plusieurs têtes de femmes qui rient, et quelques œuvres attribuées à Verrocchio doivent sans doute être du jeune Léonard… Donc il est enchanté et il veut mettre le paquet. « Non mais attendez m'sieur le duc, on va pas faire seulement une statue équestre monumentale, non, on va juste faire la statue équestre en bronze la plus haute et la plus volumineuse de tous les temps : plus de sept mètres de haut, allez bim, qui dit mieux ? » Sauf que de telles dimensions posent d'immenses difficultés de réalisation, pour couler le bronze, retourner et hisser la statue sur son socle. C'est que ça pèse environ cent tonnes de bronze, le machin ! Mais Léonard se dit : « T'inquiète, on va bien trouver une technique. » Quelle audace ! Au début, il proposait même de faire un cheval cabré, mais c'était beaucoup trop compliqué.

Si Léonard bluffe autant sur ses compétences, c'est parce qu'il apprend vite et qu'il a de la suite dans les idées. Il met donc au point d'astucieux systèmes de traction avec des poulies en vue de déplacer la statue. Sauf que, pas de bol, un événement inattendu va faire capoter le projet en 1499 : l'invasion de l'armée française de Louis XII en Italie. Les cent tonnes de bronze nécessaires vont être utilisées pour fabriquer des canons. Et puis les Français s'amusent à s'exercer au tir sur le modèle en argile gigantesque, au grand dam de Léonard. Mais finalement, c'est peut-être une chance. Car Léonard aurait sans doute eu beaucoup de mal à achever ce projet démesuré. Cette folie des grandeurs lui posera d'ailleurs toujours problème dans sa carrière, et bien souvent ses projets resteront inachevés. Mais Léonard a plus d'un tour dans son sac pour émerveiller la cour du duc de Milan…

Metteur en scène de fêtes somptueuses, portraitiste et… La Cène !

En 1490, Ludovic le More lui demande d'ordonnancer une grande fête en l'honneur des noces princières de Gian Galeazzo Sforza et d'Isabelle d'Aragon. Là encore, Léonard va mettre le paquet. Il n'est pas du genre à se contenter de quelques cotillons et d'une queue-leu-leu pour amuser la galerie. Oh que non ! Léonard va créer la fête du Paradis, un spectacle grandiose à la croisée de toutes les disciplines artistiques (chorégraphie, chants, peinture), soutenu par des moyens techniques inédits (mécanique, pyrotechnie). La mise en scène du spectacle dépasse tout ce qui s'était vu jusqu'alors. Tous les observateurs présents évoquent la somptuosité des costumes et l'ingéniosité des effets spéciaux. Leonard a reproduit le cosmos avec des allégories de planètes tournoyant sur un immense disque mécanique, le tout éclairé par des centaines de candélabres. C'est de l'art total, qui préfigure l'opéra, créé un siècle plus tard.

À Milan, Léonard de Vinci enchaîne les chefs-d'œuvre dans le domaine de la peinture, dont deux portraits célèbres, qui sont ceux de deux maîtresses du duc Ludovic. La postérité les retiendra sous le nom de *La Dame à l'hermine* pour la première et *La Belle Ferronnière* pour la seconde. Les portraits de ces deux courtisanes marquent les esprits, non pas pour leurs beaux atours, mais pour le caractère qui s'en dégage. L'expression dans le regard, la posture, les manières… Léonard réussit à exprimer la personnalité de deux femmes intelligentes et séduisantes. Les portraits semblent vivants, en mouvement. On est loin des portraits raides et figés du Moyen Âge.

Durant ses années milanaises, Léonard peint aussi un pur chef-d'œuvre que nous avons la chance d'avoir au musée du Louvre : *La Vierge aux rochers*. Destiné à orner un retable pour la décoration d'une chapelle, ce tableau frappe par son atmosphère mystique avec son décor de caverne, son paysage crépusculaire et surtout l'étrange jeu de mains entre les personnages. On voit l'ange désigner saint Jean Baptiste au lieu de Jésus enfant, comme habituellement. Léonard semble brouiller les pistes dans cet épisode de la vie du Christ. D'ailleurs les moines, pas très satisfaits, vont en commander une seconde version plus réglementaire. Tout ça va encore mal finir, car Léonard se plaint de ne pas être justement rémunéré et les commanditaires disent ne pas avoir reçu l'objet de leur commande dont la livraison était prévue pour décembre 1484 dernier carat. Léonard ne respecte pas les délais, comme d'hab' ! Il a d'ailleurs besoin d'assistants pour déléguer certains travaux. C'est donc à Milan qu'il fonde son atelier et où il recrutera notamment deux disciples qui l'accompagneront jusqu'à la fin de sa vie. Deux hommes que tout oppose. Le premier, adopté à l'âge de dix ans par le maître, s'appelle Gian Giacomo Caprotti, le fameux Salaï, ainsi que Léonard le surnomme. Cela signifie « diablotin ». Car Salaï est un élève turbulent, qui n'arrête pas de faire des bêtises, voler, casser des trucs, faire des grossièretés. « Voleur, menteur, têtu, glouton », écrit Léonard à son propos, mais il voue une tendre affection à ce jeune homme très beau, qui est peut-être aussi son amant. Salaï a sans doute inspiré certains portraits du maître, comme l'étrange saint Jean Baptiste, conservé au Louvre. La sensualité évidente, comme le sourire énigmatique du saint montrant le ciel, prouve encore que Léonard ne fait jamais rien comme tout le monde. Plus tard, il engagera un jeune aristocrate, Francesco Melzi, bien élevé et fin lettré, qui restera lui aussi avec lui jusqu'au bout.

En 1495, les moines du monastère de Sainte-Marie-des-Grâces à Milan lui commandent une fresque pour orner leur réfectoire, avec pour thème le dernier repas du Christ en compagnie de ses disciples. Encore et toujours, Léonard va vouloir frapper fort. Mais la technique de la fresque ne lui plaît pas trop. Elle impose des temps de séchage très courts, avec l'impossibilité de retoucher ce qui est sec. C'est un type de peinture trop contraignant à son goût, lui qui aime recommencer, améliorer, fignoler à l'infini… Alors que fait-il ? Il bidouille une technique pour peindre à l'huile sur le mur du réfectoire. Comme ça, il peut prendre tout son temps. D'ailleurs, les moines en ont un peu ras le bol de le voir rêvasser pendant des heures avant de mettre trois coups de pinceau et de partir en ville faire un tour. Une fois de plus, ça va mal se terminer car les moines vont se fâcher. Mais le résultat est un tel chef-d'œuvre que cela valait le coup d'attendre. Les douze apôtres disposés autour du christ ont tous une expression et une pose singulières. *La Cène* devient vite une œuvre culte. Problème, la technique à l'huile de Léonard ne tient pas. Ça commence à pourrir seulement quelques années après l'exécution de la fresque. Et cela explique pourquoi elle est hélas dans un si triste état aujourd'hui. Quel gâchis !

Léonard n'aura pas trop le temps de constater les dégâts, car les Français viennent jouer les trouble-fête en 1499. Le roi de France Louis XII revendique des droits à la succession des Visconti et envahit Milan. Léonard perd son protecteur le duc, en exil. Il aimerait bien travailler pour le compte des Français, mais ces derniers se font vite détester par la population. Léonard sent qu'il n'est peut-être pas raisonnable de collaborer avec l'envahisseur. Sa décision est prise. Il fait ses malles et quitte la capitale lombarde, dix-huit ans après son arrivée. Commence alors pour lui une longue période d'errance. Mais quand on est un tel génie, les possibilités sont infinies…

Pour César Borgia, il construit des machines de guerre

Après son départ de Milan, Léonard s'arrête quelque temps à Mantoue, où la duchesse mécène Isabelle d'Este, grande dame de la Renaissance, lui commande un portrait. Léonard commence le carton mais ne passe pas à l'étape de la peinture. Il se permet le luxe de snober la duchesse, qui enrage et le presse d'honorer sa commande. Mais Léonard file à l'anglaise pour un court séjour à Venise. Il semblerait qu'il dédaigne un peu la peinture en cette période d'errance, et ce au profit des sciences. C'est sans doute pourquoi il va offrir ses services au redoutable César Borgia. Un homme impitoyable et cruel qui entend se tailler un royaume en Romagne à la pointe de l'épée. D'ailleurs, si vous voulez en savoir plus sur la sulfureuse famille

Borgia, reportez-vous au chapitre qui est consacré ici-même à Lucrèce Borgia. Vous allez voir, il est mortel, c'est le cas de le dire... Bref, César Borgia est en guerre contre les seigneurs romagnoles et il s'adjoint les services du génial florentin Léonard en tant qu'ingénieur militaire. Léonard inspecte les forteresses et invente des machines de guerre infernales. On peut voir sur ses carnets des espèces de chars d'assaut avant l'heure et des engins dotés d'hélices pour tailler l'ennemi en pièces. Mais Léonard, qui avait déjà observé quelques batailles dans sa jeunesse, a eu l'occasion de voir l'horreur de la guerre dans tous ses détails : des champs de bataille fumants et jonchés de cadavres, des actions sans pitié qui ont dû le conforter dans son idée que la guerre rend l'homme plus que bestial : sauvage. Il reviendra vite à la peinture.

Avec Michel-Ange : le choc des titans

En 1504, l'artiste est de retour dans sa patrie, à Florence, décidé à montrer qu'à la cinquantaine bien sonnée, il est encore au top. Car la concurrence est rude en pleine Renaissance. Il y a des petits jeunes qui poussent au portillon, comme un certain Raphaël ou un certain Michel-Ange qui a stupéfié le monde en 1499, en sculptant la célèbre Pietà, pour la basilique Saint-Pierre de Rome. À l'âge de vingt-quatre ans seulement, il a déjà tué le jeu ! Et quand Léonard revient à Florence, Michel-Ange vient tout juste de réaliser le monumental *David* qui orne alors la façade du Palazzo Vecchio, le cœur du pouvoir politique florentin. Bref Michel-Ange est en pleine ascension et il déteste cordialement Léonard. Les deux hommes se connaissent. Tout les oppose. Léonard est un homme affable, séduisant, solaire, facétieux, radieux. Michel est un homme torturé, solitaire, râleur, querelleur. En 1504, la république de Florence veut décorer la salle du

Grand Conseil du Palazzo Vecchio de fresques monumentales à la gloire de son histoire militaire. Les deux grands artistes se voient chacun confier une fresque. À Léonard est confiée la bataille d'Anghiari, à Michel-Ange celle de Cascina. Léonard de Vinci face à Michel-Ange. Le choc des titans. Les deux rivaux, à pinceaux tirés, dans la même salle. C'est presque un ring. Que le meilleur gagne ! Hélas, ce qui s'annonçait comme le plus grand duel de l'histoire de l'art va tourner en eau de boudin. Michel-Ange pose les pinceaux, car il a mieux à faire, le pape l'appelle à Rome. Il y peindra le plafond de la chapelle Sixtine. Quant à Léonard, comme d'habitude, il prend tout son temps, il expérimente des techniques de fresque à sa sauce, mais ça ne marche pas. Les deux artistes resteront au stade du carton, des cartons incroyables, grandioses, admirés par le Tout-Florence qui donnent une idée de ce qu'aurait pu produire le résultat final.

La Joconde

Léonard, on l'a dit, n'aime pas travailler sur des fresques. Il préfère les tableaux de chevalet. C'est d'ailleurs à l'époque de son retour à Florence qu'il travaille sur le portrait d'une bourgeoise florentine, une certaine Lisa Gherardini, épouse de Francesco del Giocondo. C'est Mona Lisa, soit dame Lisa, alias la Joconde ! Comment imaginer que ce simple portrait, une peinture à l'huile sur un panneau de peuplier de 77 × 53 centimètres, allait devenir un jour l'icône de l'art occidental, l'œuvre la plus contemplée, la plus commentée, la plus décortiquée, et sans doute la plus controversée ? Que n'a-t-on pas dit sur la *Joconde* ? Les théories les plus dingues tentent de percer le sens caché – à supposer qu'il y en ait un – de ce portrait d'apparence anodine mais pourtant fascinant, car si vivant, si vibrant. C'est vrai que son sourire énigmatique semble nous narguer en nous disant : « Cherchez encore, vous n'y êtes pas. » Aujourd'hui, les historiens de l'art sont unanimes sur l'identité du modèle. C'est bien Lisa Gherardini. Nous le savons avec certitude, grâce à une note datée de 1503 dans la marge d'un livre, écrite par le chancelier de Florence Agostino Vespucci. Et pourtant, malgré tout, on se demande pourquoi Léonard a travaillé avec tant de soin sur ce portrait qu'il n'a jamais livré. Pendant quinze ans, il ne cessera de peaufiner ce visage, sublimé par la technique typiquement léonardienne du sfumato, c'est-à-dire avec des contours évanescents, donnant cet aspect si réaliste. Il est possible que Léonard, parti du visage de Lisa Gherardini, ait cherché ensuite à aller vers une vision idéalisée d'une féminité absolue, c'est-à-dire douce et rassurante, un visage sans âge, une tendresse maternelle, qui faisait peut-être écho au souvenir de sa mère, dont il a été privé dès le plus jeune âge. Nous ne le saurons jamais, mais rien n'interdit de le penser !

En 1515, Léonard s'installe à Rome. La Ville éternelle est en pleine effervescence sous le pontificat de Léon X, un pape mécène, comme son prédécesseur Jules II. Les chefs-d'œuvre prennent une nouvelle dimension. Une dimension grandiose ! Michel-Ange a peint la chapelle Sixtine. Raphaël est en train de peindre les chambres des appartements de Jules II. Et notre Léonard, dans cette concurrence féroce, a bien du mal à trouver sa place… Il faut dire qu'avec ces tableaux de chevalet qu'il met des lustres à peindre, il n'est plus vraiment à la mode. À soixante-trois ans, le génie veut toujours explorer des horizons plus vastes, préférant étudier la philosophie et les sciences. Et quand son mécène Julien de Médicis, frère du pape Léon X, meurt, en 1516, Léonard se retrouve seul. Il a besoin d'un nouveau protecteur. Ça tombe bien, car un tout jeune roi de France vient de débouler en Italie et de rafler l'éclatante victoire de Marignan en 1515. Il veut importer la Renaissance italienne en France et nourrit de grandes ambitions et une sincère admiration pour Léonard de Vinci. Ce roi, c'est François Ier.

En France : le bonheur

Léonard de Vinci rencontre François Ier en 1516 à Bologne où celui-ci s'est rendu en vue d'éventuelles négociations avec le pape pour le concordat. En fait, l'année précédente, Gouffier, le conseiller du roi de France, avait proposé au vieux génie de rejoindre la cour des Valois, mais Léonard avait hésité. En mars 1516, pourtant, le conseiller du roi lui envoie une lettre, renouvelant sa demande. Il lui dit : « Tu seras libre de rêver, de penser, de travailler… » C'est exactement ce que Léonard a voulu entendre tout au long de sa vie ! Un prince l'accueille et lui donne la possibilité d'œuvrer à sa guise, de laisser libre cours à ses expérimentations, sans délai, sans contrainte, bref sans pression. Le rêve ! Aussi, quand il se trouve devant François Ier en personne, n'hésite-t-il pas une seconde. Il signe tout de suite.

À soixante-quatre ans, Léonard part donc pour un voyage sans retour au-delà des Alpes, emportant avec lui son disciple le plus fidèle, Melzi (Salaï les rejoindra dans un deuxième temps mais pour un court séjour), un domestique et trois chefs-d'œuvre : la sainte Anne, le saint Jean Baptiste et la *Joconde* !

La cour des Valois se trouve alors au château royal d'Amboise, dans le Val de Loire. Léonard est accueilli avec tous les égards dus à un seigneur. Il est nommé « premier peintre, premier ingénieur et premier architecte du roi ». François Ier met à sa disposition le manoir du Clos Lucé et des domestiques, dont une cuisinière, Mathurine, avec qui

Léonard se liera d'affection. Léonard est donc nourri, logé, blanchi, aux frais de la princesse, et il a une paix royale ! Mais pas question de buller pour autant. Ce n'est pas le genre de Léonard. Il a mille idées à la minute. Il se lance dans des projets pharaoniques, comme la conception urbanistique d'une cité idéale, à Romorantin, pour accueillir la cour. Il prévoit même de creuser des canaux pour relier la Loire et la Saône. Il organise des fêtes aussi foisonnantes que celle du Paradis des années milanaises. Le Florentin fait régner la beauté et la créativité à la cour de France. Il poursuit ses expériences scientifiques dans de nombreux domaines, tout en continuant de travailler à son chef-d'œuvre, la sainte Anne. Il rêve de voler comme un oiseau. Et même s'ils n'avaient pas vraiment la capacité de s'élever dans les airs, ses dessins de machines volantes nous montrent à quel point Léonard était visionnaire.

À soixante-sept ans, le génie fait toujours flèche de tout bois, mais il sent sa fin proche. Ses forces déclinent et son bras droit est gagné par la paralysie. Le vieux lion fait rédiger son testament, distribue ses œuvres, sans doute en grande partie au roi de France car elles ne sont pas citées dans le testament (en 1518, le roi paye à Salaï une grosse somme pour des œuvres ; il s'agit probablement de cela) et ses carnets à ses disciples. Il n'oublie pas sa bonne servante Mathurine, à qui il donne son manteau noir à bords de fourrure.

« Comme une journée bien remplie nous donne un bon sommeil, une vie bien vécue nous mène à une mort paisible », avait écrit Léonard. Alors, avec une telle vie, si riche, si féconde, on imagine que sa mort fut bien sereine. Léonard s'éteint doucement le 2 mai 1519 dans son manoir du Clos Lucé. Contrairement à une légende tenace, propagée par le tableau de Ingres, Léonard n'est pas mort dans les bras de François Ier, car celui-ci se trouvait ce jour-là à Saint-Germain-en-Laye. Il n'empêche, le roi accueille avec une sincère tristesse la nouvelle de la mort de celui qu'il appelait « padre » (père) dans un mélange touchant de respect et d'affection. Léonard de Vinci a quitté ce monde mais ses œuvres, ses écrits, ses inventions sont restés avec nous. Cinq cents ans après sa mort, le génie florentin est toujours aussi populaire et auréolé de mystère. Cet éternel curieux, assoiffé de connaissances, avait écrit un jour : « Plus on connaît, plus on aime. » Et c'est bien vrai, la preuve. Plus on connaît Léonard, plus on l'aime. Chapeau l'artiste !

LOUIS XV

Du Bien-Aimé au Mal-Aimé

Louis XV, avant tout, c'est quand même ce roi dont personne ne se souvient. Il faut dire qu'il n'a pas eu de bol, avant lui, il y a le Soleil, son arrière-grand-père, le grand Louis XIV. Après lui, il y a Louis XVI, celui qui a fini raccourci sur le billot pendant la Révolution. Pas simple de se démarquer entre ces deux-là !

Ernest Lavisse, un grand historien du XIXe siècle, disait : « Louis XV a été le plus mauvais monarque de l'Histoire. Ce n'est pas assez de détester sa mémoire, il faut l'exécrer. » Bon, Lavisse était un farouche bonapartiste converti en républicain, il n'aimait pas les monarchistes mais quand même : pourquoi tant de haine ?

Est-ce à cause de la guerre de Sept Ans, une guerre mondiale terrible, et une défaite humiliante pour la France qui va perdre son influence au-delà des mers ? Ou bien est-ce parce que Louis XV a bien souvent abandonné le pouvoir aux autres : d'abord à son régent, Philippe d'Orléans, puis à son ancien précepteur, le cardinal de Fleury, et enfin à Choiseul, son principal ministre ? Cette ambiance de roi à mi-temps qui passait plus d'heures dans le lit de ses maîtresses qu'au Conseil des ministres n'était pas du goût de tout le monde…

Eh oui, tout le monde n'est pas Henri IV, qui reste le roi préféré des Français même s'il était aussi très porté sur la fanfreluche…

Entrez avec moi à Versailles

Pour commencer il faut dire que Louis XV n'aurait jamais dû devenir roi de France. À sa naissance à Versailles en 1710, Louis XIV a soixante-douze ans. Et il est censé passer la couronne à son fils, le Dauphin, ou son petit-fils, le duc de Bourgogne. Notre Louis, à l'époque duc d'Anjou, est donc troisième sur la liste.

Mais tout bascule en l'espace de deux ans. Le dauphin de Louis XIV meurt, puis en 1711 notre petit Anjou perd sa mère, son père et son frère, tous les trois emportés par une rougeole maligne. Le petit duc d'Anjou est le seul à survivre parce que sa gouvernante, madame de Ventadour, a interdit au médecin de lui faire une saignée.

Comme c'est désormais son seul héritier, Louis XIV s'attache à son nouveau Dauphin. Régulièrement, ils s'habillent pareil : c'est Le Soleil et le mini-Soleil. Mais le passage de flambeau se fait un peu tôt. Quand Louis XIV meurt, le mini-roi n'a que cinq ans… alors, vive le régent !

Pendant la régence, la période où le nouveau roi n'est pas encore en âge de régner, Louis XV apprend le job avec un précepteur, le cardinal de Fleury.

« Vive le régent ! » C'est vite dit… Car avec Philippe d'Orléans on est en mode impro totale, et ça débouchera sur une première banqueroute nationale. Bref après le Grand Siècle de Louis XIV, tout va à vau-l'eau quand Louis XV accède au pouvoir à sa majorité, c'est-à-dire quatorze ans… Il est alors assez dépressif, le cardinal de Fleury l'a élevé dans la crainte de Dieu et il n'est pas très à l'aise dans le monde. Ça commence mal…

Quoi qu'il en soit, Louis XV monte donc sur le trône de France à quatorze ans et il lui faut désormais trouver une épouse !

À la cour, chacun propose son choix et c'est vers une princesse polonaise déchue, pieuse, timide et donc très influençable qu'on se dirige : Marie Leszczynska. C'est le duc de Bourbon, le personnage le plus puissant de la famille et du royaume après le roi, qui a pris cette décision.

Marie, Louis XV ne l'a pas choisie mais elle lui plaît : Il ne sort alors plus du lit de sa femme et lui fera un enfant par an pendant dix ans. Au bout d'un moment, Marie n'en peut plus d'être enceinte. Son médecin recommande même à Louis de la laisser un peu tranquille...

Mais Louis en a marre d'obéir tout le temps, marre d'être un bon petit roi sage qui aime sa femme et obéit à son Conseil. Il est tellement parfait et docile que tout le monde l'aime : on le surnomme d'ailleurs « le Bien-Aimé ». Mais pour Louis, ça suffit. Il se rebelle et la rébellion va prendre le visage d'une femme : madame de Mailly, l'une des cinq filles d'un aristocrate bien connu : le marquis de Nesle.

Je vous le donne en mille, sur les cinq sœurs, Louis XV en aura mis quatre dans son lit ! L'adultère comme moyen d'émancipation, fallait y penser !

Je vous explique : l'idée de l'adultère, ce n'est pas Louis XV qui l'a eue le premier. Il est encore trop sous influence et craint les foudres de Dieu.

Or, la cousine du roi, mademoiselle de Charolais, une libertine notoire qui reçoit ses amants déguisée en moine parce que c'est plus facile d'enlever une soutane qu'une robe de cour, veut gagner en influence sur son royal cousin. Elle décide donc de glisser dans le lit du roi une favorite de la reine, une gentille gourgandine qu'elle pourra manipuler à loisir. Et elle jette son dévolu sur l'aînée des cinq filles du marquis de Nesles, Louise-Julie. Elle est jolie, elle est douce, bienveillante et surtout pas trop ambitieuse.

Coucher pour le plaisir avec une favorite de la reine, ça donne des ailes au jeune Louis XV.

Imaginez la scène…

Après le dîner, le roi se rend dans les appartements de sa femme. Il lui fait la conversation tout en regardant la pendule. Puis quelques signes discrets à Louise-Julie en mode « on se retrouve juste après chérie », et il se lève et s'en va comme si de rien n'était. Très vite, Louise-Julie demande l'autorisation de se retirer à la reine qui lui répond carrément : « Allez-y, puisque vous êtes la maîtresse. »

Ambiance…

Alors, évidemment, maintenant que les femmes de la cour savent que Louis XV est infidèle, elles lui tournent toutes autour. Mais il n'y a que les cinq sœurs de Nesle pour se disputer la place de favorite. Pauline-Félicité, la deuxième sœur, finit par chasser son aînée du lit royal… non sans avoir connu quelques expériences à trois.

Pauline-Félicité, que Louis XV fera madame de Vintimille, a un petit surnom à la cour : le singe ou le macaque, tout simplement parce qu'elle n'est pas belle et que, paraît-il, elle sent très mauvais. Mais elle fait rire le roi. Et Louis XV est dépressif, rappelez-vous, il a besoin qu'on l'amuse et madame de Vintimille sait le faire.

Avec les sœurs de Nesle, Louis XV institue la tradition du souper à Versailles. C'est une rupture complète avec l'étiquette élaborée par Louis XIV. Les soupers sont pris en petit comité, la plupart du temps dans les appartements de la favorite. Les invités sont triés sur le volet. Ça exclut de fait une bonne partie de la cour et ça énerve un peu tout le monde, surtout le vieux cardinal de Fleury qui gouvernait jusque-là à travers le roi. C'est maintenant le petit cénacle des invités au souper qui fait la pluie et le beau temps. C'est aussi une manière pour Louis XV d'échapper au Conseil des ministres. Il déteste ça !

Au cours des années 1730, pourtant, Louis XV commence à prendre son rôle au sérieux et devient un gros bosseur. Il passe des heures à éplucher les dossiers du royaume tout seul dans son bureau.

Bon, il manque un peu de méthode... il se perd dans les détails mais il prend goût à l'autorité et à la guerre.

Chef de guerre pour épater sa belle

C'est entre les soupers et le lit de madame de Vintimille que Louis XV va se découvrir une âme de guerrier. Il a à cœur de se muer en chef de guerre pour impressionner sa belle. À quoi ça tient l'histoire de l'Europe, finalement !

On est en 1733, le roi de Pologne meurt, voilà un beau prétexte pour prendre les armes. C'est parti pour la guerre de Succession et Louis XV s'en mêle pour replacer la famille de sa femme au pouvoir. Eh oui, le père de Marie Leszczynska s'était fait éjecter du trône en 1709...

Fleury, son principal ministre qui est un pacifiste, n'est pas d'accord. Mais pour plaire à sa maîtresse et aussi à la reine qui veut venger son père, Louis XV se lance dans la guerre. C'est la première fois qu'il agit en désaccord avec Fleury.

Ça y est, Louis XV est un homme !

La guerre de Succession de Pologne, c'est le choc des titans, c'est la France et l'Espagne, les Bourbons contre les Habsbourg. La guerre prend fin avec le traité de Vienne en 1738 où Louis XV renonce à la Pologne au profit d'Auguste III, et l'Italie est entièrement remodelée et partagée entre l'Espagne et les Habsbourg. En gros, tout ça pour ça...

Louis XV n'en sort pas vraiment vainqueur et pas vraiment vaincu mais maintenant, c'est lui le patron à Versailles. Il n'a plus peur de rien. Il ne veut même plus de Premier ministre depuis la mort du cardinal de Fleury.

Mais c'est au moment où Louis XV commence à prendre confiance en lui qu'il va vivre l'événement le plus traumatisant de sa vie : l'épisode de Metz…

Pauline-Félicité, souvenez-vous : « le macaque », est morte en 1741 après avoir donné naissance à un garçon surnommé Demi-Louis. Elle est donc remplacée dans le cœur et le lit du roi par une autre sœur de Nesle, madame de Châteauroux.

Et la Châteauroux, elle est comme ses sœurs, elle adore voir son roi sur le champ de bataille, son mec doit être le plus viril, le plus puissant de toute l'Europe.

Alors c'est reparti pour un tour, c'est la guerre de Succession d'Autriche qui est un peu la suite de la guerre de Succession de Pologne.

C'est la saison 2 de la série, ça plairait à Netflix. Ça explose partout en Europe et en plus ce coup-là les Anglais rentrent dans la bagarre pour garder le contrôle des mers face aux Français.

C'est alors qu'en plein milieu du conflit, en 1744, Louis XV, en route pour le champ de bataille, tombe malade, à Metz. Un truc terrible genre dysenterie. Je vous passe les détails…

Les prêtres sont convaincus que le roi va mourir et l'obligent à faire une confession publique de ses péchés et donc… de ses adultères ! Quand on en est à ce point-là, c'est que ça sent vraiment le sapin… Surtout, c'est une humiliation pour Louis XV d'avouer devant tout le monde ses relations avec les sœurs de Nesle et de les chasser de la cour.

Miracle en tout cas, il faut croire que les *mea culpa*, ça fonctionne car Louis XV guérit et peut repartir à la guerre où il va enchaîner les victoires ! À la bataille de Fontenoy qu'il dirige en personne, puis à la bataille de Rocourt et à la bataille de Lauffeld. À chaque fois, la France défait toute seule les Anglais et leurs alliés.

En 1748, le traité d'Aix-la-Chapelle met fin à la guerre. Statu quo entre la France et l'Angleterre en matière de commerce international, mais Marie-Thérèse, la mère de Marie-Antoinette, est confirmée sur le trône d'Autriche et Louis XV fait ami-ami avec elle.

Après la guerre, Louis XV est donc le roi le plus populaire d'Europe. Il peut enfin revenir à Versailles !

Fort de ses différents succès sur les champs de bataille, Louis XV rentre donc à Versailles. Et disons-le clairement, il rentre en célibataire... enfin il est toujours marié à Marie Leszczynska mais il ne dort plus avec elle depuis belle lurette. C'est donc le moment idéal pour toutes les ambitieuses de la cour de séduire le roi. Et si les candidates sont plus nombreuses que dans un épisode du *Bachelor*, il y en a une qui va tirer son épingle du jeu.

La Pompadour

À chaque fois que le roi va chasser dans la forêt de Sénart, il voit passer, à tout berzingue (désolé, j'adore cette expression), un petit char décapotable, comme dans *Ben-Hur*, vous voyez ? Sauf que là, il est conduit par une magnifique jeune femme. Le char est bleu quand la conductrice est habillée en rose, et rose quand elle est habillée en bleu. C'est grave stylé.

Louis XV est comme un fou et commence alors entre eux une partie de cache-cache de quelques semaines où la belle se dérobe systématiquement quand le roi tente une approche.

Jamais aucune femme ne lui a fait ce coup-là, mais finalement lors d'un bal à Paris cette mystérieuse madame d'Étiolles, Jeanne Poisson de son vrai nom, se laisse approcher et même raccompagner chez elle en voiture par le roi. Ce qu'il s'est passé dans la voiture, personne ne le sait... enfin on a bien une petite idée quand même. Après ça, le roi invite sa nouvelle maîtresse à Versailles et l'élève au rang de marquise, elle devient la Pompadour !

Louis XV et sa nouvelle favorite vivent une vraie histoire d'amour. La Pompadour se met en quatre pour lui plaire et chasser les accès de mélancolie qu'il a depuis l'enfance. Elle monte des pièces de théâtre et organise des soupers comme s'ils formaient un couple de bourgeois qui recevaient leurs amis. Au menu : soupe de truffe, chocolat et champagne ! Le roi fait même parfois le service à table et ça l'amuse beaucoup, paraît-il.

Comme il voit que sa petite Jeanne lui est dévouée, il lui fait confiance pour les affaires d'État. On la surnomme alors rapidement « la ministre en cotillon ». C'est vrai qu'elle aurait pu devenir ministre, la Pompadour. Elle développe l'industrie de la porcelaine de Sèvres qui la remercie en créant une couleur en son honneur : le rose pompadour. Elle promeut les artistes et les intellectuels qu'elle aime comme Van Loo, peintre officiel du roi. C'est aussi elle qui encourage la publication des deux premiers tomes de l'*Encyclopédie* de Diderot et d'Alembert.

Et elle a de la suite dans les idées, la Pompadour. Pour renforcer son pouvoir autour du roi, elle donne des charges à ses proches. Son frère devient directeur général des Bâtiments du roi. L'ennui, c'est qu'il n'y connaît rien en architecture. Heureusement, sa sœur veille au grain : c'est la Pompadour par exemple qui fait aménager à Paris la place Louis-XV, que l'on connaît mieux aujourd'hui sous le nom de place de la Concorde.

Mais ce n'est pas tout, la Pompadour intervient aussi dans le domaine politique. C'est elle qui commence les négociations du mariage entre le futur Louis XVI et Marie-Antoinette. C'est aussi par elle que l'ambitieux Choiseul devient le ministre de Louis XV et l'un des personnages les plus puissants du règne.

La Pompadour a tellement d'influence à la cour qu'elle se fait de nombreux ennemis. On se moque de ses origines bourgeoises et de son nom de jeune fille : Jeanne Poisson. Alors les pamphlétaires se mettent à écrire ce qu'on a appelé des poissonnades et c'est plutôt salé :

« *Autrefois de Versailles*
Nous venait le bon goût
Aujourd'hui la canaille
Règne et tient le haut bout.
Si la cour se ravale
De quoi s'étonne-t-on ?
N'est-ce pas de la Halle
Que nous vient le poisson ? »

Les années passant, le désir s'étiole entre Louis et feu madame d'Étiolles… (un peu de poésie les enfants : rime riche !). Mais Louis et la Pompadour restent très proches. C'est même elle qui va choisir les nouvelles jeunes maîtresses royales pour garder un œil sur ses rivales. Elle monte une petite maison close rien que pour le roi à la sortie du château de Versailles, la maison du Parc-aux-Cerfs.

Au Parc-aux-Cerfs, il y a deux ou trois filles simultanément. Pour le casting, c'est simple : les filles doivent être jeunes, belles, pas trop intelligentes, pas trop bêtes et surtout vierges ! Eh oui : vierges. Comme ça elles ne peuvent pas transmettre de MST au roi.

Toutes les bourgeoises de Paris font la queue au Parc-aux-Cerfs pour y mettre leurs filles en pension car il y a une belle ascension sociale à la clé. Une fois le roi lassé : anoblissement, rente à vie et beau mariage. Un job qui rapporte gros et qui ne dure pas longtemps : juste quelques semaines… ou neuf mois pour celles qui tombent enceintes.

Parmi les postulantes du Parc-aux-Cerfs, il y a mademoiselle O'Murphy, Louise de son prénom, qu'on surnomme la belle Morphise. Elle a un si joli derrière que le peintre François Boucher l'a peint en plusieurs exemplaires ! Louis adore cette adolescente aussi fraîche que débauchée, si bien que la jeune fille pense remplacer la Pompadour. Un jour, la petite s'enhardit, et après une partie de jambes en l'air royale, encore nue entre ses bras, elle lui susurre : « Quand vous débarrasserez-vous de la vieille ? » Réaction de Louis XV : la petite Louise est congédiée sur-le-champ. On ne touche pas à la Pompadour.

Du Bien-Aimé au Mal-Aimé

Mais le temps passe, et à la cour de Versailles, dans les contrées françaises et même jusqu'au Vatican, tout le monde s'agace de voir la France de Louis XV gouvernée par une femme. La fameuse Pompadour dont la cote de popularité est abyssale…

Louis XV est désormais considéré comme un libertin. Il n'est plus vraiment le Bien-Aimé. Les critiques vont bon train. Même les domestiques de Versailles s'y mettent. L'un d'entre eux, François-Robert Damiens, ne supporte plus d'être au service d'un roi dont le comportement est une offense permanente à Dieu. Un soir, alors que le roi s'apprête à quitter le château en carrosse, Damiens se jette sur lui au sortir de la salle de gardes. C'est pas bien malin comme choix, pour attaquer le roi. Damiens est immédiatement plaqué au sol et arrêté. Louis XV, croyant avoir reçu un coup de poing entre les côtes, met sa main au niveau de la douleur et constate qu'il saigne abondamment. Damiens l'a poignardé. Le roi monte dans sa chambre. La blessure est superficielle mais il repart dans une de ses grandes crises d'hypocondrie. Il confie le royaume à son fils, demande à se confesser et promet de rompre avec la Pompadour. L'annonce de l'attentat à Paris fait alors remonter miraculeusement la popularité du roi en berne. On célèbre plus de 600 messes pour son salut.

Damiens quant à lui, passez-moi l'expression... va vraiment morfler ! Il est condamné à mort pour crime de parricide sur la personne du roi. Et il va être torturé en public en place de grève, avec une formule premium : d'abord on brûle la main qui a tenu le couteau, puis on coule du plomb fondu et de la résine brûlante dans les plaies ouvertes par des tenailles qui ont arraché des lambeaux de chair sanglante, enfin on démembre son corps en l'écartelant avec quatre chevaux. De quoi décourager les régicides...

Mais revenons à Louis XV : il va vite oublier ses promesses et retourner dans les bras de la Pompadour, qui mourra de la tuberculose en 1764.

Ce deuil est d'autant plus terrible qu'il survient après la guerre de Sept Ans. Vous ne vous souvenez pas de la guerre de Sept Ans ? C'est normal, tout le monde préfère l'oublier, et surtout les Français.

La guerre de Sept Ans a lieu à partir de 1756. C'est un peu une répétition de la Première Guerre mondiale. D'un côté, on a la Grande-Bretagne, la Prusse, leurs colonies et tous leurs copains et de l'autre, la France, l'Autriche, la Russie et leurs colonies. Plus rien à voir avec les alliances des guerres précédentes.

La guerre a plusieurs raisons. D'une part, les Anglais lorgnent sur les colonies françaises aux États-Unis, au Canada et en Inde. D'autre part, Marie-Thérèse d'Autriche veut récupérer la Silésie qu'elle a perdue quelques années plus tôt.

La guerre éclate. C'est le début d'un carnage qui va s'étendre à travers les Amériques, l'Inde et l'Europe. Alors que la Grande-Bretagne et ses alliés sont beaucoup moins nombreux que les

Français et leurs alliés, la perfide Albion gagne la guerre haut la main. On compte environ 700 000 morts chez les civils et presque 170 000 morts et blessés dans les contingents français. Une boucherie.

Cerise sur le gâteau de la défaite, Louis XV doit céder à la Grande-Bretagne ses colonies aux Canada, ses terres à l'est du Mississippi et ses îles dans les Caraïbes à part la Martinique, la Guadeloupe, Marie-Galante et Sainte-Lucie. La France garde quand même ses comptoirs en Inde mais avec interdiction de les fortifier et d'y laisser une armée. Pour finir, les Anglais occupent Belle-Île au large de Quiberon. C'est une humiliation absolue pour la France.

Maintenant vous savez pourquoi Lavisse a fait de Louis XV le plus mauvais monarque de l'Histoire. La guerre de Sept Ans, ça fait vraiment tache dans notre histoire et même pour son peuple, Louis XV devient définitivement le Mal-Aimé. Alors quitte à être détesté, le roi va consacrer ses derniers jours à son plaisir en choisissant une nouvelle favorite, la très sexy Jeanne du Barry.

Et là, si à la cour, on n'aimait pas la Pompadour parce que c'était une bourgeoise, on a carrément affaire à une prostituée, enfin une courtisane.

Quand Louis XV rencontre la du Barry, il a cinquante-huit ans, elle en a vingt-cinq. Elle est fraîche, et parlons franchement : elle sait quoi faire dans un lit.

C'est donc elle qui va l'accompagner au plus près pour ses dernières années, et soigner son spleen, comme dirait Baudelaire…

… Jusqu'en 1774 où Louis XV contracte la variole. Le roi ne veut pas renouveler les confessions publiques qu'on l'a obligé à faire à Metz trente ans plus tôt. Il congédie donc la du Barry sur ces mots : « À présent, je me dois à Dieu et à mon peuple. » Louis XV meurt quelques jours plus tard, à soixante-quatre ans. Il est désormais tellement détesté qu'on ne donne que trois messes en son honneur à Paris, je rappelle qu'il y en avait eu 600 après l'attentat de Damiens…

Louis XV, le Bien-Aimé au début de son règne meurt en Mal-Aimé, esclave de ses maîtresses et souverain vaincu ayant perdu la plupart des colonies françaises.

On peut rétorquer qu'avec Choiseul notamment, son ministre, l'État s'est modernisé, s'est éloigné de la tutelle religieuse, encourageant progrès, libéralisme économique et politique. Le siècle de Louis XV c'est quand même le siècle des Lumières… mais l'image de ce roi sera à jamais associée à un intérêt personnel primant sur l'intérêt général.

Ne doit-on pas à Louis XV cette phrase pour moi prophétique de son héritage : « Après moi le déluge »…

MARIE-ANTOINETTE

De la reine canon à la veuve Capet

Je vous propose maintenant de suivre les pas d'une véritable icône pop qui représente la France dans les mangas japonais comme dans les films d'Hollywood. Et pour cause, sa vie a tout d'une tragédie. Elle a été princesse puis reine. On l'a accusée d'être frivole, libertine, dépensière et surtout… étrangère. Son existence, programmée pour être si heureuse, a été une descente aux enfers dès que le peuple a pris la Bastille en 1789. Évidemment, vous l'avez reconnue. Je vous emmène en voyage de Vienne à Paris en passant par Versailles. On va plonger dans l'intimité de Marie-Antoinette, découvrir si elle était vraiment cette nymphomane insatiable que les pamphlets ont fait d'elle, si elle a voulu ruiner et trahir la France ou si elle a seulement tenté d'être une femme heureuse et aimée de son peuple, de ses amis et du beau Suédois Axel de Fersen. Sortez vos mouchoirs, il n'y aura pas de happy end !

Une enfance insouciante à Schönbrunn

Il est 10 h 22, le 21 janvier 1793. Des coups de canon résonnent. Ça y est. Marie-Antoinette est désormais la veuve Capet. Elle balaye du regard sa chambre austère de la prison du Temple. Son regard s'ancre dans les immenses yeux bleus de son fils. Elle s'incline et salue le nouveau Louis XVII. Le roi est mort, vive le roi ! Mais il n'y a plus qu'elle pour murmurer cette phrase qui, autrefois, faisait vibrer la France entière. Partagée entre le deuil et la joie, Marie-Antoinette sent déjà que son petit Louis XVII ne montera jamais sur le trône pour de vrai. L'instinct d'une mère ne ment pas. Pourtant, tout avait si bien commencé… Voir son fils désormais orphelin grandir en prison lui serre le cœur. Elle, à son âge, elle riait et jouait dans les beaux jardins de Schönbrunn, en Autriche…

Marie-Antoinette naît le 2 novembre 1755 à Vienne. Elle est la dernière fille des seize enfants de Marie-Thérèse, la puissante archiduchesse d'Autriche.

La royale marmaille joue beaucoup, prend l'air dans les jardins et fait du théâtre pour se divertir. Marie-Thérèse d'Autriche, contrairement aux autres parents de l'époque, inculque à ses enfants que le sport, l'air et une nourriture saine sont essentiels. Cela expliquera par la suite le comportement de Marie-Antoinette à la cour de France.

Cependant, il demeure que les filles continuent d'étudier moins que les garçons, à quoi bon ! Ça arrange bien la petite Marie-Antoinette qui n'aime pas l'école. Cette blondinette aux yeux bleus est vraiment trop mignonne. Il lui suffit de charmer son monde pour obtenir ce qu'elle veut, et ce qu'elle veut, c'est que sa gouvernante, la comtesse Von Brandis, fasse ses devoirs à sa place. Résultat, la petite Marie-Antoinette est le cancre des princesses d'Europe. Elle veut être belle, aimée et vivre une vie heureuse dans le luxe avec ses copains. Sa vision de la vie idéale, ce serait : *Les Anges de la téléréalité à Trianon* avec Sofia Coppola à la réalisation !

Dès 1764, l'archiduchesse et Louis XV décident de fiancer Marie-Antoinette et le Dauphin pour sceller la nouvelle amitié de leurs deux royaumes. Le 7 mai 1770, alors qu'elle a quatorze ans, Marie-Antoinette quitte sa mère patrie pour rejoindre son nouveau royaume. Le passage symbolique vers la France a lieu sur l'île d'Épis, au milieu du Rhin, dans un pavillon symboliquement situé entre la France et l'Autriche. Et non, désolé de vous décevoir, Marie-Antoinette ne s'est pas mise toute nue devant tout le monde pour se rendre d'un pays à l'autre comme on l'a prétendu. Elle s'est changée dans une antichambre avant de rejoindre le salon où les Français l'attendaient.

Quelques jours plus tard, elle rencontre le roi Louis XV et le Dauphin âgé de quinze ans. Elle se jette tout de suite aux genoux du roi et l'appelle papa. Tous les courtisans trouvent ça adorable. En plus, c'est un petit canon, ce qui ne gâche rien. Le mariage du siècle illumine Versailles de feux d'artifice. Deux ans de préparation, ce n'était pas le moment de se planter. À Paris, un autre feu d'artifice est tiré pour le bon peuple depuis la place de la Concorde. Manque de bol, un incendie se déclare au niveau de la zone de lancement, déclenchant un mouvement de foule. Dans la panique, 132 personnes meurent piétinées. C'est facile de jouer les oiseaux de mauvais augure après coup, mais c'est sur cette place que seront guillotinés le Dauphin et la Dauphine en 1793… Coïncidence ou corrélation ?

Mais le vrai drame de ces noces, c'est la non-consommation du mariage. Après la fête, les deux jeunes époux se retrouvent au lit et… rien. Ils ne savent pas comment faire. Aucun des deux n'a un tempérament sensuel et personne ne leur a donné le mode d'emploi.

Dans les mois suivants, Marie-Antoinette découvre la cour. Elle est prise en main par madame de Noailles qu'elle surnomme bientôt « madame Étiquette ». Elle apprend à se conformer aux us et coutumes de la cour de France où chacun de ses faits et gestes est un spectacle à destination des courtisans. C'est un peu *Loft Story* à Versailles cette fois, sauf qu'elle ne fait pas de galipettes dans la piscine comme Loana ! Elle ne fait même pas de galipettes du tout.

Très vite, Marie-Antoinette s'ennuie comme un rat mort, ce qui ne l'empêche pas de sourire. Son seul grand plaisir, ce sont les parties de chasse. Le Dauphin l'a autorisée à réaliser un de ses rêves, un rêve totalement fou pour l'époque…

Quand la gentille Dauphine devient la reine des frivolités

Le rêve de Marie-Antoinette, c'est de monter à cheval comme un homme. Pas en amazone, non, elle veut avoir les jambes de chaque côté du cheval, comme Clint Eastwood. Ça rend sa mère complètement folle. Marie-Thérèse craint que sa fille ne puisse pas tomber enceinte si elle fait du trampoline sur son canasson. Pendant ces parties de chasse, Marie-Antoinette sympathise avec son beau-frère, le comte d'Artois et futur Charles X. C'est un jeune homme plein de panache. Ensemble, ils obtiennent l'autorisation de Louis XV d'aller au bal à Paris. Si bien que Marie-Antoinette se couche au petit matin, quand le Dauphin se lève.

C'est pas comme ça qu'elle va tomber enceinte, la petite. À Versailles, tout le monde commence à jaser, et Marie-Thérèse se fait du souci aussi. Elle écrit à sa fille de se montrer patiente et caressante avec son mari pour le stimuler un peu. Mais rien n'y fait.

Le 10 mai 1774, Louis XV meurt dans l'indifférence générale. Marie-Antoinette n'est pas très émue. Elle n'aimait pas sa façon de faire le *sugar daddy* avec la du Barry.

Maintenant, Marie-Antoinette a dix-neuf ans, elle est reine. Fini la Noailles, l'étiquette et tout le bazar. Place à la jeunesse. La reine s'est fait sa petite bande de jeunes avec la Lamballe. Celle-là, c'est pas une flèche mais elle est gentille. Il y a évidemment la superbe madame de Polignac avec son visage de Vierge de Raphaël et son ménage à trois avec son mari et son amant. Il y a les beaux gosses de la cour dont le duc de Lauzun qui lui fait tourner la tête en mode amour courtois sans jamais passer à l'acte. Les vieux courtisans l'ont tellement mauvaise d'être exclus de la bande de la reine qu'ils se mettent à faire courir de sales rumeurs sur elle, d'autant plus qu'elle n'est toujours pas enceinte.

Marie-Thérèse, très inquiète, envoie son fils Joseph II à Versailles. Et voilà l'empereur du Saint Empire qui se lance dans une consultation de sexologie dont il rend compte à sa mère. Pour être concret, Joseph explique à son beau-frère comme on fait l'amour à une femme parce que, à vingt-deux ans, il n'a toujours pas compris.

En 1778, après huit ans de mariage, Marie-Antoinette accouche enfin ! Manque de bol, c'est une fille ! Il va falloir recommencer…

En attendant, Louis XVI est un mari complaisant. Ça jase à mort quand Marie-Antoinette attrape la rougeole en 1779 et exige, pour ne pas s'ennuyer, quatre beaux gosses comme gardes-malade, dont Lauzun et Esterhazy, alias les dieux du stade. Comme si avoir des apollons à son chevet faisait passer la rougeole plus vite. Elle a bon dos la rougeole ! Tout le monde prend Louis XVI pour un gros benêt parce qu'il n'a aucune autorité sur sa femme. Dans les faits, il la pousse à se distraire pour qu'elle ne s'occupe pas de politique.

Marie-Antoinette et ses copains passent leur temps à faire la fête au Petit Trianon. Cette villa désirée par la Pompadour est devenue le havre de paix de la reine. Elle y reçoit les membres de son petit club et snobe le reste du monde. Humiliés, les vieux courtisans quittent Versailles et regagnent leurs terres pour ruminer leur haine. Leurs rancœurs les poussent à écrire des pamphlets faisant de Marie-Antoinette une nymphomane. Partant des châteaux, ces pamphlets se répandent dans les provinces et arrivent jusqu'à Paris où ils écornent la réputation de la jeune reine.

Au début, les Parisiens adoraient la Dauphine. Ils n'avaient jamais vu une future reine venir en carrosse depuis Versailles, sourire, les saluer. Ils l'acclamaient, escortaient son carrosse en triomphe dans les rues. Telle Meghan Markle, Marie-Antoinette se sentait aimée, elle qui avait tant besoin d'amour puisque son mari n'était pas capable de lui en donner.

Une fois reine, Marie-Antoinette ne vient plus à Paris, sauf pour faire du shopping chez la modiste Rose Bertin. On croit donc aux rumeurs d'adultère et de dépenses inconsidérées au détriment des caisses de l'État.

Dans son Petit Trianon, Marie-Antoinette ne sent pas le vent tourner. Elle n'a plus d'yeux que pour un beau Suédois fraîchement arrivé à la cour.

Axel de Fersen est issu de la plus haute aristocratie scandinave. Il rêve de gloire et de conquête. Son pays natal ne lui permet pas d'assouvir ses grandes ambitions. Voilà pourquoi il est venu mettre son épée au service du roi de France. S'il est bien accueilli par le roi, c'est la reine qui lui fait une place à la cour. Marie-Antoinette a un véritable coup de foudre. Fersen, quant à lui, est plus flatté de plaire à la reine qu'à la femme.

Marie-Antoinette lui donne souvent rendez-vous dans les jardins à l'anglaise du Petit Trianon où ils se promènent tous les deux. Ils s'égarent ensuite dans une grotte artificielle éloignée des regards et là… eh bien là on ne sait pas ce qu'il se passe. Vous ne croyez quand même pas qu'ils allaient envoyer une dépêche à l'AFP pour annoncer que la reine avait un amant ! Mais comme le dit l'historienne Evelyne Lever, si Marie-Antoinette couchait avec Fersen, ce qui est probable, elle couchait illico avec son mari ensuite pour qu'un éventuel enfant à naître ne puisse pas être traité de bâtard.

Toujours est-il que Marie-Antoinette et Fersen, c'est une love story plus torride que *In the Mood for Love*. Ça vire au drame quand Fersen doit partir pour un débarquement en Angleterre parce que, je vous le rappelle, Fersen était venu en France pour se couvrir de gloire à la guerre. C'est tout juste si Marie-Antoinette n'éclate pas en sanglots devant toute la cour. Et ça, tout le monde le voit. C'est la honte. Marie-Antoinette se la joue Emma Bovary. C'est intolérable pour une reine de France. Surtout que Flaubert n'est pas encore né !

Le débarquement n'a finalement pas lieu et Fersen reste à la cour avant d'être envoyé en mission aux États-Unis pour trois ans.

Pendant cette séparation, Marie-Antoinette continue à vivre de manière insouciante. Elle fait agrandir son domaine privé avec un hameau, un village de théâtre. On va jusqu'à peindre de fausses fissures sur les murs pour donner un air pittoresque aux maisonnettes. Marie-Antoinette croit dur comme fer que son hameau est une réplique exacte de la paysannerie française. D'ailleurs, des paysans y vivent. Elle le sait bien, elle leur rend visite comme une châtelaine qui passe voir ses métayers. Mais attention, les figurants ont été triés sur le volet et les bestiaux sont plus beaux qu'au Salon de l'agriculture.

Contrairement à ce qu'ont dit les mauvaises langues, Marie-Antoinette ne joue pas à la bergère. Elle se contente de se promener dans son Puy du Fou personnel avant d'aller s'affaler dans les divans de Trianon pour cancaner avec ses copains et ses copines. C'est l'activité favorite du cercle de la reine, bitcher sur toute la cour et surtout, savoir qui couche avec qui !

Durant cette période, Marie-Antoinette est heureuse. Ses amis se mettent en quatre pour la distraire. L'amour de Fersen, même absent, continue de la combler. Il a même écrit à sa sœur pour dire qu'il ne rentrerait pas en Suède car il aime une femme à l'identité mystérieuse dont il est aimé en retour…

En menant une vie de châtelaine de province, Marie-Antoinette s'est affranchie des codes de la cour. Quelle erreur ! Elle va comprendre un peu tard qu'elle est détestée d'une partie de la cour et des Français alors qu'elle est mêlée à la plus grande arnaque du XVIIIe siècle.

Le temps des scandales

En 1785, Marie-Antoinette va être la victime d'un terrible scandale. Ça fait longtemps qu'elle énerve les courtisans les plus conservateurs. Elle passe clairement pour une excentrique en révolutionnant la mode capillaire avec son coiffeur Léonard. Celui-ci invente des coiffures liées à l'actualité. C'est comme si on se baladait avec des perruques décorées en fonction des dernières dépêches de l'AFP.

Quand Louis XVI se fait inoculer la variole pour s'en protéger, Marie-Antoinette se promène avec un olivier dans le chignon, un soleil et un serpent qui représentent le triomphe de la vie du souverain sur la maladie. Imaginez ce que ça aurait donné si Brigitte Macron s'était montrée en public avec des seringues piquées dans le chignon pour célébrer la troisième dose d'Emmanuel !

Vous l'aurez compris, Marie-Antoinette ne vit pas pour la politique. Elle vit pour passer du bon temps. Son seul objectif pour le royaume ? Être la plus belle de toutes les Françaises. Son goût des jolies toilettes va lui causer bien des déboires.

Le 22 mai 1786 s'ouvre à Paris le procès du Collier, une incroyable affaire d'escroquerie impliquant bien malgré elle Marie-Antoinette. La reine pense trouver lors de ce procès public le soutien du peuple qui l'aime tant. Elle n'a pas encore compris qu'elle doit désormais conjuguer ce verbe au passé.

Le cardinal de Rohan, Jeanne de La Motte-Valois, son mari et son amant se trouvent sur les bancs des accusés pour crime de lèse-majesté.

Quelques mois plus tôt, le 9 août 1785, le bijoutier Charles-Auguste Böhmer a obtenu une audience au Petit Trianon. Il a exigé que la reine lui paie l'incroyable collier de diamants qu'elle lui a commandé en secret par l'intermédiaire du cardinal de Rohan pour la modique somme de 1 800 000 livres, soit l'équivalent de quatre châteaux !

Pour une telle commande, Böhmer a voulu créer le plus incroyable collier de diamants de tous les temps. Il s'est endetté pour trouver les pierres nécessaires. Louis XVI envisage par deux fois de l'offrir à la reine lors de la naissance de leur fille puis de celle du Dauphin. Cependant, Marie-Antoinette le trouve trop lourd et trop cher. Elle refuse systématiquement ce présent et rabroue plusieurs fois le bijoutier trop insistant.

« Je n'aime plus les diamants. Je n'en achèterai plus jamais ! » clame-t-elle. C'est ce qu'on appelle avoir des problèmes de riches...

Toujours est-il que la très belle et très retorse Jeanne de la Motte-Valois imagine alors un plan digne de Machiavel pour gagner de l'argent sur le dos de la reine. Jeanne est une descendante en ligne directe d'un bâtard d'Henri II. Elle est désargentée et méprisée par la souveraine. Si elle parvient à mettre la main sur le collier, elle pourra le démanteler et en revendre les pierres. Fini la misère !

Pour atteindre son but, elle a besoin d'un pion, un nigaud qui achètera le collier et le lui remettra. Son choix se porte sur le cardinal de Rohan. Ce grand aristocrate est détesté de Marie-Antoinette pour son comportement de libertin. Pourtant, il ne rêve que d'une chose : entrer dans les grâces de la reine.

Rohan croit son jour de chance venu lorsque Jeanne de La Motte lui porte une lettre signée « Marie-Antoinette de France ». Celle-ci lui demande de lui acheter le collier de Böhmer en secret car le roi s'oppose à cette acquisition. S'il l'aide, il entrera en grâce.

Rohan, trop heureux, se méfie à peine. Il demande toutefois à s'entretenir une fois avec Marie-Antoinette… en toute discrétion bien sûr !

Le rendez-vous est pris de nuit dans les jardins des Tuileries. Caché dans un bosquet, Rohan voit arriver une jeune femme vêtue d'une robe de gaule et coiffée d'un chapeau de paille muni d'une voilette. Rohan s'émerveille devant cette apparition. Marie-Antoinette est exactement comme sur le tableau de Vigée Le Brun qui a fait scandale parce qu'elle y était trop sexy.

La reine tend à Rohan une lettre et une rose puis se retire vite, escortée par madame de La Motte.

Rohan, un poil érotomane, est convaincu d'être aimé de la reine. En réalité, il s'est laissé berner par une prostituée du palais royal répondant au nom de Nicole. Décidé à avancer la première mensualité au bijoutier, Rohan fait l'acquisition du collier et le remet à Jeanne de La Motte-Valois.

Évidemment, la fille de bâtard Valois ne donne pas l'écrin à la reine. Jeanne, son mari et son amant écoulent les diamants un par un chez les bijoutiers parisiens et sur le marché noir à Londres.

Rohan ne payant pas les mensualités suivantes car il ne reçoit plus de lettres de la reine, Böhmer se présente devant Marie-Antoinette au Trianon.

Le plan machiavélique de Jeanne est dévoilé au cours du procès qui fait vibrer les Parisiens pendant plusieurs semaines. Jeanne est condamnée à la prison à perpétuité, son mari est condamné aux galères par contumace et l'amant à l'exil. Nicole, mère d'un petit bébé qu'elle tient contre elle au procès, est grâciée tout comme Rohan, dupe de cette histoire. Mais pour les Parisiens, une chose est sûre : l'Autrichienne a menti. Elle aime tant les bijoux qu'elle a certainement intrigué pour obtenir ce collier qui a ruiné la France.

La faim et les injustices mettent le peuple en émoi. Il faut un bouc émissaire pour endosser la responsabilité de leurs malheurs : ce sera Marie-Antoinette !

La Révolution

En 1789, les crises économique, idéologique, sociale et morale ont atteint un point de non-retour. La prise de la Bastille marque le tournant de la Grande Histoire. Paris est devenu le théâtre d'émeutes permanentes.

Le 5 octobre au petit matin, les étals des boulangers sont vides. Le peu de farine disponible pour la capitale est bloqué aux portes de la ville pour d'obscures raisons. Les femmes n'ont plus de pain pour nourrir leurs enfants. Une marchande des halles, Reine Audu, prend la parole avec plus d'éloquence que Robespierre à la tribune. Elle lève une armée de femmes et marche sur Versailles sous la pluie froide du début de l'automne. En voyant arriver ces hordes en jupons devant les grilles de Versailles, Marie-Antoinette ne joue pas les cyniques. Elle ne s'écrie pas : « S'ils n'ont plus de pain, qu'ils mangent de la brioche. » Elle comprend que la situation est grave lorsque des insurgés pénètrent de force dans ses appartements. Elle entend les femmes crier qu'elles veulent ramener « le boulanger, la boulangère et le petit mitron à Paris ». On met aussi la pression au roi pour signer la Déclaration des droits de l'homme et du citoyen.

Louis XVI se rend à l'évidence. Il se résout à quitter Versailles.

La famille royale est escortée vers la capitale par une foule en furie. Pour Marie-Antoinette, les Tuileries seront une prison. La Révolution est en marche.

Fersen essaye de convaincre le roi et la reine d'entrer en guerre contre les Français avec l'appui des puissances étrangères. Mais les souverains préfèrent finalement prendre la fuite. Escortés par Fersen, le couple royal, leurs deux enfants et la sœur du roi quittent Paris le 20 juin 1791. Fersen abandonne cet équipage d'apparence bourgeoise à Bondy pour les retrouver au-delà des frontières du royaume, mais il attendra en vain. Le roi a été reconnu dans une auberge à Varennes. La famille royale est ramenée à Paris sous bonne escorte. Les estampes représentent les souverains sous la forme de cochons avec la légende : « La famille des cochons ramenée dans l'étable ».

Louis XVI est contraint d'accepter la monarchie constitutionnelle mais la satisfaction du peuple est de courte durée.

Les dissensions politiques entre le peuple et le roi aboutissent à l'attaque sanglante des Tuileries le 20 juin 1792 sur fond de guerre contre l'Autriche. Le 9 août, le palais est mis à sac. Six cents gardes suisses sont assassinés. Les domestiques sont battus, brûlés, dépecés… Marie-Antoinette exhorte son époux à se battre contre ce peuple qui ne respecte plus rien, mais Louis a déjà rendu les armes.

Le 13 août, la famille royale prend ses quartiers dans la prison du Temple. Elle s'attache à mener une vie normale… enfin, si l'on peut dire. On se lève tôt, on prend les repas en famille, on amène les enfants prendre l'air dans la cour et on tente de les instruire un peu.

Marie-Antoinette vit un enfer. Ses cheveux sont devenus blancs « comme si elle avait soixante-dix ans », écrit madame Campan.

En janvier 1793, Louis Capet, ex-Louis XVI, est jugé et condamné à mort. Nous sommes le soir du 20 janvier. Marie-Antoinette voit son époux pour la dernière fois. Le lendemain matin, elle sera veuve… mais le restera-t-elle longtemps ?

Comment meurt une reine

Quelques jours après la décapitation de Louis XVI, Marie-Antoinette doit affronter un autre drame. La Convention décide de lui ôter la garde de son fils confié au cordonnier Antoine Simon, un sans-culotte ivrogne et violent. Depuis les fenêtres de sa chambre, elle assiste impuissante aux brimades infligées à son fragile garçon de huit ans.

Le 1er août, à 1 h 15 du matin, la reine déchue est arrachée à son lit et transférée à la Conciergerie dans l'attente de son procès. Elle y vivra la solitude et l'horreur pendant soixante-seize jours. Marie-Antoinette est torturée par l'ennui, elle n'est autorisée à faire que deux choses : lire et prier. Elle n'a même pas droit à une bougie quand il fait nuit.

Le 13 octobre, son procès s'ouvre. « Le fléau et la sangsue des Français » est accusée de dilapidation des fonds de la nation, d'intelligence avec l'ennemi et de conspiration.

Son procès est une farce. Elle est condamnée à mort avant même le jugement. Ses juges, tous proches de l'intransigeant Robespierre, s'échinent à faire d'elle un monstre dépravé sous les vivats de la foule. Pourtant, les juges dépassent les bornes lorsqu'ils accusent Marie-Antoinette d'inceste avec son garçon. Elle qui acceptait cette mascarade dans un état de prostration s'anime soudain. Elle peut tout entendre mais pas ça. Elle en appelle au soutien des femmes dans la salle et, chose incroyable, toutes ces citoyennes qui la détestent et espèrent sa mort prennent soudain sa défense. On n'accuse pas une mère d'une telle abomination. Mais cet accès soudain de sororité ne dure guère. La veuve Capet doit mourir. Il ne faudrait pas perdre de vue cet objectif.

Quelque chose frappe pourtant l'assemblée. Marie-Antoinette, la reine des frivolités, a bel et bien disparu. La femme sur le banc des accusés est d'une incroyable dignité. Elle force le respect par cette posture de sainte jetée aux lions dans l'arène.

Le 16 octobre 1793, à 4 heures du matin, le verdict tombe. La veuve Capet sera conduite à la guillotine dans quelques heures. Elle accueille la sentence avec détachement et s'en retourne à sa cellule avec majesté. Aux portes de la mort, elle a enfin compris comment doit se comporter une reine.

Pendant ces quelques heures qui la séparent de son trépas, Marie-Antoinette écrit une lettre à Madame Élisabeth, sa belle-sœur. Puis elle s'allonge sur son lit et pleure.

À 8 heures du matin, une servante l'aide à quitter sa robe de deuil pour enfiler une longue chemise blanche. La cellule ne fermant pas, Marie-Antoinette accomplit ses gestes devant les gardes, tâchant de leur cacher sa chemise de corps couverte de sang. Elle souffre d'hémorragies que l'on pense dues à un cancer de l'utérus. Le bourreau, un immense jeune homme de vingt-six ans, entre dans le cachot, lui lie les mains et lui coupe les cheveux. Les longues boucles blanches sont immédiatement brûlées pour ne pas servir de reliques aux royalistes. Arrivée dans la cour, Marie-Antoinette vacille en voyant la charrette qui doit la conduire en place de grève. Ce véhicule ouvert est réservé aux criminels. Il permet aux badauds de molester le condamné sur le trajet jusqu'à l'échafaud.

Le cheval marche au pas. Les quatre kilomètres à parcourir durent une éternité. Les gens crient, l'insultent. Mais lorsque la charrette arrive à leur hauteur, ils se taisent… Marie-Antoinette se tient droite, imperturbable. Tout glisse sur elle… elle est probablement sidérée ou en pleine dissociation. Mais vue de l'extérieur, elle impressionne. Elle monte à l'échafaud avec grâce, comme si elle gravissait le grand escalier de Versailles, dira le bourreau. La foule est silencieuse jusqu' à ce que la lame tranche d'un coup net la tête de Marie Antoinette. Il est midi un quart.

Dès l'après-midi, les journalistes s'excitent. Selon l'hystérique Hébert : « La garce, au surplus, a été audacieuse et insolente jusqu'au bout. » D'autres écrivent encore : « La coquine a eu la fermeté d'aller à l'échafaud sans broncher. » Les amateurs de sang s'étranglent. Ils désiraient boire les larmes de la reine, ils souhaitaient se repaître de sa terreur. Ils voulaient condamner l'architigresse, l'étrangère, la gamine frivole. Au final, Marie-Antoinette leur a montré comment meurt une reine.

LAFAYETTE

Le héros des deux mondes

Le 4 juillet 1917, jour anniversaire de l'Indépendance et fête nationale aux États-Unis, deux officiers américains se rendent dans le cimetière parisien de Picpus. Il s'agit de Charles Egbert Stanton, colonel de l'armée des États-Unis, et du général John Pershing – dont Egbert Stanton est l'aide de camp –, commandant en chef du corps expéditionnaire de près de deux millions de soldats américains venus prêter main-forte à la France, en pleine Première Guerre mondiale. Une émouvante cérémonie a lieu devant l'une des tombes, où git non pas un Américain, mais un Français. Stanton prononce un discours en son honneur, conclu par cette formule mémorable : « Lafayette, *we are here !* » Lafayette, nous voilà !

Lafayette… Mais qui est donc ce Français que les Américains n'ont pas oublié un siècle après sa mort, et qui, à leurs yeux, symbolise cette alliance entre leur jeune nation et la France ? Lafayette, c'est bien sûr un héros de la guerre d'Indépendance américaine dans la décennie qui précède la Révolution française. Mais pas seulement. Lafayette a traversé un océan et bien des régimes au cours de sa vie. Voilà un homme dont le nom est inscrit dans la lumière mais dont la vie laisse quelques zones d'ombre. Alors qui est-il vraiment ? Un authentique héros des deux mondes ou bien un simple génie de la communication ?

Ambitieux, mais guère courtisan...

Gilbert du Motier, marquis de Lafayette, est né le 6 septembre 1757 au château de Chavaniac, à Saint-Georges-d'Aurac, au cœur de l'Auvergne. Il est le fils unique d'un noble officier mort au combat pendant la guerre de Sept Ans et de la riche héritière d'une famille bretonne. Élevé par sa grand-mère et ses deux tantes, le petit Gilbert est particulièrement choyé. Comme il est fils unique, l'avenir de la famille repose sur ses épaules. On lui dit qu'il est le plus beau et le plus fort, si bien qu'il va finir par y croire. Un peu trop peut-être... Au point, dit la légende, d'avoir voulu, vers l'âge de dix ans, aller terrasser tout seul la terrifiante bête du Gévaudan ! Eh oui, le château de la famille Lafayette n'est pas si loin de l'Aubrac et cette célèbre affaire enflamme les esprits à la fin du règne de Louis XV. Le petit Gilbert a du courage à revendre. Il rêve d'aventures et de combats épiques. On lui apprend quelques rudiments de lecture et d'écriture, mais l'étude, ce n'est pas son truc. Il préfère aller courir la campagne avec ses potes, des petits paysans du cru, avec qui il fait les quatre cents coups. Le jeune aristocrate n'est pas du tout attaché à l'étiquette et n'hésite pas à sauter les barrières sociales qui séparent les hommes. Ce qui ne l'empêchera pas de faire valoir son rang quand il s'agira de sa carrière. Une carrière militaire, en phase avec son caractère : le goût du voyage, du combat et, surtout, de la gloire.

La mort prématurée de sa mère, lorsqu'il n'a que treize ans, puis de son grand-père et de ses oncles, le fait héritier de manoirs et de terres en Bretagne, en Touraine et en Auvergne. Le jeune homme se retrouve doté d'une très coquette fortune. Riche, noble et aventureux, Gilbert s'élance dans la vie avec toutes les chances de se faire remarquer. Se faire remarquer, attirer l'attention, c'est un trait de caractère que ses contemporains ont souvent relevé chez lui. À la mort de sa mère, son arrière-grand-père maternel – le comte de La Rivière, ancien lieutenant général des Armées du roi –, le fait venir à Paris pour parfaire son éducation, encore un peu rustique, au collège du Plessis, et surtout pour l'introduire à la cour, afin qu'il puisse faire un beau mariage. Et sur ce point, on peut dire que le jeune Auvergnat tire le bon numéro. À seize ans, il épouse la ravissante Adrienne de Noailles, qui a deux ans de moins que lui. C'est qu'on est précoce à cette époque ! À peine finie la puberté et déjà marié ! C'est un mariage arrangé mais les deux époux se voueront toujours une sincère affection, malgré de nombreux coups de canif dans le contrat… Eh oui, Gilbert aime courir le guilledou, comme on disait pudiquement autrefois. Il restera néanmoins très lié à sa femme, qui lui donnera un fils et trois filles.

Adrienne est un peu la femme parfaite. Elle est belle, intelligente et dévouée au succès de son jeune époux. Et surtout c'est une Noailles ! Elle est d'une illustre et richissime famille qui a un somptueux hôtel particulier à Paris et les plus hautes relations à Versailles. Du clan Noailles sont issus deux maréchaux de France, un ambassadeur à Londres, l'écuyer de la reine, le premier gentilhomme de la chambre du roi, le doyen du conseil d'État, et j'en passe… Bref, les Noailles vivent dans l'intimité du monarque. Pratique pour faire carrière… Et le monarque, justement, vient de changer, tout juste un mois après le mariage du jeune Lafayette. Louis XVI monte sur le trône de France, et sa jeune épouse est une archiduchesse autrichienne, Marie-Antoinette. Pour Lafayette, poussé par la fougue de la jeunesse, l'aube du règne de Louis XVI est la promesse de grandes opportunités. Il a un nom, un titre, une fortune et une puissante belle-famille. L'avenir ne peut que lui sourire…

Au printemps 1774, Lafayette fait ses premiers pas à Versailles, introduit par sa jeune épouse. Mais ses débuts ne sont pas vraiment glorieux. À la vérité, le marquis auvergnat n'aime guère la vie de courtisan, car il n'a pas les qualités requises pour y briller. Il manque d'esprit, ce sens de la repartie dont on se délecte entre une partie de whist et une tasse de chocolat dans les salons lambrissés du château. Lafayette ne se distingue pas non plus par sa prestance. Il est grand, maigre, un peu gauche. Il a le front fuyant, le nez long et des cheveux roux. Il a un côté grand dadais, avec ses manières encore provinciales. On se moque de son air trop sérieux, dans cette cour où le bon mot compte plus que l'opinion. Piètre danseur, il se couvre de ridicule en marchant sur le pied de la reine lors d'une danse. Marie-Antoinette est loin de s'imaginer que cet homme qu'elle n'aime pas beaucoup et qu'elle finira même par haïr viscéralement fera bien plus que lui écraser le pied quand éclatera la Révolution : sans le vouloir, ce courtisan maladroit contribuera dix ans plus tard à lui faire perdre la tête.

Au secours de l'Amérique indépendante

À la fin de l'année 1774, le jeune Lafayette, mal à l'aise avec les mondanités de la cour, part rejoindre le régiment de Noailles cavalerie, qui appartient à son beau-papa. Il a pour colonel l'ami auprès duquel est mort son père, le comte de Broglie. Ce dernier le prend naturellement sous son aile et favorise son ascension. Promu capitaine des dragons, Lafayette choisit de suivre l'exemple de son père en entrant dans la Maison militaire du roi. Envoyé en garnison à Metz, il est invité à un dîner offert par le comte de Broglie au duc de Gloucester, frère du roi d'Angleterre. Et, selon ce qu'il écrit dans ses *Mémoires*, cela aurait été à cette occasion qu'il aurait entendu pour la première fois parler des insurgents. C'est ainsi que l'on appelle les colons américains qui se soulèvent contre la tutelle de l'Angleterre. Un vent de liberté souffle sur le Nouveau Monde. La cause américaine le passionne immédiatement. Lafayette est un chaud partisan des « idées nouvelles » qui bousculent le siècle des Lumières. C'est d'ailleurs au cours de son séjour à Metz qu'il est initié en franc-maçonnerie. Au sein des loges, on pratique déjà une certaine forme de parlementarisme, puisque nobles et bourgeois sont placés sur un pied d'égalité pour discuter des sujets de société. Tous les regards se tournent vers l'Amérique et sur leur plus célèbre représentant, Benjamin Franklin, venu vanter les mérites de l'insurrection sur le Vieux Continent. Le 4 juillet 1776, les représentants des treize colonies de l'Ouest, assemblées en congrès à Philadelphie, déclarent leur indépendance et proclament que « tous les hommes sont créés égaux ».

L'Amériqueeeuh, l'Amériqueuuh… Lafayette veut l'avoir et il l'aura ! Mais toujours selon ses *Mémoires*, il se serait fait réformer en 1776, soit un an après le déclenchement de la guerre d'Indépendance. Il prend contact avec les représentants des insurgents à Paris, dont le diplomate Silas Deane, en poste dans la capitale. Heureux hasard. Son protecteur, le comte de Broglie, est l'ancien chef du « cabinet secret » de Louis XV. Ce « cabinet secret », c'est un peu l'ancêtre de la DGSE, un service de renseignements et de missions officieuses auxquelles participe un certain Beaumarchais. Eh oui, l'affaire américaine exige de la discrétion, car Louis XVI n'est pas très chaud pour soutenir ces révolutionnaires d'outre-Atlantique qui appellent à s'émanciper de la couronne anglaise pour créer une république. Pour un monarque absolu, ça fait un peu désordre. En même temps, Louis XVI est intéressé par l'idée de rabaisser le caquet de l'Angleterre qui a tant écorné le prestige de la France au cours de la guerre de Sept Ans, conclue par l'humiliant traité de Paris en 1763, selon lequel la France a perdu une bonne partie de son empire colonial, dont l'Inde et le Canada. Louis XVI, égal à lui-même, hésite et, préférant une issue pacifique, il ne tranche pas franchement. Devant tant d'atermoiements, Lafayette prend les devants. Il écrit en effet – toujours dans ses *Mémoires* – que, sans l'autorisation du roi, il finance lui-même son voyage en Amérique sur ses propres deniers, abandonnant une épouse enceinte.

Le 17 avril 1777, depuis le petit port de Los Passajes, dans le Pays basque espagnol, il s'embarque sur le navire la *Victoire* avec quelques compagnons et une cargaison pleine de munitions. Lafayette n'a que dix-neuf ans ! Les rebelles, qui manquent d'armes, d'argent et d'officiers expérimentés, accueillent tous les hommes de bonne volonté. Lafayette vient offrir ses services, gratuitement, sans aucune contrepartie. Ça impressionne. Les insurgents le nomment major général, malgré son jeune âge, mais « en considération de son zèle et de son illustre famille ». Lafayette, qui doit encore faire ses preuves, se taille une excellente réputation lorsqu'il est blessé d'une balle dans la jambe à la bataille de Brandywine. Sa bravoure ne fait plus aucun doute. Le Frenchy a versé son sang pour l'Amérique. « Il est définitivement des nôtres », disent les insurgents.

Lafayette rencontre vite le général George Washington qui devient son héros et avec lequel il se lie d'amitié. Tous deux sont francs-maçons et veulent changer le monde. « J'admire tous les jours la beauté de son caractère et de son âme », écrit Lafayette parlant de Washington. Aux yeux des Américains, il réussit à s'imposer comme le porte-parole de la France. Et lorsqu'il revient en France, le 6 février 1779, les nouvelles de ses exploits l'ont précédé, grâce à l'habile publicité de sa femme Adrienne. Il est accueilli en héros. Louis XVI, lui, ne goûte guère la renommée croissante de cet aristocrate impétueux qui a bravé son interdiction de partir et qui engage indirectement la responsabilité de la France dans un conflit à l'issue incertaine. Mais dans les salons des Lumières, Lafayette fait un tabac ! Un tabac de Virginie, bien entendu…

Au début de l'année 1780, le roi veut reprendre la main sur les événements. Il décide enfin d'envoyer un corps expéditionnaire de 5 500 hommes pour aider militairement Washington. Il en confie le commandement à l'expérimenté comte de Rochambeau, maréchal de France. Louis XVI se méfie de Lafayette, qu'il juge un peu fanfaron. Celui-ci part néanmoins en avant-garde sur la frégate l'*Hermione* afin de rejoindre Washington et d'annoncer l'arrivée de l'escadre. Washington lui confie le commandement d'une unité de tireurs d'élite de Virginie, en vue de prêter main-forte au général Greene contre le redoutable général anglais Cornwallis qui tente de contrôler le Sud. Imitant Greene, Lafayette mène une guérilla très efficace, qui contribue à repousser les Anglais dans le port de Yorktown en attendant des renforts. Les troupes franco-américaines assiègent la ville. Lord Cornwallis se rend le 19 octobre 1781 et remet son épée à ses vainqueurs. La capitulation des Anglais à Yorktown est le tournant de la guerre d'Indépendance. L'Amérique célèbre les soldats de Louis XVI comme des libérateurs. La France a pris sa revanche sur l'Angleterre. L'Auvergnat est au sommet de sa gloire !

Contre la violence, mais pour les révolutionnaires

Après avoir vécu le rêve américain, Lafayette espère propager le vent de liberté du Nouveau Monde sur le Vieux Continent. Le soutien de la France aux Américains a coûté cher. Les caisses de l'État sont vides. Louis XVI tente de réformer le pays au gré des ministres qui se succèdent avec des politiques en contradiction les unes avec les autres. Cette valse hésitation donne aux parlements l'occasion de se faire entendre. La colère gronde. Les États généraux sont convoqués en mai 1789. La Bastille est prise deux mois plus tard. On connaît la suite… Mais ce que l'on connaît moins, c'est le rôle ambigu de Lafayette dans tout cela. Il est incontournable dans les premiers jours de la Révolution, en tant que commandant de la Garde nationale, une troupe composée de civils pour lutter contre la violence qui ensanglante les rues de Paris. Mais le 31 juillet 1789, c'est lui qui présente aux représentants de la Commune la cocarde bleu-blanc-rouge qui sera désormais arborée par tous les révolutionnaires. Un signe distinctif unique, qui inspirera par la suite notre drapeau tricolore. Lafayette rêve d'une nouvelle Constitution en France pour faire évoluer la monarchie absolue vers une monarchie parlementaire. Et c'est ce qui advient le 1er octobre 1789 : une Constitution est votée par l'Assemblée constituante, avec un célèbre préambule, la Déclaration des droits de l'homme. Mais cela ne suffit pas à calmer les esprits. Le 5 octobre 1789, une foule de femmes marchent sur Versailles pour demander du pain. Le soir, Louis XVI les reçoit et parvient à calmer la situation. Mais le lendemain matin, rien ne va plus. Les esprits se sont échauffés après une nuit dans le froid. Des émeutiers envahissent le château. Les gardes du corps sont tués. La famille royale se réfugie dans la chambre du roi. Lafayette les y rejoint et convainc le roi et la reine de se montrer au balcon, où ils se font acclamer, et de s'installer à Paris. Lafayette escorte la famille royale, qui verra en lui de plus en plus un geôlier avide d'honneurs plutôt qu'un protecteur. Marie-Antoinette ne cache pas son mépris pour lui. « Monsieur de Lafayette veut nous sauver, mais qui nous sauvera de monsieur de Lafayette ? », ironise la reine connue pour ses phrases cinglantes. « Mieux vaut périr que d'être sauvée par ces gens-là », ajoute-t-elle.

Le 14 juillet 1790, un an après la prise de la Bastille, Lafayette est à l'honneur lors de la fête de la Fédération, au cours de laquelle Louis XVI prête serment à la nation devant 100 000 fédérés de province et de Paris. Lafayette, en grand uniforme, arrive sur un cheval blanc et monte sur l'estrade. En tant que commandant de la Garde nationale, il prête serment le premier avec solennité. L'évêque d'Autun, l'inénarrable Talleyrand, en le rejoignant, lui aurait dit : « Par pitié, ne me faites pas rire. »

Lafayette, lui, n'a pas envie de rire. Il n'a pas le cynisme de Talleyrand. Il prend la chose très au sérieux. Il veut réformer la société de fond en comble. En tant que membre de la Société des amis des Noirs, il demande les droits civils pour les hommes de couleur. Il va même jusqu'à renier sa propre origine, en réclamant l'abolition de la noblesse héréditaire et la suppression des ordres monastiques. Plus que tout, il se rêve en Washington français. Avec une certaine ambiguïté, Lafayette se montre un adversaire résolu du désordre tout en justifiant le droit à l'insurrection. À la tribune, il s'en explique dans une célèbre déclaration : « Pour la Révolution, il a fallu des désordres, car l'ordre ancien n'était que servitude, et, dans ce cas, l'insurrection est le plus sain des devoirs ; mais pour la Constitution, il faut que l'ordre nouveau s'affermisse, et que les lois soient respectées. » En gros, la pagaille, ça va bien deux minutes, maintenant, on fait tout dans les règles. Lafayette sent-il déjà les choses lui échapper ? La Révolution se radicalise jour après jour. Elle deviendra bientôt incontrôlable.

La disgrâce, la prison, l'exil

Peu à peu, l'étoile de Lafayette, qui passe pour modéré et trop proche de la famille royale, commence à pâlir. Lafayette est suspect aux yeux de tous : ceux des royalistes, qui voient en lui un renégat, et ceux des Jacobins pur jus, qui le considèrent comme un traître en puissance jouant sa carte personnelle avant tout. Lorsqu'il veut rétablir l'ordre lors de l'attaque du château de Vincennes en février 1791, il est accueilli par les émeutiers aux cris de « À bas Lafayette ! » Le champion de la liberté du Nouveau Monde est malgré lui associé à un Ancien Monde en train de s'écrouler. Quand la famille royale prend la poudre d'escampette, lors de la piteuse fuite à Varennes le 21 juin 1791, Lafayette, en charge de la surveillance du roi et de la reine, est mis sur la sellette. La veille, il avait déclaré au maire de Paris, Bailly, que les Tuileries étaient tellement bien gardées qu'« une souris n'en pourrait sortir ». Il justifie maladroitement cet échec en mettant la fuite sur le compte d'un enlèvement. On l'accuse de connivence avec la cour. Et il perd tout crédit dans l'opinion publique, un mois plus tard, le 17 juillet 1791, lors de la fusillade sur le Champ-de-Mars. Ce jour-là, un rassemblement des patriotes, réunis pour signer une pétition contre le pouvoir royal, dégénère. Bailly se rend sur place avec Lafayette. Il adresse des sommations aux manifestants, qui répondent par des jets de pierres. Lafayette fait tirer en l'air, ce qui n'a pour effet que d'exciter encore plus la foule. La Garde nationale ouvre le feu. Une centaine de manifestants tombent, morts ou blessés. Cette affaire du Champ-de-Mars rompt définitivement la confiance des révolutionnaires. Lafayette est appelé « l'infâme Motier » par Marat, référence à son nom, Gilbert du Motier.

Le ci-devant marquis ne se laisse pas abattre. Au contraire, il riposte en dénonçant énergiquement la faction jacobine comme responsable de tous les désordres du pays. Il envisage même d'utiliser son armée pour affermir la monarchie constitutionnelle. Il se raccroche à un trône qui va bientôt s'effondrer et l'emporter dans sa chute. Avec la prise des Tuileries, le 10 août 1792, la déchéance de la monarchie et la proclamation de la République, le point de non-retour est franchi. Lafayette, qui commande l'armée du Nord, déclare son refus de reconnaître le nouveau gouvernement, qu'il juge sous la coupe des factions révolutionnaires. Il est déclaré traître à la nation. On ordonne son arrestation. Lafayette hésite à se présenter devant ses accusateurs pour laver son honneur, mais il sent, sans doute avec raison, que la guillotine l'attend. Plutôt que de se jeter dans la gueule du loup, il cherche désormais un asile dans un pays neutre, en l'occurrence dans la principauté de Liège. Lafayette est arrêté au passage des lignes autrichiennes. Mais, refusant toute coopération avec les ennemis de la France, il est incarcéré dans la forteresse autrichienne d'Olomouc, où sa femme Adrienne vient le rejoindre pour partager son triste sort. Il sera libéré à la suite du traité de Campo-Formio, signé le 17 septembre 1797 par un brillant général corse, un certain Napoléon Bonaparte. Mais ce dernier lui est plutôt hostile par principe. Ne pouvant rentrer en France, Lafayette choisit donc de s'installer à Utrecht, dans la République batave. Qu'il est loin le temps des vastes plaines de Virginie où le fier marquis auvergnat chevauchait glorieusement au côté de Washington ! Le vent de liberté qu'il a contribué à faire souffler en France s'est transformé en tempête révolutionnaire qui a eu raison de ses ambitions. Pour Lafayette commence alors une longue traversée du désert…

Retour en France décevant, nouveau voyage en Amérique triomphal

Après cinq ans de captivité et trois ans d'exil, Lafayette rentre en France en 1800, pendant le Consulat. Il se retire dans son château de la Grange, en Brie, et mène une vie de gentilhomme fermier, loin des affres de la politique, à l'image de Cincinnatus, le général romain retourné à sa charrue après avoir sauvé la République. Il se consacre à sa femme, la très dévouée Adrienne, mais aussi à sa maîtresse de longue date, la belle Adelaïde de Simiane. À la mort d'Adrienne le soir de Noël 1807, Lafayette est sincèrement désemparé. Il a perdu son plus indéfectible soutien depuis le début de sa carrière. Napoléon, devenu empereur, lui propose un fauteuil de sénateur, un poste d'ambassadeur en Amérique, et même la Légion d'honneur. Lafayette refuse tout en bloc, ne voulant pas se compromettre avec le régime impérial qu'il juge trop autoritaire. Napoléon ne lui pardonnera pas cet affront, qualifiant le marquis, je cite, de « niais sans talents civils ni militaires, un esprit borné, un caractère dissimulé ». Mais Lafayette a plutôt fait un bon calcul en déclinant l'offre, car l'Empire s'effondre après la défaite de Waterloo, et les Bourbons récupèrent leur trône avec Louis XVIII. « Pendant douze ans, je me suis efforcé de rester droit », écrira Lafayette dans ses *Mémoires*. Les Bourbons ne lui sont pourtant pas favorables pour autant. Le marquis est perçu comme un fossoyeur de la monarchie. D'ailleurs il affiche des positions de plus en plus libérales, quasi républicaines. Lafayette se sent de nouveau prêt à entrer dans l'arène politique. Après un premier revers électoral, il est élu par le collège électoral de la Sarthe et vient s'asseoir à l'extrême gauche de l'Assemblée. Il trempe même dans les conspirations de la Charbonnerie, une société secrète hostile aux Bourbons qui multiplie les tentatives d'insurrection au début des années 1820. Son nom est mêlé au « complot du Bazar français » qui défraye la chronique en août 1820. Les conspirateurs arrêtés et interrogés le désignent comme l'un des chefs du mouvement. Et, il est vrai, Lafayette est un membre influent de la Charbonnerie, mais il ne veut pas trop se mouiller non plus. On lui reprochera de précipiter dans l'abîme des conspirations des hommes simples et crédules, qui finissent guillotinés après qu'il les a désavoués pour sauver sa tête.

Battu aux élections de 1824, Lafayette entreprend l'année même un nouveau voyage en Amérique, une sorte de pèlerinage pour se ressourcer sur le théâtre de ses exploits. Le Congrès américain l'accueille comme un véritable chef d'État. Lorsqu'il débarque à New York, une foule gigantesque de 80 000 personnes en délire, soit près des deux tiers des habitants de la ville, l'accueille sous les vivats. Pendant quatorze mois, il effectue une tournée triomphale de 182 villes. Il ne manque pas de s'arrêter sur la tombe de son ami et père spirituel George Washington, à Mount Vernon, dans l'État de Virginie. Il rend aussi visite à l'ancien président et père fondateur de la nation américaine, le très francophile Thomas Jefferson, dans sa plantation de Monticello, en Virginie également. Il est reçu comme membre d'honneur au sein de la plus ancienne société patriotique américaine, la Société des Cincinnati – référence à Cincinnatus, encore lui ! Fondée par George Washington le 13 mai 1783, elle est composée de ceux qui se sont distingués pendant la guerre d'Indépendance des États-Unis. Lafayette croule sous les honneurs et les cadeaux. Le Congrès adopte à l'unanimité une loi par laquelle il reçoit du peuple américain 200 000 dollars et 12 000 hectares en Floride, pour services rendus. Mais Lafayette n'aura jamais l'occasion de profiter de ces terres ensoleillées à perte de vue.

Il rentre en France en 1825, où un nouveau roi règne depuis quelques mois, Charles X. L'infatigable marquis devient rapidement un opposant affiché de sa politique réactionnaire. Dans son discours du 23 juin 1828, Lafayette reproche au gouvernement ses tendances rétrogrades et critique ses abus dans divers domaines. Il participe à des banquets hostiles au ministère du très impopulaire Jules Polignac. Lafayette agite et encourage la nébuleuse de sociétés secrètes qui ourdit un soulèvement contre Charles X. On parle d'une « conspiration

Lafayette », à la veille de la révolution des Trois Glorieuses qui éclate les 27, 28 et 29 juillet. Le libéral Louis-Philippe d'Orléans tire les marrons du feu avec la complicité de Lafayette. Lors d'une scène restée célèbre, les deux hommes se montrent au balcon et se donnent l'accolade face aux émeutiers qui espéraient plutôt une république. Puis Louis-Philippe agite un drapeau tricolore que lui a remis Lafayette, comme si la bénédiction de ce dernier forgeait sa légitimité démocratique. C'est ainsi qu'est inauguré le règne de Louis-Philippe Ier, non plus roi de France mais roi des Français, et que naît la monarchie de Juillet.

20 MAI 1834 : LE HÉROS DES DEUX MONDES A REJOINT L'AU-DELÀ

Révolution, Directoire, Empire, Restauration, révolution encore… Les régimes se suivent et ne se ressemblent pas. Mais Lafayette, lui, est toujours là sur la grande scène de l'Histoire, jusqu'à sa mort, quatre ans après l'avènement de Louis-Philippe, le 20 mai 1834. Quel roman que sa vie ! Sa postérité en France connaîtra des hauts et des bas. Il laisse un souvenir mitigé aux grands témoins des événements de son temps, à l'instar de Chateaubriand qui voit en lui un personnage contradictoire et monomaniaque : « Royaliste, il renversa en 1789 une royauté de huit siècles ; républicain, il créa en 1830 la royauté des barricades : il s'en est allé en donnant à Philippe la couronne qu'il avait enlevée à Louis XVI […] Dans le Nouveau Monde, M. de Lafayette a contribué à la formation d'une société nouvelle ; dans le monde ancien, à la destruction d'une vieille société : la liberté l'invoque à Washington, l'anarchie à Paris. » Et c'est bel et bien aux États-Unis que Lafayette laisse le meilleur souvenir. Plus de 600 lieux s'appellent Lafayette. Une statue le représentant trône à Union Square, à New York. Je vous ai dit au début de ce chapitre qu'en pleine Première Guerre mondiale, des officiers américains s'étaient rendus sur sa tombe parisienne en prononçant cette phrase : « Lafayette, nous voilà ! » Eh bien, ce que vous ne savez peut-être pas encore, c'est qu'un an avant, en 1916, une unité d'aviateurs volontaires américains était venue porter secours à la France, avant même que les États-Unis entrent en guerre. Ces volontaires ont pris tout naturellement le nom d'« escadrille Lafayette » en souvenir de celui qui, en 1776, avait bravé l'interdiction de son roi pour porter secours, le premier, aux insurgents. En 2002, Lafayette est élevé à titre posthume au rang de citoyen d'honneur des États-Unis d'Amérique, un privilège exceptionnel qui n'a été décerné jusqu'ici qu'à huit personnes, dont Churchill et mère Teresa. Et parmi ces huit, il y a un Frenchy, notre Lafayette, qui prouve, comme le dit l'Évangile, que « Nul n'est prophète en son pays ».

DANTON

Le stentor de la Révolution

« Pour vaincre, il nous faut de l'audace, encore de l'audace, toujours de l'audace, et la France sera sauvée ! » L'homme qui a prononcé ces mots énergiques à la veille de la bataille de Valmy est une force de la nature, un colosse, un tribun hors pair, qui déploie des torrents d'éloquence de sa voix de stentor. Il est l'exacte antithèse de Maximilien Robespierre, avec qui il va se déchirer dans un duel qui a marqué la mythologie révolutionnaire. Il est l'homme de la patrie en danger, l'un des pères fondateurs de la République. Sa statue trône aujourd'hui sur la place de l'Odéon et son souvenir plane encore sur notre mémoire collective, quand on invoque l'idée de l'homme providentiel. Entrez dans l'Histoire avec lui, c'est un personnage exemplaire.

Un fonceur-né

Georges Jacques Danton est né le 26 octobre 1759 à Arcis-sur-Aube, d'une famille d'artisans et de magistrats. Son père est procureur et sa mère, Marie-Madeleine, est fille d'un entrepreneur en charpenterie. L'enfance de Danton nous livre quelques anecdotes savoureuses, qui en disent long sur le tempérament et la robustesse du futur tribun. Dès sa naissance, le petit Georges est un beau bébé, bien dodu et jamais repu. Le lait maternel ne lui suffit pas, alors on le met au pis de la vache pour avoir du rab', selon une coutume répandue dans les campagnes champenoises. Sauf qu'un taureau jaloux, nous dit la légende, l'aurait délogé de sa nourrice quadrupède d'un coup de corne. La blessure lui laisse une balafre sur la lèvre supérieure qu'il conservera toute sa vie. Et comme si cela ne suffisait pas, il se fait encore encorner par un taureau sept ans plus tard, toujours au visage. Ah, il a un rapport difficile avec les taureaux l'ami Danton ! C'est qu'il y a un peu du taureau en lui. D'abord, l'aspect physique. Danton est un grand gaillard de près d'un mètre quatre-vingt-dix, avec un gros cou puissant, un large front, des lèvres épaisses, un gros menton et des petits yeux clairs enfoncés. La petite vérole, maladie très courante à l'époque, lui laissera un visage grêlé à vie. Danton, c'est une gueule, une « figure repoussante et atroce, avec un air de grande jovialité », comme le décrit madame Roland, qui le déteste viscéralement. Il en impose, Danton le taureau ! Il dégage quelque chose de bestial. Et en ce qui concerne le caractère, c'est pareil. Il fonce tête baissée. Il charge ! Ses discours ressemblent à des saillies furieuses. Il dit de lui-même : « La nature m'a donné en partage les formes athlétiques et la physionomie âpre de la liberté. »

Mais en 1780, quand il part pour Paris où il trouve un emploi de clerc grâce à son procureur de père, on n'en est pas encore là… Il écrit alors son nom « d'Anton » avec un « d » apostrophe, une particule factice qui pourrait le faire passer pour un noble. Ça fait tout de suite plus classe auprès de la clientèle. Ah oui, on n'est bien loin des futures harangues, où il fustigera les aristocrates. Mais, en attendant, il faut bien faire son trou ! Et Danton n'a pas trop de mal à s'imposer dans cette bourgeoisie de robins, qui fournira le gros des bataillons de députés révolutionnaires. Il fréquente le café du Parnasse, en face du Palais de justice, où il fricote avec la fille du tenancier, Antoinette. Danton aime la bonne chair, dans tous les sens du terme. Il mange comme Gargantua et verse le vin dans son grand gosier sans modération. Mais surtout, il aime les femmes, avec passion. Alors quand il voit cette Antoinette, douce et bien gironde, avec son joli minois, c'est le coup de foudre. Il faut dire aussi qu'elle est largement dotée, avec 20 000 livres, qui lui seraient bien utiles pour financer sa carrière. Bref, elle a tout pour plaire. Danton l'épouse en 1787, à l'église Saint-Germain-l'Auxerrois, en face du Louvre : l'église des rois de France, ça ne s'invente pas !

Le porte-parole de la vox populi

Dans le Paris prérévolutionnaire des années 1780, Danton est un avocat parmi tant d'autres. Il ne s'est pas encore fait un nom. En 1787, il achète l'onéreuse charge d'avocat au Conseil du roi, pour la somme de 78 000 livres. Et l'on sait que pour financer cet investissement, Danton bénéficie notamment de l'argent du roi Louis XVI et de son cousin le duc d'Orléans, futur Philippe Égalité. Cet appui financier alimentera bien des rumeurs sur la vénalité de Danton, mais nous y reviendrons. Notre avocat continue de traîner dans les troquets de la capitale, dont le café Procope, qui existe encore aujourd'hui, dans le VIe arrondissement. C'est même le plus ancien café-restaurant de la capitale. Au Procope, Danton fréquente les futurs chefs montagnards, comme Marat ou Camille Desmoulins, qui restera son plus fidèle ami jusqu'au bout. On parle politique, réforme, mais pas encore révolution et encore moins république. Mais le feu couve sous les marbres, en ce printemps 1789 où Louis XVI a convoqué les États généraux. Tout le monde le sent, Paris est un volcan sur le point d'entrer en éruption.

Danton participe aux élections du tiers état aux États généraux de 1789, mais il ne sera pas l'un de ses députés, contrairement à Robespierre, Barère, Barnave, et tant d'autres de cette génération d'avocats déterminés à bousculer une société de privilèges. Danton, lui, s'enrôle dans la garde bourgeoise de son district et acquiert vite une belle renommée d'agitateur et d'orateur. La rue joue immédiatement un rôle sur les décisions prises en assemblée. Et cela, Danton le comprend d'instinct. Toute sa vie politique, il s'appuiera sur l'adage « *Vox populi, vox dei* » pour mener sa barque sur le fleuve de la Révolution. Un fleuve qui n'a rien de tranquille. Car dès le début de l'été 1789, ça part sur les chapeaux de roue. Le mercredi 17 juin, les députés du tiers état s'érigent en « Assemblée nationale ». Le samedi 20, ils jurent de ne jamais se séparer avant d'avoir donné une Constitution à la France. Le mardi 23 juin, ils envoient promener le roi, sa cour et ses soldats. « Nous sommes ici par la volonté du peuple et nous n'en sortirons que par la force des baïonnettes ! », lance Mirabeau avec aplomb. Ça passe ou ça casse. Eh bien ça passe. Le roi cède. La Révolution s'est jouée et accomplie en sept jours et cinq décrets.

Un royaume de mille ans s'effondre en une semaine. Le 14 juillet, la Bastille est prise. Vous connaissez la suite.

Mais ce que vous connaissez peut-être moins, c'est le rôle de Danton après ces événements. Le 27 avril 1790, il crée le club des Cordeliers, l'un de ces nombreux clubs politiques qui naissent à ce moment-là, comme ceux des Jacobins ou des Feuillants. Et celui des Cordeliers, dans le réfectoire du couvent franciscain du même nom, rassemble les ultra-révolutionnaires, comme Hébert, Marat ou Camille Desmoulins. C'est par exemple aux Cordeliers que l'on demande pour la première fois la déchéance du roi après la fuite de Louis XVI et de la famille royale à Varennes, le 21 juin 1791. C'est un club proche des sociétés populaires, où l'entrée est libre et où fourmillent des hommes armés de piques, vêtus d'une veste carmagnole et de « culottes » s'arrêtant aux genoux. Il faut imaginer cette atmosphère survoltée, où les orateurs qui prennent la parole tour à tour sont acclamés ou conspués. À l'époque évidemment, il n'y a pas de micro. Il faut avoir du coffre. C'est à celui qui gueulera le plus fort. Et à ce jeu-là, Danton écrase tout le monde de sa grosse voix. Ses mots résonnent comme un roulement de tonnerre. En plus, il ne prépare jamais ses discours. Il les improvise, sentant d'instinct ce que la foule veut entendre. Il vitupère, il invective, il galvanise ! La tribune est comme une scène pour cet homme théâtral. Et cela donne des formules tonitruantes qui marquent les esprits : « Que la pique du peuple brise le sceptre des rois. » « Une nation se sauve, elle ne se venge pas. » « Après le pain, l'éducation est le premier besoin d'un peuple. » Il faudra désormais compter avec lui. Car la Révolution est loin d'être terminée. Et pour Danton, tout commence !

De l'audace prônée à Valmy aux massacres de Septembre

Danton ne participe jamais directement aux grandes « journées » révolutionnaires, mais il est toujours dans la coulisse. Il les arrange, les prépare et surtout, il gère le service après-vente. Et parfois ça tourne mal. Le 17 juin 1791, une foule manifeste sur le Champ-de-Mars, réclamant la déchéance du roi et la proclamation d'une république. Les Constituants et la Commune de Paris font tirer sur les pétitionnaires par la Garde nationale, commandée par Lafayette. Il y a une cinquantaine de victimes. C'est gravissime. Pour la première fois, la Révolution fait tirer sur la Révolution. Les chefs des sociétés populaires sont sur la sellette. Danton n'a pas de responsabilité directe, mais il préfère se réfugier à

Arcis-sur-Aube, puis en Angleterre, le temps que passe l'orage. Celuic-ci passe trois mois plus tard avec l'amnistie votée le 13 septembre. Danton revient à Paris et tente de se faire élire à l'Assemblée législative, mais l'opposition des modérés l'en empêche. C'est qu'il a mauvaise réputation, notre taureau. Il en fait trop, selon ses adversaires. Mais plus la Révolution avance et plus elle se radicalise. Les modérés se font moins entendre. Danton est élu second substitut adjoint du procureur de la Commune. Il est l'un des hommes les plus en vue des clubs, que ce soit aux Cordeliers ou aux Jacobins. Sa voix porte, on l'écoute, même s'il a du mal à se décider pour le soutien à la guerre aux frontières du Rhin contre la Prusse et l'Autriche. Elle a été déclarée avec l'approbation du roi, qui espère tirer profit d'une défaite française. En gros, le roi espère que les armées coalisées des monarchies européennes vont mater la Révolution française, qui commence sérieusement à lui courir sur le haricot ! Danton, lui, hésite. Danton louvoie. Danton attend son heure…

Elle sonne avec la journée décisive du 10 août 1792 : la prise des Tuileries, soit la chute de la monarchie. Danton, là encore, ne participe pas directement à cette journée, mais il en est le grand bénéficiaire. Il est nommé dans la foulée au ministère de la Justice. Condorcet, bien qu'adversaire de Danton, justifie ce choix en ces termes : « Il fallait dans le ministère un homme qui eût la confiance de ce peuple dont les agitations venaient de renverser le trône […], qui par son talent pour la parole, par son esprit, par son caractère, n'avilît point le ministère. Danton seul avait ces qualités. » Il en a fait, du chemin, le petit bonhomme d'Arcis-sur-Aube ! Ministre de la Justice, c'est l'une des plus hautes responsabilités du nouveau régime en cours de construction. Car, maintenant que la monarchie est tombée, il faut bien la remplacer. L'idée de république finit par s'imposer. Mais il y a plus urgent. Il faut gagner la guerre contre les ennemis de la patrie. Les Prussiens gagnent du terrain, avec à leur tête le duc de Brunswick. Vous vous souvenez du manifeste de Brunswick, ce texte qui menace les Parisiens des pires tourments ? Le duc en est évidemment l'auteur. Alors là, les Parisiens commencent à paniquer à l'idée que leur potentiel bourreau risque de marcher sur la capitale. On redoute une « Saint-Barthélemy des patriotes ». Danton comprend que la nation a besoin d'un électrochoc pour être sauvée de l'avancée prussienne. C'est dans ce contexte de peur panique qu'il monte à la tribune, en costume rouge, comme un diable sorti de sa boîte, et prononce sa plus célèbre phrase, le 2 septembre 1792 : « Le tocsin qu'on va sonner n'est point un signal d'alarme, c'est la charge sur les ennemis de la patrie. Pour les vaincre, il nous faut de l'audace, encore de l'audace, toujours de l'audace, et la France sera sauvée ! »

Sauf que l'audace qu'il réclame va tourner à la sauvagerie. Le jour même de son discours commencent les « massacres de Septembre », une réaction sanglante des Parisiens à une prétendue conspiration armée préparée dans les prisons. Eh oui, les théories du complot, ça ne date pas d'hier ! Mais dans ce cas, ça a sérieusement dégénéré en l'une des pires boucheries de l'Histoire. Les sans-culottes, les gardes nationaux et des volontaires vont vider toutes les prisons parisiennes et massacrer les suspects de sympathies royalistes et les prêtres qui ont refusé de prêter serment à la Constitution civile du clergé. Après un interrogatoire sommaire, les malheureux sont conduits dans la cour et sont égorgés séance tenante, aux cris de « Vive la nation ! » Ils sont tués à coups de baïonnette, de pique ou de sabre, ou défénestrés, selon le raffinement des massacreurs. Certains s'acharnent sur les cadavres fumants, comme celui de l'infortunée princesse de Lamballe, la meilleure amie de Marie-Antoinette. Les révolutionnaires lui réservent des cruautés insoutenables. Criblé de coups, profané dans son intimité, son corps élargi est laissé nu dans la rue, à la vue de la foule hilare, avant qu'on lui tranche la tête et qu'on la plante au bout d'une pique, que les bourreaux ont la délicate idée de promener sous les fenêtres de la reine déchue, recluse dans sa sinistre prison de la tour du Temple. Ces massacres de Septembre font plus de 1 300 morts à Paris en cinq jours. Eh oui, messieurs-dames, l'avènement des « droits de l'homme », ça ne s'est pas passé dans la tendresse.

Et Danton, dans tout cela ? On l'accuse d'avoir laissé faire, d'avoir couvert ces massacres. Eh bien, à la vérité, il s'en lave un peu les mains, comme Ponce Pilate. Il ne cautionne pas, mais si telle est la volonté du peuple, il faut en prendre acte. Mouais, un peu facile…

Toujours est-il que la fougue de Danton porte chance aux armées révolutionnaires. Alors que tout semble perdu, le 20 septembre 1792, la bataille de Valmy, au pied de son désormais célèbre moulin, est une victoire décisive qui éloigne la menace prussienne. Alors bon… Cette victoire miraculeuse a fait couler beaucoup d'encre. Simple canonnade, diront certains ; victoire achetée par Danton, diront d'autres ; entente avec Brunswick qui appartient à la même obédience maçonnique que lui… Mais avec quel argent Danton aurait-il pu acheter cette victoire ? Une autre folle rumeur court encore : trois jours avant la bataille de Valmy, le garde-meuble de la Couronne a été dévalisé. Il contenait des joyaux inestimables, dont le fameux diamant le *Régent,* considéré comme le plus pur et le plus beau du monde. Et il se trouve que Danton a son bureau au garde-meuble national. La coïncidence des dates est troublante. Tout cela est impossible à prouver. Quoi qu'il en soit, la victoire de Valmy permet de proclamer la Ire République. Danton restera à jamais comme l'homme de la patrie en danger. Il est au sommet de sa gloire.

Le roi est mort, vive la Terreur !

En cette fin d'année 1792, la patrie est sauvée, la République est proclamée. Reste une question brûlante : que faire du roi et de sa famille enfermés dans la tour du Temple ? Danton va devoir se prononcer sur cette épineuse question car il a été élu député à la Convention nationale. Il siège du côté des Montagnards, comme on surnomme cette aile radicale, opposée à celle plus libérale des Girondins. Et c'est avec le procès du roi que s'engage une interminable lutte des factions qui va faire tourner la guillotine à plein régime. Danton le Montagnard commence à prendre de la hauteur sur les événements. Il aimerait bien sauver la tête du roi et réconcilier les Français pour jouir enfin des acquis de la Révolution. Lui qui a cautionné, sinon déclenché, les massacres de Septembre, parle maintenant d'« épargner le sang des hommes ». Mais ses amis ne l'entendent pas de cette oreille. Louis XVI doit mourir pour que la patrie vive, tranche Robespierre. Danton est prêt à monnayer la vie du roi avec des subsides anglais. Mais voyant que l'issue du vote est inéluctable, il choisit de hurler avec les loups, sacrifiant la vie du roi pour sauver la sienne. Louis XVI est guillotiné au matin blême du 21 janvier 1793.

Danton n'assiste pas à cette exécution. Il est envoyé en mission en Belgique. Et lorsqu'il revient, il a la douleur d'apprendre que sa femme, sa chère Antoinette, est morte en couche. L'enfant est mort avec elle. Danton est d'autant plus inconsolable qu'il aurait aimé avoir un buste de son épouse en souvenir. Il va trouver son ami le sculpteur Claude André Deseine et lui commande un buste. Mais comment faire quand le modèle est mort et enterré ? Qu'à cela ne tienne ! Danton fait déterrer le cadavre de son épouse en pleine nuit, afin que le sculpteur lui applique un masque mortuaire. À cette occasion macabre, il serre la défunte dans ses bras et l'embrasse à pleine bouche. N'est-ce pas romantique ? Ou glauque, comme on voudra… Voilà l'homme. Voilà Danton. Fougueux et fonceur, dans un monde où se mêlent étrangement l'amour et la mort. Éros et Thanatos.

Bon, le roi est guillotiné mais tous les problèmes ne sont pas réglés. À l'extérieur, une nouvelle coalition européenne se forme contre la France. La patrie est de nouveau en danger. La panique gagne une fois de plus les esprits. Danton, lui, garde la tête froide. Le 10 mars 1793, il crée le Tribunal révolutionnaire, de sinistre mémoire, un tribunal criminel extraordinaire, conçu pour frapper les coupables à travers des procédures simplifiées. Il l'ignore, mais il vient de créer un monstre qui le dévorera un jour, lui comme tant d'autres enfants de la Révolution. Mais pour l'heure, dans son esprit, ce Tribunal révolutionnaire est un moyen de reprendre le contrôle sur les événements. Il a bien retenu la leçon des massacres de Septembre. Il veut que l'État garde le monopole de la violence, une violence légale. C'est ainsi qu'il déclare : « Soyons terribles, pour éviter au peuple de l'être. » Mais les événements se précipitent. À l'intérieur du pays, la Vendée s'insurge. L'Armée catholique et royale fait une percée fulgurante au printemps 1793. Dans la capitale, Marat est poignardé dans sa baignoire par Charlotte Corday le 13 juillet. La Révolution ne tient plus qu'à un fil. La paranoïa est à son comble. Alors la machine s'emballe. La Terreur est mise à l'ordre du jour, selon l'expression consacrée. La loi des suspects, votée le 17 septembre 1793, permet d'envoyer au Tribunal révolutionnaire tous ceux qui sont soupçonnés, même sans preuve, de rejeter la Révolution. Un simple « bonjour monsieur », au lieu de « bonjour citoyen » vous rend passible du Tribunal révolutionnaire, présidé par le très zélé Fouquier-Tinville. Et ce tribunal aux procédures expéditives devient vite l'antichambre de la cellule des condamnés à mort.

À la Convention, le torchon brûle entre la Gironde et la Montagne. Danton veut calmer le jeu. Il souhaite un équilibre entre les différentes factions. Mais les Girondins perdent la bataille et finissent sur la bascule de la guillotine, après une parodie de procès. Danton peut-il se douter qu'il devra bientôt comparaître devant ce tribunal terrible qu'il a créé lui-même ?

« Tu montreras ma tête au peuple... »

En ce début d'année 1794, Danton prend ses distances avec la politique. Il a retrouvé le bonheur avec la jeune Louise Gély, une amie du couple qui s'occupait de leurs enfants, âgée d'à peine dix-huit ans. Le tribun en a trente-cinq mais cela ne l'empêche pas de convoler en justes noces avec Louise et de filer le parfait amour, loin de l'orage révolutionnaire. Danton semble las, usé par les querelles sanglantes. Il songe plus à son bonheur privé qu'à la chose publique. Il s'éloigne et va se ressourcer dans sa campagne natale d'Arcis-sur Aube. Mais la Révolution le rattrape... Danton rentre fin novembre 1793 pour venir au secours de ses amis, députés montagnards compromis dans l'affaire de fraude de la Compagnie des Indes orientales. Indirectement, il est visé. Il revient donc aussi pour laver son honneur. En vérité, il se jette dans la gueule du loup. On l'accuse de corruption, ce qui, à la vérité, n'est pas infondé. Danton a un côté vénal évident. Ne déclare-t-il pas : « La Révolution a enrichi les aristocrates, la Révolution doit maintenant enrichir les patriotes » ? Que Danton ait touché de l'argent de la part du roi et du duc d'Orléans, cela ne fait aucun doute. Des Anglais, peut-être aussi. Danton n'a pas pu rembourser seul son prêt de 70 000 livres pour acheter sa charge d'avocat, tout en menant grand train et en multipliant les acquisitions foncières. Il a été payé, et grassement. Mais a-t-il vraiment été vendu à quiconque ? Impossible de dire avec certitude quels services il aurait pu rendre en échange. « Un homme de ma trempe est impayable », plastronne-t-il, sûr de son fait. Danton veut profiter enfin des acquis de la Révolution. À la différence de Robespierre, qui croit en l'égalité réelle, sociale, absolue, Danton se contente de l'égalité en droit. Il connaît la nature humaine, il pense que ces chimères poussent la Révolution dans une lutte sans fin, avec d'inévitables bains de sang. L'enfer est pavé de bonnes intentions… Il veut terminer la Révolution, comme le souhaitait Mirabeau. Pour lui, elle a déjà atteint ses buts essentiels.

Il apparaît alors comme le « chef des indulgents », face à la faction des hébertistes, soit les révolutionnaires les plus intransigeants. Pris entre deux feux, Robespierre hésite sur la conduite à tenir. Une ultime rencontre a lieu entre les deux géants de la Révolution. Cette scène légendaire a d'ailleurs été portée à l'écran en 1983 dans le film *Danton* d'Andrzej Wajda, avec Gérard Depardieu dans le rôle-titre. Je vous le conseille. Qui sait ce que les deux hommes se sont dit ? D'un côté, le froid doctrinaire, souffreteux et implacable, de l'autre le bon vivant à la gouaille taquine. Toujours est-il que Robespierre prend la décision de lâcher Danton. « Toutes les factions doivent périr du même coup », assène-t-il à la Convention le 15 mars. Il va frapper coup sur coup, d'abord celle des hébertistes, guillotinés le 24 mars 1794, puis celle des indulgents, les partisans de Danton, qui sont arrêtés une semaine plus tard. Les amis du tribun, sentant le vent tourner, lui avaient conseillé de fuir, mais Danton avait rétorqué, plein de verve : « On n'emporte pas sa patrie sous la semelle de ses souliers. »

Il fera face à son destin au cours d'un procès inique. En bon avocat, il choisit d'assurer seul sa défense. C'est la possibilité pour lui de répondre directement à l'accusateur public Fouquier-Tinville et de faire vrombir toute son éloquence. On a dit qu'on l'entendait hurler jusque sur les bords de la

Seine. Quand on lui demande de décliner son identité, nom, prénoms, domicile, il répond : « Ma demeure sera bientôt dans le néant. Quant à mon nom, vous le trouverez dans le panthéon de l'Histoire. » Danton est au sommet de son art oratoire. « Qu'ils se présentent, ceux qui m'accusent, et je leur arracherai le masque qui les dérobe à la vindicte populaire. » Le public qui assiste au procès acclame le taureau, criblé de banderilles, prêt à encorner le matador. Fouquier-Tinville sent que la situation lui échappe. Il demande au Comité de salut public ce qu'il convient de faire. On décide de faire expulser les accusés de la salle d'audience. Pratique ! Comme ça, on peut les juger sans les entendre. La messe est dite. Le verdict était couru d'avance. Danton et ses amis sont condamnés à mort.

Le 5 avril 1794, Danton et ses amis, dont son vieux camarade Camille Desmoulins, sont trimballés dans les rues de Paris, sur la charrette des condamnés à la guillotine. En chemin, Danton passe devant la fenêtre de Robespierre, dont les volets sont clos. « Tu me suivras bientôt, Robespierre ! », lance-t-il avec une assurance prophétique. Camille Desmoulins est décontenancé. Il pleure et implore la foule de le délivrer, en vain. Danton, lui, reste imperturbable. Il sait que l'échafaud sera sa dernière scène, l'ultime acte de sa vie théâtrale. Il doit faire bonne figure. Il doit tirer sa révérence en beauté. Après avoir vu périr ses amis, il avance vers l'échafaud en dernier, sort que l'on réserve aux vedettes. Danton monte les marches avec assurance, sans faiblir, et lance au bourreau Sanson une ultime bravade : « Tu montreras ma tête au peuple, elle en vaut la peine. » Le couperet tombe. La tête du colosse roule dans la corbeille, et Sanson la présente à la foule comme un trophée. C'est ainsi que le peuple de Paris aperçoit pour la dernière fois le visage ruisselant de sang, mais confiant, du taureau de la Révolution, celui qui a montré toute sa vie de l'audace, encore de l'audace, toujours de l'audace !

NAPOLÉON
– 1 –

De l'Aigle à l'Ogre

Napoléon ! Je mets un point d'exclamation parce que ce personnage est l'un des plus adorés mais aussi l'un des plus détestés de l'histoire de France. Il faut dire qu'il n'a jamais fait l'unanimité sauf sur un point : il est fascinant ! On raconte qu'il y a plus de livres écrits sur lui que de jours qui se sont écoulés depuis sa mort ! Cet homme est l'un des premiers self-made-men des temps modernes. On lui doit une partie de nos institutions, la création des lycées mais aussi la rénovation du droit à travers le code civil. Oui, il était misogyne, c'est vrai : il n'a vraiment aimé qu'une seule femme. Oui, il était favorable à l'esclavage, mais c'était, disent ses défenseurs, pour assurer la prospérité économique de la France. Oui, des milliers d'hommes sont morts à cause de lui, mais c'était pour la grandeur de la nation et à son époque tout le monde trouvait ça normal. Comme je ne suis ni juge ni avocat, je me contenterai de vous raconter l'épopée de cet homme, que l'on compare à Jules César et à Alexandre le Grand, lors de deux chapitres exceptionnels sur l'ascension et la chute de l'Aigle…

Le clan Buonaparte

Nous sommes à Paris le 2 décembre 1804. Tournant presque le dos au pape Pie VII réduit à faire de la figuration,

Napoléon se sacre lui-même « empereur des Français ». Alors qu'il place la couronne de Charlemagne au-dessus de sa tête, il apostrophe son frère en corse : « Ah, si papa nous voyait ! »

Oui, papa pourrait être fier de son petit garçon car rien n'était joué d'avance pour ce gamin corse issu d'une famille de notables désargentés. Napoléon Bonaparte naît le 15 août 1769 à Ajaccio. Un an plus tôt, l'île de Beauté était génoise. Grâce au traité de Versailles, le fils de Charles et de Letizia naît français et non italien.

L'âme de la Casa Buonaparte, c'est Letizia. Ce petit bout de femme énergique a mis au monde douze enfants. Elle rêve de grands destins pour eux et leur met la pression pour qu'ils s'entraident et réussissent. Charles sert les plans de sa femme quand il envoie ses aînés à l'école militaire de Brienne. Le petit « Napoléoné » a un accent corse à couper au couteau. Ses camarades se moquent de lui en le surnommant « la paille au nez ». Le concept de harcèlement scolaire n'existait pas encore. Napoléoné ne pouvait pas appeler le numéro vert de l'Éducation nationale. (Le 3020 : c'est toujours bon à savoir !)

Il se réfugie donc dans les livres. Ses bons résultats, son côté mélancolique et son charisme soudain alors qu'il prend le commandement d'une bataille de boules de neige dans la cour laissent déjà présager d'un caractère hors normes.

En 1784, à quinze ans, Bonaparte intègre la compagnie des cadets gentilshommes de l'École royale militaire à Paris. Il se spécialise dans l'artillerie, un domaine technique où les bons officiers ont toutes les chances de se distinguer. Il est aussi responsable de sa famille depuis la mort de son père. C'est d'ailleurs plus qu'une famille, les Buonaparte : c'est un clan !

La Révolution qui agite Paris laisse Bonaparte indifférent. Seule la question corse lui importe. Les indépendantistes s'opposent violemment aux partisans de la Corse française comme les Bonaparte. Attaquée par les indépendantistes en

1793, la famille déménage à Toulon. C'est là que le jeune officier corse se distingue pour la première fois. La ville a été livrée aux Anglais par les royalistes. L'armée de la Ire République a pour mission de la reprendre. Mission périlleuse ! Mais le Corse est audacieux. Il ne s'est encore jamais distingué sur un champ de bataille mais il préconise de s'emparer des forts de la ville pour en reprendre la maîtrise. L'attaque a lieu de nuit, à la baïonnette. Dans les corps-à-corps, Bonaparte est même blessé à la cuisse mais la ville est reprise. Son audace a payé. La victoire a le goût du sang mais elle le grise. Rien ne le fera vibrer davantage que le champ de bataille !

Le jeune officier est repéré par Augustin Robespierre, le frère de l'artisan de la Terreur. Il devient son protégé. Son ascension a commencé. Mais ce que la Terreur fait, elle le détruit aussitôt. Augustin est guillotiné l'année suivante. De retour à Paris, Napoléon, désormais au chômage, ronge son frein. Il fait peine à voir tant il est maigre. Ses cheveux trop longs lui mangent les joues. Et pourtant, ce visage émacié a quelque chose de magnétique. Son regard autoritaire impressionne. On sent que l'insulaire a de la ressource et qu'il rebondira. En 1795, on lui confie la répression d'une révolte de royalistes avec la consigne de se montrer souple. Trop de sang a déjà coulé. Mais le Corse n'en fait qu'à sa tête. Il demande à un certain Joachim Murat, avec qui il se lie d'amitié, d'aller chercher des canons à Neuilly. Lorsque les insurgés chargent, Bonaparte fait tirer les canons. La révolte est réprimée en une soirée au prix de 200 morts. L'officier se justifie en disant qu'il vaut mieux frapper fort et vite au début d'une révolte que de la laisser s'enliser et faire couler plus de sang au final. Et puis il a sauvé la Convention. On ne va pas lui reprocher d'avoir fait son devoir quand même !

À la même époque, le jeune Corse rencontre Joséphine de Beauharnais dans les salons mondains parisiens fréquentés par madame Tallien et Barras. Tout juste sortie de prison, la charmante Joséphine de Beauharnais, veuve et mère de deux enfants – Eugène et Hortense –, survit grâce aux subsides que lui versent ses amants. Bonaparte n'est pas le plus riche ni le plus installé des hommes qu'elle fréquente mais elle est séduite par sa fougue, son charisme et… son insistance. Elle pressent aussi le potentiel de l'officier. Bonaparte, lui, n'était pas porté sur les femmes jusqu'à cette rencontre. Il a perdu sa virginité assez tard avec une prostituée du Palais-Royal mais là, il a un coup de foudre. Joséphine est à la fois maternelle et sensuelle. C'est une sorte d'idéal féminin pour lui.

Le 9 mars 1796, le couple se marie civilement. Napoléon s'est vieilli de dix-huit mois et Joséphine s'est rajeunie de quatre ans pour qu'ils aient à peu près le même âge sur leur acte de mariage. Bonaparte est fou amoureux mais la lune de miel ne sera que de courte durée.

Naissance d'un stratège

Le clan Bonaparte déteste Joséphine. On la trouve trop vieille (elle a trente-trois ans), trop mondaine et surtout, elle a trop d'emprise sur Napoléon. Et c'est vrai qu'au début de leur relation, elle ne se prive pas de faire souffrir son amoureux.

À peine marié, Napoléon est promu général en chef de l'armée d'Italie. Il file vers le champ de bataille où il se distingue par son charisme de leader et ses stratégies brillantes contre les Autrichiens. Il allège ses fantassins et rend son artillerie plus mobile afin de prendre de court ses adversaires. Ses victoires, à l'instar du pont d'Arcole, lui valent les éloges de Stendhal qui le place sur un pied d'égalité avec Jules César et Alexandre le Grand. Comme eux, Bonaparte brille sur le champ de bataille mais ce n'est pas suffisant. Il faut aussi séduire l'opinion. Pour communiquer sur ses victoires, Bonaparte fonde ses propres journaux et prend la plume pour se glorifier. Il imite l'exemple de César et de la *Guerre des Gaules* et n'y va pas avec le dos de cuillère quand il s'autocongratule. Bonaparte estime qu'il « vole comme l'éclair et frappe comme la foudre » !

Alors qu'il rentre triomphalement dans Milan et harangue la foule, Bonaparte commence à prendre la mesure de ce que pourrait être son destin. Il a tout pour réussir et monter plus haut, toujours plus haut. Il se jure qu'il ne se brûlera pas les ailes comme ce tocard d'Icare. Tout lui réussit, même l'amour. Sa Joséphine le rejoint pour deux nuits au Palazzo Serbelloni, où il l'accueille comme une reine au milieu de brassées de fleurs. Il ne se rend pas compte qu'un ravissant hussard, un petit brun à l'accent du Sud-Ouest nommé Hippolyte Charles, serre sa femme d'un peu trop près…

De retour en France, Bonaparte intègre l'Institut, mais les délices des intellectuels sont loin de le combler autant que l'art de la guerre.

Le Directoire a mis fin aux affres de la Terreur mais le régime est fragile. Beaucoup se méfient de Napoléon dont on redoute les ambitions. On l'envoie donc diriger la campagne d'Égypte, un projet totalement pharaonique – si vous me passez l'expression – qui consiste à couper les routes commerciales des Britanniques.

Le voyage est éreintant, la chaleur écrasante. Les troupes françaises arrivent épuisées au pied des pyramides. Bonaparte leur aurait remonté le moral avec cette phrase devenue célèbre : « Du haut de ces pyramides, quarante siècles vous contemplent » ; autrement dit : « Arrêtez de faire les mauviettes les gars, on n'est pas là pour bouloter des loukoums au bord de la piscine. On est là pour écrire l'Histoire et pas qu'en hiéroglyphes ! » Et de fait, les Français mettent une déculottée aux Mamelouks incapables de se défendre face à la technicité et à l'excellence de l'armée française.

Mais voilà, aussi doué soit-il, Napoléon n'a pas le don d'ubiquité. Alors qu'il met la pâtée aux Mamelouks, la flotte française se fait détruire par l'amiral Nelson à Aboukir. Sur treize vaisseaux, seuls deux ont pu être sauvés.

Bonaparte serre les dents et fait comme si la perte de sa flotte ne le touchait guère. Il doit administrer l'Égypte maintenant qu'il en a pris le commandement. C'est là, sur ces terres exotiques, que Bonaparte apprend à gouverner un peuple. Il comprend que l'art de diriger un pays repose sur l'autorité et l'adaptabilité. Il comprend aussi que la religion doit être utilisée comme un levier de pouvoir. Il envisage même de se convertir à l'islam pour gagner en crédibilité, mais l'idée de se faire circoncire et de renoncer au vin l'en dissuade !

Bonaparte passe presque deux ans en Égypte. Outre la pacification de la région, il chapeaute un gigantesque projet culturel, la création d'un livre qui recense toute la faune, la flore, les villes et les vestiges archéologiques de la vallée du Nil. Son contrôle de la région permet des avancées significatives en histoire et en géographie. Mais alors que Bonaparte goûte aux joies de l'exercice du pouvoir, son cœur lui fait mal. Des lettres malveillantes lui révèlent l'adultère de Joséphine avec Hippolyte Charles. En attendant de lui faire payer sa trahison, Bonaparte se console entre les bras de la Bellilote. Cette jeune femme, Pauline Fourès de son vrai nom, a suivi son mari au début de la campagne en se déguisant en homme. Elle est l'une des premières d'une liste longue d'une cinquantaine d'amantes… Napoléon était un homme qui faisait des conquêtes dans tous les domaines !

Suivant les routes des conquérants de l'Antiquité, Bonaparte monte une expédition à Jaffa. C'est – sans surprise – une victoire ! Les Français font 3 000 prisonniers… dont ils ne savent que faire. Encore une fois Napoléon va suivre l'exemple de César. Il doit se faire craindre. Il donne donc l'ordre d'exécuter tous les prisonniers. Mais les Français ne savourent pas leur victoire bien longtemps... une épidémie de peste frappe les troupes. Bonaparte prend une décision lourde de conséquences : il fait empoisonner les malades impossibles à rapatrier. Bonaparte n'a jamais fait preuve de pitié jusqu'ici. Mais là, en sacrifiant les plus faibles des siens, il montre qu'il ne laissera rien ni personne entraver sa marche vers les sommets.

En 1801, le sultan Bonaparte passe le relais à Kléber et rentre en France. Il a deux objectifs : régler ses comptes avec Joséphine et récolter les lauriers de la gloire quoi qu'il en coûte.

Du Consulat à l'Empire

Avec son sultanat d'Égypte, Bonaparte a pris goût au pouvoir. Il ne rêve maintenant que de renverser le Directoire, mais avant de monter un complot, il doit divorcer de Joséphine. Son clan applaudit des deux mains. Il sera enfin débarrassé de la vieille ! Mais Joséphine est amoureuse – ou intéressée, allez savoir. Elle rompt avec Hyppolite et supplie le Corse de lui pardonner. C'est trop tard, il a tout prévu. Il ne reste plus que les papiers à signer. Jouant le tout pour le tout, Joséphine demande à ses enfants d'intercéder en sa faveur auprès de Bonaparte... et cette fois, le Corse se laisse fléchir. Il se sent responsable de cette famille qui ne serait plus rien sans lui. Et puis, il l'aime, sa Joséphine ! C'est donc dans le lit qu'ils se réconcilient.

Voilà un problème de réglé. Maintenant, il faut achever le Consulat. Pour cela, Bonaparte se lie à Sieyès. Cet homme est l'un des accoucheurs de la République française. Il a fait partie de cette bourgeoisie qui œuvrait davantage pour confier le pouvoir aux élites en faisant croire qu'il se trouvait du côté du peuple. Sieyès est décidé à achever la Révolution qu'il a commencée en gravissant la dernière marche du pouvoir suprême. Pour y parvenir, il lui faut un bras armé et son choix se porte sur Bonaparte qui lui offre son épée...

Bon, là, on peut se questionner sur la lucidité de Sieyès, quand même. Ça se voyait gros comme un camion que Bonaparte la lui ferait à l'envers !

Toujours est-il que les comploteurs poussent les institutions du Directoire à se réfugier à Saint-Cloud pour mieux se protéger d'un éventuel coup d'État. C'est très retors tout ça ! Une fois là-bas, Sieyès, appuyé par Bonaparte, fera un coup d'État parlementaire.

Les 500 députés présidés par Lucien Bonaparte (c'est une affaire de famille, comme on dit) siègent désormais dans l'orangerie du château de Saint-Cloud. Bonaparte entre et prend la parole. Mais il a plus de talent pour haranguer les soldats que pour convaincre les députés. Ceux-ci crient au scandale face au coup d'État. Lucien tente de les rassurer en affirmant qu'il ne laisserait pas son propre frère anéantir le régime. Mais rien ne se passe comme prévu. Les soldats menés par Murat interviennent. Les députés, craignant pour leur vie, se sauvent. Certains sautent par les fenêtres du château. Rassurez-vous, l'orangerie de Saint-Cloud, c'est pas le World Trade Center. Ils sont au rez-de-chaussée. Ça ressemble plus à un poulailler en furie qu'à un coup d'État. Mais c'en est bien un et le pouvoir est confié à un triumvirat formé par Sieyès, Ducos et, bien sûr, Bonaparte.

Le 25 décembre 1799, la nouvelle Constitution est votée – frauduleusement – à une large majorité. Elle commence en ces termes : « La Révolution est fixée aux principes qui l'ont commencée : elle est finie. » Merci et Joyeux Noël ! Circulez, il n'y a rien à voir, le Corse ramène l'ordre. Sauf que pour le moment, le nouveau régime s'appelle le Consulat. En tant que Premier consul, Bonaparte concentre les pouvoirs, nomme les ministres et a l'initiative de la loi dont il débat avec un nouvel organe : le Conseil d'État.

Pendant le Consulat, tout se fait au nom du peuple mais le peuple ne participe plus à rien. La seule chose qui compte est de rétablir la paix et la concorde civile… De jolis mots pour parler du retour à l'ordre.

Pour montrer qu'il est le chef, Bonaparte s'installe aux Tuileries. Il vit avec Joséphine dans les anciens appartements de la reine et travaille dans ceux du roi. Le message symbolique est fort. La Révolution a donné naissance à un souverain, non pas de droit divin, mais au nom du mérite.

Mais dans les ors des palais, le Premier consul s'ennuie. Bonaparte a besoin du bruit des canons, de l'odeur de la poudre et du goût du sang. En 1802, après une victoire obtenue de justesse à Marengo présentée comme un triomphe à l'opinion, Bonaparte fait son premier bilan politique. Il a façonné un nouvel État puissant avec un budget à l'équilibre. Encore deux ans et le nouveau code civil achèvera son œuvre législative.

Sentant poindre sa volonté monarchique, Fouché limite, avec l'aide du Sénat, le consulat de Bonaparte à dix ans. Bonaparte riposte aussitôt et obtient un consulat à vie ! Il peut même nommer officiellement son successeur. Toutes les oppositions sont muselées. Le pays est mûr pour franchir un nouveau cap, celui de l'instauration de l'Empire. Talleyrand fait office de maïeuticien et promeut cette instauration de l'Empire comme une reviviscence de l'Empire romain glorieux, prospère et conquérant grâce à son nouveau César.

Le sacre de l'empereur des Français doit avoir lieu le 2 décembre 1804 à Notre-Dame. Le pape Pie VII est reçu à Fontainebleau en grande pompe quelques jours plus tôt car le saint homme doit présider la cérémonie… Mais coup de théâtre ! La veille du sacre, Joséphine demande une audience au souverain pontife. Pie VII sort de ce rendez-vous rouge de colère et menace de ne pas célébrer le sacre. Bonaparte tombe des nues ! Qu'a bien pu lui dire sa Joséphine pour mettre Sa Sainteté dans un tel état et compromettre cette journée dont il rêve depuis si longtemps ?

Le sacre

Pie VII hurle ! Il est plus rouge qu'une soutane de cardinal. Jamais il ne sacrera un empereur qui n'est pas marié ! Enfin… pas marié devant Dieu ! Napoléon et Joséphine ont convolé civilement, comme un bon couple de citoyens, mais ils ne sont jamais passés devant monsieur le curé. Pourquoi Joséphine lâche-t-elle cette bombe à quelques heures du sacre ? Pour consolider sa position ! Si elle est l'impératrice du cœur de Napoléon, le clan Bonaparte lui voue une haine farouche. Les sœurs du Corse n'ont de cesse de l'humilier et Letizia refuse de venir au sacre. Bref, ce jour de gloire tourne au mauvais vaudeville.

Pour calmer le pape, Napoléon épouse religieusement Joséphine à la hâte quelques heures avant le sacre. Enfin, au matin du 2 décembre, il est temps de se mettre en route en grande pompe vers Notre-Dame. Napoléon et Joséphine sont heureux comme des enfants. Les membres du clan Bonaparte ont accroché un sourire crispé sur leur visage. La cérémonie est grandiose. Napoléon, en grande tenue, est l'épicentre de cet événement. Pour montrer qu'il est l'homme le plus puissant d'Europe, il se couronne lui-même avec une réplique de la couronne de Charlemagne. Le pape n'est qu'un figurant dans cette mascarade. L'Empereur couronne ensuite son impératrice que ses sœurs, Pauline et Caroline, chahutent en tirant sur sa traîne pour la faire vaciller. C'est là que Napoléon, empereur des Français, se tourne vers son frère et lui dit en corse « Si papa nous voyait ! » Quelle ascension pour le petit garçon d'Ajaccio…

Le célèbre tableau de David fixe ce moment historique pour l'éternité. Mais avec quelques corrections ! Maman Letizia, en dépit de son absence, est représentée en bonne place dans une loge centrale. Ce n'est pas la première fois que Napoléon Ier arrange un peu les faits… ce n'est pas la dernière non plus !

Napoléon espère désormais être un monarque à l'égal de ceux des autres puissances européennes. Dans les faits, il est craint et méprisé. Craint pour ses qualités militaires, méprisé pour la bassesse de ses origines. Les Français ont fait la Révolution, ont aboli les privilèges, mais pas leurs voisins !

Napoléon organise maintenant sa cour impériale avec un mélange d'étiquette héritée de Versailles et de pragmatisme façon Saint Empire. Napoléon demeure avant tout un travailleur infatigable. Il aime gouverner, donner des ordres et se montre de plus en plus autoritaire. Son armée, la Grande Armée, désormais professionnalisée et surentraînée, semble invincible. Tout lui sourit sauf une chose. L'Empereur n'a pas d'héritier. La fourbe Joséphine lui fait croire qu'il est stérile puisque, elle, a déjà deux enfants. Mais le 13 décembre 1806, l'une des maîtresses de l'empereur, Éléonore de La Plaigne, lui fait savoir qu'elle vient d'accoucher d'un fils : Charles Léon ! Napoléon réalise qu'il peut être père. Il a beau aimer Joséphine, il ne peut pas sacrifier l'œuvre de sa vie pour ses beaux yeux. L'Aigle a besoin d'un Aiglon.

Un soir de 1809, lors d'un dîner sinistre, l'Empereur fait part de sa décision de divorcer à Joséphine. Elle hurle et s'évanouit. Elle perd à la fois un homme qu'elle admire et son statut social. Mais elle s'en tire avec une rente, la Malmaison et l'amitié inaltérable de son Napoléon.

L'Empereur choisit pour nouvelle impératrice Marie-Louise d'Autriche. Avec ses yeux à fleur de tête et ses traits épais de Habsbourg, Marie-Louise n'est pas une beauté mais elle est fraîche, docile et fertile. Napoléon s'en entiche dès qu'il la voit et accomplit son devoir conjugal avant même la célébration du mariage. Il la couve de toutes ses attentions et refuse de la laisser seule avec un homme pour être bien certain d'être le seul à ensemencer son ventre.

Le 20 mars 1811, l'impératrice lui offre son plus beau cadeau, un petit garçon tout blond titré prince impérial et roi de Rome avant même d'avoir été enroulé dans ses premiers langes.

Napoléon ne touche plus terre. Il se croit l'homme le plus puissant du monde. Il est capable de faire plier le destin à sa volonté. Mais voilà, trop d'arrogance pousse à la faute… Un faux pas terrible va venir compromettre l'ascension de l'Aigle.

L'Aigle, comme Icare, vole trop près du soleil

Napoléon a deux ennemis majeurs : les Russes et les Anglais.

En 1805, malgré une infériorité numérique et un nombre de canons bien moindre, Napoléon fait mordre la poussière aux Russes et aux Autrichiens à Austerlitz. En 1807, Eylau est une nouvelle boucherie où Napoléon l'emporte, de justesse cette fois. Il y a tant de sang sur la neige que même les soldats en sont dégoûtés. Quelques mois plus tard, l'Empereur remporte une victoire décisive à Friedland. Le tsar Alexandre Ier est contraint de rencontrer Napoléon pour signer un traité avec lui à Tilsit le 7 juillet 1807. La rencontre se fait dans la plus grande discrétion. Alexandre, drapé d'hypocrisie, se montre affable. Napoléon accepte de lui laisser envahir la Finlande s'il participe au blocus contre l'Angleterre.

Voilà la chose qui obsède Napoléon depuis 1806. Étrangler les Britanniques dont l'empire est florissant, se venger de ceux qui ont coulé la flotte française à Aboukir, faire plier la perfide Albion face à sa grandeur. Pour que le blocus qu'il a décrété soit efficace, tout le continent doit le suivre et Napoléon est prêt à l'imposer par la force.

L'Empereur croit maintenant avoir un partenaire en la personne du tsar. La majorité de l'Europe de l'Est pratique le blocus. Mais à l'ouest, on résiste toujours à sa volonté.

Napoléon fait occuper le Portugal le 30 novembre 1807. Il se sert de la Lusitanie comme d'un marchepied pour la conquête de l'Espagne alors que les Bourbons d'Espagne étaient censés être ses alliés. En réalité, aucune alliance ne résiste à sa volonté de conquête. La France est devenue trop petite pour lui.

Le 23 mars 1808, Murat occupe Madrid au nom de Napoléon. Le clergé, antifrançais depuis le mauvais sort que la Révolution a réservé aux prélats, exhorte les Espagnols à résister. Toutes les insurrections sont matées dans le sang. Le peintre Francisco Goya immortalise la violence des Français dans ses toiles tourmentées. Son tableau intitulé *Tres de mayo*, évoque la répression de la révolte espagnole matée le 3 mai 1808. Les troupes de Napoléon tirent sur les prisonniers désarmés. Plusieurs d'entre eux gisent déjà dans une mare vermillon. Un Espagnol, les bras ouverts en signe d'impuissance, attend la mort. Ses vêtements clairs captent toute la lumière du tableau. On ne sait pas si son expression évoque la piété ou la résignation. Cette fois, Napoléon est allé trop loin. Il n'a jamais eu aucun scrupule mais là, il semble avoir perdu la raison.

Depuis les autres pays européens, Napoléon est perçu comme un homme dangereux. Il n'œuvre plus à la grandeur de la France mais à la prise du continent. La France compte 134 départements dont 47 étrangers situés dans des pays voisins. Eugène de Beauharnais est vice-roi d'Italie (Napoléon en est roi, il ne faudrait pas oublier que c'est lui le patron). Joseph Bonaparte dirige l'Espagne, Jérôme la Westphalie, Murat et son épouse la jolie Caroline Bonaparte sont roi et reine de Naples. Et pour finir, de l'Autriche à la Prusse, tout le monde est allié à Napoléon.

L'Empereur a conscience de la fascination qu'il exerce sur toute l'Europe. Il se vénère lui-même. Parce qu'il le vaut bien !

Il passe pour un être retors, redoutablement intelligent, toujours en représentation, n'agissant que pour produire un effet bien précis sur son entourage. Napoléon, le général génial, est devenu un monstre narcissique à sang froid jamais rassasié d'honneurs, ivre de sa propre hybris.

Si l'armée continue à adorer son leader, le peuple est lassé. Trop de gens vivent dans l'indigence. Trop d'hommes ont vocation à devenir soldats malgré eux et les impôts sont trop élevés.

Ça c'est une constante dans l'Histoire. Quand les impôts sont trop hauts, c'est la révolte assurée.

Dans le reste de l'Europe, la situation est tout aussi tendue. Les alliés de Napoléon ne rêvent que de se libérer de son joug.

Le 15 août 1811, Napoléon fête la Saint-Napoléon. Gloire à lui-même ! Son anniversaire est devenu une fête nationale. Mais, même si tous les ambassadeurs européens l'entourent pour ce moment joyeux, la tension est palpable.

Napoléon fixe de son regard impitoyable le prince Alexandre Kourakine, l'ambassadeur de Russie à Paris. L'air mauvais, il s'avance vers lui et…

Et ce qu'il lui dit va faire basculer l'histoire de l'Europe !

NAPOLÉON
– 2 –

La chute de l'Empereur

Il était au sommet… Il avait conquis le pouvoir après le coup d'État du 18 Brumaire, s'était sacré lui-même empereur en la cathédrale Notre-Dame de Paris, avait vaincu les armées coalisées des monarchies européennes, comme lors de la fameuse bataille d'Austerlitz, et installé son autorité sur tout le continent en plaçant les membres de sa famille à la tête de royaumes satellites de la France… Il avait assuré sa descendance en répudiant l'impératrice Joséphine et en épousant en secondes noces une archiduchesse autrichienne, Marie-Louise, qui lui avait donné l'héritier qu'il espérait tant… Bref, en ce 15 août 1811, Napoléon est au top du top. Pour ses partisans, il est l'Aigle, le nouveau maître du monde, mais pour ses ennemis, en particulier les Anglais, il reste l'Ogre, l'Usurpateur, l'homme à abattre.

Soit. Napoléon a un compte à régler avec les Anglais. Mais pourquoi, en ce 15 août 1811, s'en prend-il à l'ambassadeur de Russie ?

Ce 15 août 1811, à l'occasion de la célébration de la Saint-Napoléon, vers midi, après avoir reçu dans la salle du trône des Tuileries les vœux des grands dignitaires, des plus hauts personnages de l'État et des membres du corps diplomatique, il s'approche brusquement d'un groupe au milieu duquel se trouve le prince Kourakine.

– Vous nous apportez des nouvelles ? s'enquiert-il.

L'ambassadeur du tsar répond évasivement. Napoléon hausse alors le ton afin d'être entendu de toute l'assistance et passe en revue tous les motifs qui l'opposent au tsar : le blocus, les taxes sur les produits français importés en Russie, l'affaire d'Oldenbourg et surtout la question polonaise.

Si le tsar veut la guerre, insiste-t-il, il la lui fera, sans haine mais avec détermination. Il fait cependant remarquer à son interlocuteur que son pays n'a pas d'alliés, que la Prusse et l'Autriche ne sont pas en état de combattre efficacement, que l'Angleterre, comme toujours, restera sur son île, alors que la France aura tout le continent européen derrière elle.

Et pour terminer cette diatribe qui a duré quarante minutes, Napoléon, pour qui il n'y a pas d'autre issue à la situation actuelle que l'alliance ou la guerre, conclut :

– Quant à s'arranger, j'y suis disposé. Avez-vous des pouvoirs pour traiter ? Si oui, j'autorise tout de suite une négociation.

Blême, transpirant à grosses gouttes, Kourakine se contente de répondre qu'il n'est pas autorisé à prendre une telle responsabilité et qu'il va rendre compte de cette conversation à son gouvernement. Autour de lui, c'est la consternation : tout le monde a compris que la guerre était inévitable et le soir même les ambassadeurs en poste à Paris adressent des dépêches dans ce sens à leurs cours.

Cet esclandre sert en fait de prétexte à Napoléon pour affronter l'autre géant du continent, la Russie, qui, selon lui, ne respecte pas le traité de Tilsit, signé en 1807, et qui vise à imposer un blocus continental à l'Angleterre. À trente-huit ans, Napoléon se croit invincible et s'apprête à envahir la Russie.

Bien mal lui en a pris. Car plus on s'élève et plus dure sera la chute. Et c'est ce que nous allons voir tout de suite.

La campagne de Russie

À l'été 1812, l'empereur des Français se présente sur les rives du Niémen, à la tête de 680 000 hommes, la plus grande armée jamais levée. À ce moment-là, il est encore disposé à négocier. En fait, il veut surtout effrayer le tsar Alexandre Ier, dans l'espoir d'une issue pacifique. Mais ses offres de paix restent lettre morte. Le tsar l'ignore. Napoléon décide alors de franchir le Rubicon. La Russie ne comprend que le langage du canon ! Mais si Napoléon a l'avantage du nombre, les Russes, eux, ont celui d'un terrain aussi hostile qu'immense.

Au début de la campagne, les Français entrent en Russie comme un couteau dans du beurre. La progression est fulgurante, car l'armée du tsar ne fait que se dérober. Les généraux russes, comme Koutouzov, refusent une confrontation directe avec la Grande Armée. Ils n'en ont pas encore les moyens. Les marches sont épuisantes sur ces immenses plaines où les Français souffrent de la canicule. Ils ont trop chaud, dans un premier temps. Mais ça ne va pas durer. Ils ne le savent pas encore, mais bientôt, ils vont se geler les miches ! De terribles orages éclatent. Les maladies font des ravages dans les rangs français, qui perdent beaucoup de chevaux, mais rien n'entrave leur progression vers Moscou. Seulement les Russes adoptent la tactique de la terre brûlée, déjà employée jadis avec succès par Pierre le Grand contre Charles XII de Suède. En gros, avant de quitter un lieu, on se retire, on détruit toute ressource nutritive du sol pour affamer l'ennemi. Et en effet, les Français ont de gros problèmes de ravitaillement. Il ne faudrait pas que ça dure trop longtemps, cette affaire russe… Mais Napoléon reste confiant : quand il aura pris Moscou, Alexandre n'aura pas d'autre choix que de capituler, croit-il…

Après tant d'esquives et d'escarmouches, l'affrontement inévitable finit par avoir lieu à Borodino, au bord de la rivière Moskova, aux portes de Moscou. Enfin, Napoléon tient sa bataille. C'est l'heure de vérité. Le combat fait rage avec une violence inouïe. C'est une pluie de métal, un orage de poudre, un tonnerre de feu. Cent vingt mille coups de canon sont tirés. Les pertes sont lourdes dans les deux camps. C'est un carnage mais les Français remportent la victoire. Celle-ci n'est pourtant pas décisive, car les Russes sont parvenus à se retirer en bon ordre. Néanmoins, ils sont contraints de laisser le champ libre aux Français qui envahissent Moscou.

La ville a été évacuée quelques heures auparavant sur les ordres du gouverneur Rostopchine. Napoléon prend ses quartiers au Kremlin, dans les appartements désertés par le tsar, réfugié à Saint-Petersbourg. Il l'attend de pied ferme. Mais Alexandre fait la sourde oreille et refuse de s'asseoir à la table des négociations. Qu'attend-il ? Qu'il neige ? Eh bien exactement : il attend l'hiver ! Il veut avoir les Français à l'usure. Les jours passent dans cette ville fantôme aux clochers bulbeux. Et soudain, dans la nuit du 14 septembre 1812, un gigantesque incendie est allumé, sur ordre de Rostopchine, transformant la capitale en énorme brasier. Les neuf dixièmes de la ville partent en fumée. Incroyable ! Les Russes sont prêts à sacrifier leur ville sainte pour affamer l'ennemi… Faut être sacrément déterminé ! Napoléon doit rebrousser chemin, d'autant plus que les premiers signes d'un hiver cruel s'annoncent avec précocité. C'est alors que commence une pénible marche retour par le même itinéraire emprunté à l'aller. Mais cette fois, Koutouzov se lance à la poursuite des Français. l'arrière-garde française est constamment harcelée par les terribles cosaques qui rôdent comme des vautours, fondent sur les soldats à la traîne et se livrent aux pires atrocités.

À cela s'ajoutent le manque de vivres et les frimas de plus en plus cinglants. Après le brasier de Moscou, la Grande Armée sombre dans un enfer de glace. À Smolensk, le thermomètre chute jusqu'à moins 30 degrés. Le froid colle les lèvres et gèle les membres. Celui qui s'assoupit ne se réveille pas. La faim tenaille les ventres. Les soldats les plus chanceux se disputent des carcasses de chevaux. Les plus désespérés se livrent au cannibalisme… C'est l'horreur absolue.

La Grande Armée, ou plutôt ce qu'il en reste, parvient quand même fin novembre sur la rive est de la Bérézina, près de Minsk. Elle échappe par miracle à l'anéantissement total en franchissant les eaux gelées de la rivière. Napoléon laisse le commandement à Murat et regagne Paris en urgence, car on l'a informé d'une tentative de coup d'État. Eh oui, son trône vacille. L'empereur des Français entrevoit une cruelle vérité du pouvoir : du triomphe à la chute, il n'y a qu'un pas.

La campagne de France et l'abdication

Après la désastreuse retraite de Russie, l'Empire est aux abois. Napoléon parvient encore à battre les Prussiens en mai 1813, mais la défaite de Leipzig sonne le glas du Grand Empire. La Sixième Coalition dresse toute l'Europe contre la France. Cerné d'ennemis, Napoléon doit livrer bataille sur le territoire français, à la tête d'une Grande Armée fantomatique, renouvelée par de jeunes recrues inexpérimentées, que l'on surnomme les « Marie-Louise », en hommage à l'impératrice. C'est pourtant l'une des plus belles campagnes de Napoléon. Il arrache des victoires dans une série de batailles éclairs : Champaubert, Montmirail, Montereau… Il jette toutes ses forces dans la bataille, comme à Arcis-sur-Aube, où il fait tout pour mourir les armes à main. Mais, dit-il, « le boulet qui doit me tuer n'est pas encore fondu ». Cependant, malgré ses victoires sans lendemain, l'Empereur, seul contre tous, ne peut contenir l'avancée de l'ennemi, qui parvient aux portes de Paris. Tout le monde le trahit. Talleyrand, lui c'est normal, il est passé maître dans l'art de retourner sa veste. Mais Murat, à qui Napoléon a donné le trône de Naples et sa sœur en mariage, c'est plus dur à avaler. On n'est jamais trahi que par les siens.

Napoléon trouve refuge à Fontainebleau. Que faire avec 50 000 hommes face à 350 000 soldats alliés ? Il pourrait déclarer la patrie en danger, sonner le tocsin et s'ensevelir sous les ruines de son empire. Mais ce serait peine perdue. Les alliés occupent Paris, rappellent les Bourbons et exigent son abdication. Après vingt jours de tergiversations, Napoléon accepte de la signer le 11 avril 1814, au château de Fontainebleau. Faute de pouvoir mourir les armes à la main, il veut mourir en Romain, maître de son destin. Mais la fiole de poison ne suffit pas à le terrasser. La mort, décidément, ne veut pas de lui. Napoléon doit prendre le chemin de l'exil. Destination l'île d'Elbe, au large des côtes italiennes. L'émotion le submerge lorsque vient le jour de faire ses adieux à la Garde. Il descend le grand escalier. Les trompettes sonnent *Pour l'Empereur*. Les tambours battent *Aux champs*. Napoléon délivre les hommes de leur serment. Des larmes roulent sur les joues de ses fidèles grognards jusqu'à leurs vieilles moustaches. Napoléon embrasse leur drapeau et monte dans une berline, la mort dans l'âme. Mais il y a des morts dont on revient et des adieux qui ne sont que des au-revoir.

Pendant ce temps, Louis XVIII est monté sur le trône, ouvrant une première Restauration de la monarchie. Tandis que les alliés redessinent l'Europe au congrès de Vienne, Napoléon, lui, débarque sur l'île d'Elbe le 3 mai 1814. C'est une petite île de 27,5 km de long sur 18 de large, peuplée de 18 000 habitants. Un caillou comparé à son vaste empire d'hier ! Neuf cents soldats de la Garde le rejoignent, ainsi que des généraux, dont Drouot et Cambronne. Une vie de cour s'organise autour de Napoléon à qui on a laissé le titre d'Empereur. Napoléon s'occupe comme il peut en réformant les institutions de l'île. Il modifie le droit, entreprend la construction de nouvelles routes, fait construire un lazaret, fait planter des arbres, redessine les jardins, modernise l'adduction d'eau. Il réforme, supervise, inspecte, il ordonne ! Il fait du Napoléon en miniature. Il participe même à la traditionnelle pêche au thon. Bref, il ne tient pas en place. En vérité, il fait tout pour tromper l'ennui…

On célèbre son anniversaire, le 15 août 1814, par un bal et un feu d'artifice tiré devant deux cents invités. Napoléon a quarante-cinq ans. Le climat est doux et l'air parfumé. Loin des affaires, loin des guerres, Napoléon se refait une santé. Il passe de longues heures sur la côte rocailleuse, observant sa chère Corse qui, par beau temps, se détache sur l'horizon. Il pourrait s'arrêter là et profiter d'une vie paisible. Mais, l'oisiveté, c'est pas son truc ! Le sentiment d'une mission inachevée lui laisse un goût amer et le plonge dans d'indicibles langueurs quand le soleil se couche et que le silence se fait. Cependant, l'espoir renaît en lui lorsque des nouvelles de Paris lui parviennent en secret. Louis XVIII ne fait pas l'unanimité. Les soldats, qui hier encore étaient tout, sentent aujourd'hui qu'ils ne sont plus rien. Des voix déçues s'élèvent et déplorent son exil. Mieux, elles réclament son retour. Les vœux de l'armée le rappellent. Son destin doit s'accomplir. Napoléon prend une folle décision : agir, c'est-à-dire, revenir ! Ce sera quitte ou double. Il risque gros, mais il aime jouer sa vie sur un coup de dé. N'a-t-il pas déclaré un jour : « Quand on veut, on peut et quand on peut on doit » ?

Les Cent-Jours

L'île d'Elbe est un nid d'espions. Les Anglais, pas fous, ont dans l'idée d'éloigner Napoléon sur une île perdue au milieu de l'Atlantique : Sainte-Hélène. Eh oui, ils sentent le coup fourré. Il faut agir sans tarder.

Dans la nuit du 28 février 1815, en effet, à la faveur de l'obscurité, Napoléon parvient à tromper la vigilance des frégates anglaises en s'embarquant sur une goélette bien nommée, l'*Inconstant*. Le 1er mars 1815 au matin, accompagné de son état-major et suivi de 1 200 soldats, dont 900 grenadiers, il jette l'ancre à Golfe-Juan, une bourgade de pêcheurs. Après trois cents jours d'exil, le voici de retour. C'est le début des « Cent-Jours », soit les derniers feux de l'épopée impériale. Il a ordonné au général Cambronne, qui commande l'avant-garde, de ne tirer aucun coup de fusil, car il mise sur sa popularité encore vive, comme sur l'effet de surprise et sur la rapidité, pour réussir sa reconquête. « Français, j'arrive parmi vous reprendre mes droits qui sont les vôtres ! L'Aigle, avec les couleurs nationales, volera de clocher en clocher jusqu'aux tours de Notre-Dame », proclame-t-il avec panache. Eh oui, il a eu le temps de préparer ces mots pour la postérité ! Le vol de l'Aigle, selon la formule consacrée, dure une vingtaine de jours, sans incident, grâce à un itinéraire soigneusement étudié, qui emprunte les Alpes, pour éviter la Provence, terre royaliste qui lui est hostile. Louis XVIII, égal à lui-même, tarde à réagir. En vérité, pour lui, il est déjà trop tard. Une monarchie de mille ans est bien tombée en trois ans. Comment une Restauration d'à peine onze mois pourrait-elle résister à cette marche triomphale ? Même le maréchal Ney, qui avait pourtant juré de le ramener dans une cage de fer, se rallie à son tour. Murat aussi. Les vestes se retournent avec souplesse. Napoléon pardonne, il ne peut guère faire autrement. Il a besoin de tout le monde, car les défis qui s'annoncent sont rudes.

Les acclamations le précèdent et lui pavent la route jusqu'à la capitale. Louis XVIII, rongé par la goutte, s'enfuit quelques heures avant son arrivée, sans demander son reste. Accueilli par une foule en liesse, Napoléon retrouve son palais des Tuileries et son trône. Il doit immédiatement remettre les affaires en ordre, sans perdre une minute. Il doit redevenir ce qu'il a été. Et ce malgré le poids des années. Il travaille comme un forcené, le jour, la nuit. Il fait flèche de tout bois. Il est urgent de redonner vie à la Grande Armée, car ses ennemis, il le sait, ne lui laisseront aucun répit. Napoléon est condamné à la guerre à perpétuité. Il faut vaincre ou mourir, encore et toujours.

En effet, la coalition de ses ennemis réagit aussitôt après son retour. Elle ne lui reconnaît bien sûr aucune légitimité et le désigne comme une menace pour l'équilibre européen accouché au congrès de Vienne. La guerre est inévitable. La France est seule contre le reste de l'Europe. À l'évidence, Napoléon ne peut pas battre toute la coalition. Elle compte au moins cinq fois plus de soldats. l'Aigle doit faire un coup d'éclat. Il veut provoquer un choc, une victoire fulgurante, qui laisserait l'ennemi suffisamment étourdi, sidéré, pour qu'il accepte de s'asseoir à la table des négociations. Il décide de frapper le premier.

Napoléon prend donc les devants et part attaquer la Belgique où cantonnent l'armée anglo-néerlandaise commandée par Wellington et l'armée prussienne commandée par Blücher. L'empereur des Français espère les battre séparément, se rendre maître de Bruxelles et contraindre les alliés à la négociation. Après plusieurs victoires, il veut livrer la bataille décisive, à vingt kilomètres au sud de Bruxelles, non loin du lieu-dit Mont-Saint-Jean, près d'une petite ville nommée Waterloo…

Waterloo

C'est donc en Belgique que va se jouer le sort de Napoléon, et celui de l'Europe. Alliés aux Anglais, les Prussiens sont de la partie, avec le général Blücher à leur tête. Napoléon veut éviter à tout prix la jonction des deux armées, sans quoi la victoire serait hors de portée. Il compte appliquer sa stratégie qui a toujours fonctionné depuis la première campagne d'Italie, soit une manœuvre sur position centrale. Ça paraît technique mais c'est très simple. Il s'agit de se faufiler entre les deux armées, fondre sur la première, la mettre hors d'état de nuire, puis se retourner et régler le compte de l'autre armée. En somme, les battre coup sur coup. Tout repose sur la vitesse. Et peut-être, disons-le, un peu de chance. On est toujours forcé de donner quelque chose au hasard, dira un jour Napoléon. Bref, il s'en remet à sa bonne étoile.

Dans les premiers jours de la campagne, le plan fonctionne à merveille. Le 16 juin, l'armée prussienne est battue à Ligny. Napoléon ordonne au maréchal Grouchy et à ses troupes de prendre en chasse sa retraite, avant de revenir à ses côtés pour l'affrontement décisif contre les Anglais. En fait d'Anglais, ce sont surtout des soldats hollandais, originaires du Hanovre, du Brunswick et du Nassau. Mais les Anglais sont là aussi, en faible proportion. Pour la première fois, Napoléon va affronter son pire ennemi en personne.

Le jour s'est levé. L'heure est venue. Napoléon n'a pas super bien dormi. Il a pris froid, à cause des terribles orages qui ont détrempé la plaine. Et puis, comment dormir lorsque l'on joue sa destinée le lendemain ? Imaginez la dose de stress… Mais il doit faire face. Il ne veut pas engager le combat dès l'aube, car il faut laisser au champ de bataille le temps de sécher, afin que les boulets de canon puissent ricocher. Les Français comptent

72 000 soldats et 260 canons contre 80 000 Anglo-Hollandais et 180 pièces d'artillerie. Avec les Prussiens en fuite, et bientôt l'aide du maréchal Grouchy et ses 33 000 hommes, la victoire est à sa portée. Ce sera l'affaire d'un déjeuner, croit Napoléon.

Il donne enfin l'ordre d'attaquer en fin de matinée. L'aile gauche de la Grande Armée se bat vaillamment mais les Anglais défendent bien leurs positions et usent impitoyablement du canon. C'est à croire que les ennemis de Napoléon ont appris à se battre après toutes les leçons militaires qu'il leur inflige depuis vingt ans ! Wellington ne fait pourtant que se défendre. Il ne fait qu'attendre et s'accrocher à ses positions sur le plateau comme une moule à son rocher. Qu'attend-il, se demande Napoléon ? Eh bien, tout simplement, il attend le secours des Prussiens.

Napoléon parvient à arracher des positions à l'ennemi, au prix de charges très sanglantes. Il croit tenir sa victoire mais les grognards essuient un feu nourri et sont repoussés au moment où ils prenaient enfin position sur le plateau. Le sort semble s'acharner contre lui. Il se demande ce que fait le maréchal Grouchy dont il attend d'urgence les renforts pour échapper au désastre. Soudain, un nuage de poussière se soulève à l'horizon. Voilà Grouchy et son armée… jubile Napoléon. Eh bien non ! Fausse joie. Ce n'est pas Grouchy ! C'est l'armée de Blücher ! Grouchy tarde en dégustant des fraises, dira la légende, fausse mais qui a donné la savoureuse expression « Être aux fraises ». Quoi qu'il en soit, 50 000 Prussiens font irruption sur le flanc droit et prennent les Français à revers. La Grande Armée est submergée. À la tombée du soir, la ligne craque. La bataille est perdue.

Des milliers de morts et de blessés jonchent le champ de bataille. C'est une vision d'apocalypse. Napoléon doit regagner Paris au plus vite, où les chambres des députés sont en ébullition et réclament son abdication. Louis XVIII prépare déjà ses valises pour récupérer son trône. Le bal des girouettes recommence. Les vestes se retournent encore. Paris capitule. C'est fini. Napoléon espère s'installer aux États-Unis d'Amérique, pour démarrer une nouvelle carrière de paisible scientifique. Mais les Anglais ne l'entendent pas de cette oreille. Ils ont enfin pris l'Ogre au collet, alors pas question de le lâcher. Ils le retiennent prisonnier et l'informent sèchement de leur décision de le déporter au fin fond de l'Atlantique Sud, sur une petite île d'où il ne pourra plus jamais s'échapper : Sainte-Hélène.

Sainte-Hélène

L'Empereur déchu débarque sur l'île de Sainte-Hélène le 16 octobre 1815, avec une poignée de compagnons d'exil, sous l'étroite surveillance des Anglais, ses ennemis de toujours. Malgré l'isolement de cet îlot rocailleux perdu au milieu de l'Atlantique Sud, ils redoutent une évasion de leur illustre prisonnier. Le voilà sur un rocher, Aigle aux ailes brisées, Prométhée enchaîné, aux confins de la Terre. À la tête d'une petite garnison, le gouverneur de l'île, Hudson Lowe, est le geôlier de Napoléon, qu'il déteste – et c'est réciproque –, s'obstinant à l'appeler « général Bonaparte » pour mieux l'humilier. C'est dans la maison rustique de Longwood, battue par le vent du large, que l'Empereur vit ses derniers jours, dans un climat étouffant, à la fois chaud et humide, retranché avec un carré de fidèles, rongé par la maladie et l'amertume. Dans cette cour d'opérette, il règne une sinistre atmosphère de jalousie et de coucheries. Chacun espère profiter de l'héritage, comme le général Montholon, qui laisse sans vergogne sa femme Albine satisfaire les pulsions de son Empereur à la tombée de la nuit…

Napoléon tente de s'occuper comme il peut. Il bouquine, il jardine, il trépigne... Il est de plus en plus amer. Et il y a de quoi ! Car l'aventure impériale se termine vraiment très mal... Par le traité de Paris, signé le 20 novembre 1815, les alliés imposent à la France des conditions bien plus sévères que lors de la première abdication. La France perd la Savoie, le comté de Nice et plusieurs places fortes dans le Nord et l'Est. Elle doit verser une lourde indemnité de 700 millions de francs et subir l'occupation d'une partie du territoire par des troupes étrangères. Le bilan de Napoléon est donc très mitigé. L'historien Jacques Bainville écrira un jour : « Sauf pour la gloire, sauf pour l'art, il eût probablement mieux valu qu'il n'eût pas existé. » Bon c'est peut-être un peu sévère, car il ne faut pas négliger le code civil et toutes les réformes du Consulat. Bref, il ne faut pas jeter le bébé avec l'eau du bain. Mais il est vrai que la promesse d'un Empire français rayonnant sur l'Europe a tourné en un incroyable désastre.

Au crépuscule de sa vie, Napoléon est-il rongé par ce terrible constat d'échec lors de ses promenades sous surveillance ? Sans doute. Car même s'il essaie d'écrire sa propre légende en dictant ses mémoires à Emmanuel de Las Cases – le fameux *Mémorial de Sainte-Hélène*, dans lequel il rejette toujours sa responsabilité sur les autres, allant jusqu'à faire de Waterloo une « glorieuse défaite » –, Napoléon se laisse parfois aller en privé à d'amères confessions. « Au fond, j'ai été mon unique ennemi. Personne, excepté moi-même, ne m'a fait de mal. Mes propres projets ont été les causes de ma ruine », dit-il. Eh oui, il y a du vrai là-dedans. Napoléon a sans doute vu trop grand. Il a succombé à la folie des grandeurs, à l'hybris, ce péché d'orgueil et de démesure contre lequel la mythologie grecque nous met en garde. Il aurait peut-être sauvé son empire en faisant quelques concessions. Peut-être aurait-il dû tricher, louvoyer, temporiser, à l'anglaise quoi. Mais Napoléon ne tergiverse pas. Ce n'est pas dans sa nature. Sans cette obstination forcenée, Napoléon n'aurait pas été Napoléon. « Les hommes de génie sont des météores destinés à brûler pour éclairer leur siècle », dit-il, comme pour mieux se consoler lui-même.

Mais Napoléon reste lucide, au point de formuler cette vision prophétique, quelques mois avant que la mort l'emporte, au soir du 5 mai 1821 et que je vous livre en guise de conclusion : « L'Europe ne formera bientôt plus que deux partis communs : on ne s'y divisera plus par peuples et par territoires ; mais par couleur et par opinion. Et qui peut dire les crises, la durée, les détails de tant d'orages ! Je ne pense pas qu'après ma chute et la disparition de mon système, il y ait en Europe d'autre grand équilibre possible que l'agglomération et la confédération des grands peuples. Tout cela, je ne le verrai pas… »

SARAH BERNHARDT

Diva divine

La femme que je vais vous présenter est un « monstre sacré », et c'est pour elle que Jean Cocteau a inventé cette expression ! Pour Victor Hugo, elle est « la Divine ». Le peintre Mucha, quant à lui, a souvent représenté son visage encadré de folles boucles rousses… Elle est la première star internationale et la première influenceuse bien avant les réseaux sociaux. Et elle est française ! Cette actrice de génie n'est autre que l'inénarrable Sarah Bernhardt, la plus grande comédienne de théâtre de tous les temps.

Mademoiselle « Quand même ! »

Quand Sacha Guitry était petit, le dimanche, il allait avec sa mère saluer « Notre-Dame du théâtre ». Il faut dire que Sarah Bernhardt, c'était un monument national !

Sarah est née en 1844… enfin, on n'en est pas bien sûr. Son acte de naissance a brûlé avec l'hôtel de ville de Paris pendant la Commune en 1871 et, connaissant la diva, elle a dû en profiter pour se rajeunir. Sa mère s'appelle Judith-Julie Bernhardt. On la surnomme Youle. C'est une très belle courtisane juive d'origine hollandaise. Elle fait tourner les têtes du Tout-Paris, si bien qu'on ne sait pas trop qui est le père de la petite Sarah. Évidemment, la belle Youle, seulement âgée de seize ans lorsqu'elle devient mère, ne peut pas travailler avec sa petite fille dans les pattes, alors elle l'envoie en nourrice en Bretagne, à Quimperlé. Youle n'aura jamais une grande affection pour Sarah. Elle ne la trouve pas jolie. Sarah Bernhardt sera toute sa vie maigrichonne et sa tignasse rousse et crépue est impossible à coiffer. C'est peut-être parce que Youle l'aimait si mal qu'une fois adulte, Sarah voudra tant plaire au public.

Heureusement, la petite Sarah trouve un peu d'amour dans les bras de sa nourrice. Elle a le teint si pâle que la Bretonne la surnomme « Fleur de lait ». Mais attention, super nanny n'a pas encore révolutionné les mœurs de la garde d'enfant. Un jour, la nourrice est obligée de s'absenter pour aller au champ et elle installe la petite dans une chaise haute près de l'âtre. Sarah, du haut de ses trois ans, a bien l'intention de partir en balade, alors elle se débrouille pour enlever la sécurité de la chaise et saute par terre. Sauf que souvenez-vous, elle est à côté du feu… Eh oui, le feu, ça brûle ! Son père nourricier, alors cloué au lit par un lumbago, se met à hurler, les voisins rappliquent et sortent de la cheminée la petite Sarah toute roussie. On la plonge immédiatement dans un seau de lait puis on applique du beurre sur ses brûlures tous les jours pendant deux ans jusqu'à cicatrisation complète. Par miracle, Sarah n'aura aucune séquelle de cet accident mais vous aurez compris que son destin s'annonce quand même extraordinaire !

« Quand même ! » C'est sa devise et c'est à neuf ans qu'elle la choisit. Alors qu'elle gambade avec un cousin dans la campagne, celui-ci la met au défi de franchir un large fossé d'un seul bond. La provoc', ça marche bien avec Sarah. Évidemment, elle y parvient mais se blesse aux jambes et se casse le poignet. Alors que sa famille la soigne en la grondant gentiment, elle s'écrie : « Je recommencerai quand même si on me défie ! » À neuf ans, la mouflette annonce la couleur : têtue, fière et *no limit*. Ça promet.

C'est une exaltée, Sarah. Adolescente, quand elle imagine sa vie d'adulte, elle se voit bonne sœur, sauf que maman ne l'entend pas de cette oreille. Ça rapporte pas d'argent les monastères. Alors que sa fille a tout juste quinze ans, Youle réunit un conseil de famille où sont présentes ses sœurs, courtisanes elles aussi, et des amis de ces dames parmi lesquels le duc de Morny, le demi-frère illégitime de Napoléon III. C'est lui qui a l'idée de placer Sarah au Conservatoire. Sarah, ça ne l'emballe pas du tout mais voilà, la décision est prise et le soir même, on l'emmène à la Comédie-Française, le temple du théâtre parisien. Ce soir-là, on joue *Britannicus* de Racine. L'un des plus grands chefs-d'œuvre du répertoire du Français. Pour l'heure, les vers de Racine, ça lui passe au-dessus de la tête, à Sarah. En revanche, elle a un coup de foudre pour le théâtre, le lieu, les colonnes, le velours rouge, les lumières. Ça y est, elle le sait, elle veut être une princesse et le Français sera son château.

À partir de ce jour, tous les amis de Youle envoient des livres à Sarah : Molière, Racine, Corneille, tous les classiques. Mais ça lui tombe des mains. Sarah, un peu monomaniaque, n'aime qu'un seul auteur : La Fontaine !

Quelques jours plus tard, elle est reçue par monsieur Auber, le directeur du Conservatoire, à la demande du duc de Morny. Quand le vieux lui demande si elle aime le théâtre, elle répond : « Non, monsieur ! » Ça jette un froid… Mais bon, comme elle est envoyée par le duc de Morny, on cale une date pour son audition. Après quelques cours de diction assez peu prometteurs, Sarah se présente au concours du Conservatoire. Elle monte sur une estrade devant le jury et commence à réciter… une fable de La Fontaine.

Elle se fait tacler direct par un comédien de la Comédie-Française, on n'est pas en classe ici. Mais les autres membres du jury l'encouragent à continuer. Non, c'est pas de la bienveillance, c'est la protégée du duc de Morny, c'est du piston. Et voilà Sarah qui continue :

« Deux pigeons s'aimaient d'amour tendre… »

À la fin du poème, on lui annonce qu'elle est reçue. Le résultat n'est jamais annoncé à la fin de l'audition. C'est une exception pour elle. Morny a dû y mettre le prix !

Sarah est alors une sorte de diamant brut. Elle a un truc mais elle ne sait pas encore s'en servir. Comme elle est fière et veut vraiment avoir du succès pour aller au théâtre et recevoir l'amour du public, elle travaille d'arrache-pied et sort du Conservatoire avec un second prix de comédie.

Peu après, Sarah est convoquée au Français. Elle va faire son entrée dans ce théâtre dont elle a tant rêvé mais les choses ne vont pas se passer exactement comme elle l'imaginait.

Le Français

En entrant à la Comédie-Française, Sarah Bernhardt se fait la promesse de devenir quelqu'un ! Elle sera elle-même l'œuvre de sa vie ! Le melon, la meuf… mais faut être honnête, tu deviens pas une diva si t'es pas un minimum égocentrique.

Enfin, en septembre 1862, des affiches placardées à la Comédie-Française annoncent « les débuts de mademoiselle Sarah Bernhardt » dans *Iphigénie* de Racine. Les petits rôles s'enchaînent. Les critiques sont bonnes mais pas dithyrambiques non plus. On sent qu'il y a du potentiel mais il faut bosser, quoi ! Tout le monde s'attend à ce qu'elle devienne sociétaire du plus prestigieux théâtre de France, mais c'était compter sans le drame qui va arriver…

Chaque année à la Comédie-Française, les comédiens viennent saluer en procession le buste de Molière le jour de son anniversaire. C'est une petite sauterie plutôt sympa entre gens de la maison. Ce jour-là, Régina, la petite sœur de Sarah, insiste pour accompagner sa grande sœur. Sarah, ça ne l'emballe pas, mais Régina est tellement mignonne avec ses longs cheveux dorés et son visage d'ange… On ne peut rien lui refuser. Et voilà les deux sœurs qui avancent main dans la main pendant la procession en l'honneur de Molière. Devant elles marche madame Nathalie, une vieille sociétaire du théâtre. Imaginez la version diabolique de la Castafiore !

Régina marche accidentellement sur la traîne de la robe de madame Nathalie. La vieille actrice se retourne et envoie valdinguer la gamine, qui se cogne contre une colonne et tombe au sol à moitié sonnée, le visage en sang.

Et là, le sang de Sarah ne fait qu'un tour… elle se jette sur madame Nathalie et la gifle.

On est à la Comédie-Française, que voulez-vous, alors quand les sociétaires jouent un psychodrame, ils y vont à fond ! Madame Nathalie fait mine de s'évanouir. De son côté, Régina assure que « la grosse vache l'a ruée pour rien ». Oui la gamine parle comme un charretier, c'est Sarah elle-même qui le dit. Le problème, c'est que Sarah, en giflant madame Nathalie, vient de se faire une ennemie mortelle, d'autant plus qu'elle refuse de s'excuser publiquement.

Quelques jours plus tard, Sarah obtient le rôle de Dolorès dans la pièce éponyme de Bouilhet. Ça y est, elle a son premier grand rôle. Mais en sortant de répétition, elle tombe nez à nez avec madame Nathalie dans les coulisses du théâtre. Imaginez la scène : madame Nathalie, toute bouffie dans ses dentelles, attend Sarah assise dans un grand fauteuil. Celle-ci se fige alors que la vieille actrice la dévisage avec malveillance avant de triompher : « Mademoiselle, je vous pardonne car je me suis vengée : ce rôle qui vous plaît tant, vous ne le garderez pas ! »

Sarah blêmit, et quand on a le teint blanc comme le lait, ça fait vraiment très très blanc. Elle sait que madame Nathalie ne profère pas de menaces en l'air. Quelques heures plus tard, le directeur du théâtre envoie un mot à Sarah pour lui faire part du changement de distribution. Elle serait trop jeune et trop fragile pour tenir un premier rôle ! Sarah pleure de rage. Elle entre comme une furie dans le bureau de l'administrateur du théâtre et demande à déchirer son contrat. Elle vient de claquer la porte de la Comédie-Française. Faut lui reconnaître qu'elle avait de l'audace, « quand même » !

Bon, mais on fait quoi maintenant ? Faut bien travailler, trouver des engagements dans d'autres théâtres et tout ça avec une réputation de mauvaise tête, comme on dit à l'époque. Profitant des relations de sa mère, si l'on peut dire, Sarah est recommandée au théâtre du Gymnase où on lui fait signer un nouveau contrat. Mais elle déchante vite. Qu'espérait-elle ? Le Gymnase, c'est pas le Français, c'est pas précisément le même répertoire. Sarah se retrouve avec des rôles d'écervelée dans des boulevards mal écrits. L'angoisse totale. Et sa mère qui en remet une couche en lui disant qu'elle est ridicule sur scène. Alors Sarah décide de partir du Gymnase, même si elle sait que quitter deux grands théâtres coup sur coup est une bêtise. Elle rédige une lettre de départ finissant par ces mots : « Ayez pitié d'une pauvre petite toquée. »

Après quelques mois d'errements, on propose à Sarah un engagement au théâtre de l'Odéon. C'est plutôt une belle maison ! Mais là encore, Sarah hésite, elle ne sait pas... on va peut-être lui écrire une pièce ailleurs pour elle...

Elle finit par accepter et l'un des deux directeurs de l'Odéon promet de s'occuper d'elle en personne, vous voyez ce que je veux dire. Duquesnel l'a à la bonne, surtout à l'horizontale ! En revanche, son associé, Chilly, n'est pas convaincu. Alors que Sarah Bernhardt signe son troisième engagement, Chilly lui dit : « Moi, pour rien au monde je ne vous aurais engagée. » Et Sarah de répondre : « S'il n'y avait eu que vous, je n'aurais pas signé, nous sommes quittes. » On sent tout de suite qu'elle va être bonne, l'ambiance de travail !

L'Odéon, c'était pourtant une bonne idée car c'est là que Sarah Bernhardt connaît son premier grand succès, dans la pièce *Athalie*. Même le méchant Chilly commence à l'apprécier. Et voilà notre petite star acclamée par la critique qui fraye désormais avec les plus grands auteurs de son temps, dont Alexandre Dumas et George Sand, qui la surnomme « ma petite Madone ». Mais son ascension ne fait que commencer… Victor Hugo va changer sa vie !

À LA GUERRE COMME À LA GUERRE

Ça y est, Sarah est devenue quelqu'un ! Le public lui offre l'amour que sa mère lui a toujours refusé. Ses fans l'attendent devant le théâtre et lui jettent des fleurs – au sens propre et au sens figuré ! Quand elle est sur scène, sa voix porte tant d'émotions que le public entre en transe. Sarah s'impose comme une spécialiste de la déclamation baroque. Si vous l'entendiez déclamer un poème de Victor Hugo en 1903, vous comprendriez…

Ok, c'est un peu *too much* aujourd'hui mais à l'époque ça rend les gens complètement fous, standing ovations, larmes aux yeux, cris de joie… Johnny au Stade de France, c'est à mourir d'ennui à côté.

Et comme elle a un physique androgyne, on commence à lui donner plein de rôles différents : des femmes jeunes ou vieilles mais aussi des hommes ! Sarah Bernhardt en Hamlet, c'est quelque chose !

Seulement bientôt arrive la guerre. Allez, on baisse le rideau ! Fini les vers, fini les feux de la rampe ! On est en 1870. La Prusse – c'est comme ça qu'on appelle l'Allemagne au XIXe siècle – entre en guerre contre la France. Les gars ne se sont toujours pas remis des victoires de Napoléon, ils veulent leur revanche et ça fait soixante ans qu'ils la préparent. Ils ne lâchent rien et ils l'ont mauvaise !

Pour la faire courte, disons que l'armée française n'est pas bien préparée et se fait dégommer par les troupes de Bismarck. Napoléon III se prend une branlée à Sedan. L'empereur est obligé d'abdiquer et la République est proclamée le 4 septembre 1870. Maintenant vous savez pourquoi on a une station de Métro « Quatre-Septembre » et pas de station « Sedan »…

Mais les ennuis ne font que commencer. Les Prussiens font le siège de Paris entre le 17 septembre 1870 et le 26 janvier 1871. C'est fini les gros steaks charolais chez La Pérouse. Maintenant c'est rat mayonnaise pour ceux qui en ont les moyens, voire un peu d'autruche du Jardin des Plantes.

Comme il n'est plus question de jouer, Sarah décide de s'offrir un rôle dans la guerre. Avec l'autorisation du préfet de police, elle accueille des blessés au théâtre de l'Odéon et fait l'infirmière. Mais l'hiver arrive et ça caille sévère. Faute de bois de chauffage, elle fait brûler les décors du théâtre.

Un jour, Sarah comprend que les Prussiens prennent pour ligne de mire le drapeau français placé au sommet du théâtre de l'Odéon. Furieuse, elle monte sur le toit du théâtre et l'arrache de ses propres mains. Sarah, c'est une vraie héroïne de guerre, du moins si l'on en croit son récit.

La crise passée, il est temps de remonter sur les planches. Le théâtre de l'Odéon rouvre ses portes en octobre 1871. Et c'est en cette fin d'année qu'on annonce à Sarah qu'une pièce de Victor Hugo va être montée. Vous le savez, Victor Hugo, ce n'est pas n'importe qui. C'est bien sûr l'un des plus grands auteurs français mais c'est aussi un militant politique. Opposant à l'Empire, il se verrait bien président de la République, le gars.

Comme il s'agit de monsieur Hugo, Sarah est priée de se déplacer chez lui pour faire une lecture de *Ruy Blas*. Quooâââ ? C'est à Sarah de se déplacer, elle, la petite reine de Paris ? Et puis quoi encore ? Elle lui écrit donc : « Monsieur, la reine a pris froid. Et sa camerera mayor lui interdit de sortir. Vous connaissez mieux que personne l'étiquette de cette cour d'Espagne. Plaignez votre reine, monsieur ! »

Ce à quoi Victor Hugo répond : « Je suis votre valet, madame. » Et voilà comment un républicain convaincu tombe aux pieds d'une reine. Ça n'a pas été compliqué ! Le lendemain, Hugo et Sarah se rencontrent au théâtre et là c'est THE coup de foudre !

Le 26 janvier 1872, Sarah Bernhardt triomphe dans *Ruy Blas*. Victor Hugo se traîne à ses pieds en la remerciant pour son interprétation. C'est lui qui lui donne le surnom de « Voix d'or ».

Et après le succès de *Ruy Blas*, coup de théâtre – c'est courant au théâtre, me direz-vous : la Comédie-Française que Sarah avait quittée avec perte et fracas dix ans plus tôt lui fait un pont d'or pour qu'elle revienne ! Ne nous leurrons pas, elle aime bien l'argent aussi, la Sarah, alors elle rompt son engagement à l'Odéon pour revenir dans la maison de ses débuts. Elle sait qu'elle entre à nouveau dans la cage aux fauves mais maintenant qu'elle est adulée, elle est en position de force. Même si, à trop en faire, elle commence à lasser son public…

Une star internationale

Alors qu'elle continue à triompher sur scène, elle invente le métier d'influenceuse. Ouais, Nabila et Léna Situations peuvent aller se rhabiller, maman Sarah a tout fait avant elles, cent cinquante ans plus tôt. Les grandes marques se bousculent pour la faire poser avec leurs poudres, leurs parfums, leurs savons. Sarah Bernhardt devient la reine de la réclame et ça rapporte gros, croyez-moi !

Avec son pactole, Sarah refait sa déco d'intérieur. Plus elle est célèbre, plus elle a des goûts morbides. Elle a pris l'habitude de coucher dans un cercueil. Tout Paris le sait depuis que son esthéticienne l'a trouvée endormie dans sa boîte en bois de rose. Le scoop ! Mais s'il n'y avait que ça… Elle a un chapeau décoré de chauves-souris naturalisées et des crânes humains pour décorer son salon, dont un qu'elle porte en bijou et qu'elle appelle Sophie. Il y a quand même un petit quelque chose qui ne va pas…

Après la mort de sa petite sœur, Sarah Bernhardt fait un burn-out. En 1880, elle claque à nouveau la porte du Français. Elle se retire de plus en plus souvent dans sa maison de Belle-Île. Si elle a toujours ses fans inconditionnels, une part du public la boude. Sarah est en perte de vitesse. Elle ne va pas se laisser faire, « quand même » ! Si Paris lui tourne le dos, elle deviendra… la première star internationale !

Sarah Bernhardt monte alors sa propre troupe et lance une tournée sobrement intitulée « la Promenade triomphale »… Et c'est parti pour arpenter les cinq continents ! Il faut bien comprendre qu'elle est tellement connue que tout le monde la veut. Elle commence par un petit tour de chauffe à Londres avec *Phèdre*. Le public délire littéralement quand elle paraît sur scène. Elle renouvelle l'exploit en Belgique et au Danemark. En représentation devant un diplomate prussien, elle lève son verre à la France et chante la *Marseillaise*. « Tiens, ça c'est en souvenir du siège de Paris, là ! »

En 1880, ce sont les États-Unis qui lui font les yeux doux. Voilà Sarah qui traverse l'Atlantique vers le Nouveau Monde. Pour mademoiselle Bernhardt, il faut que la traversée soit exceptionnelle. Elle croise donc la veuve du président Lincoln, puis le bateau, pris dans une tempête de neige, manque de faire naufrage. Une vraie répétition pour le *Titanic* ! Sauf que ça se finit mieux, bien sûr. Quand elle arrive à New York, Sarah est accueillie par la *Marseillaise*. C'est la classe quand même ! Eh oui, « quand même » !

Bon. New York, c'est un peu l'Europe. Sarah triomphe sans surprise lors des 27 représentations qu'elle y donne. Après, il faut rentrer dans le vif du sujet. Elle fait affréter tout un train Pullman pour faire le tour des États-Unis et aller jouer dans les villes les plus reculées de l'Ouest. Ouais, Sarah veut jouer pour Charles Ingalls aussi. Mais là, il va y avoir un petit choc des cultures…

Alors que Sarah monte sur scène et commence à déclamer, le public se met à la siffler et à tirer en l'air. Outrée, la star quitte la scène. Elle ne va pas se laisser huer par des Redneck, et puis quoi encore ! Son producteur la rattrape et lui explique qu'aux States, quand le public est content, il siffle et il tire, comme au saloon. Vous pouvez aller voir l'album de Lucky Luke intitulé *Sarah Bernhardt*, ça rend bien l'ambiance.

Après sept mois de voyage, Sarah Bernhardt, plus célèbre et plus riche que jamais, rentre en France. La recette de la tournée s'élève à 2 667 000 francs. D'autres tournées suivront pendant les décennies à venir.

Entre-temps, elle continue à jouer à Paris.

À soixante-cinq ans, elle interprète *Jeanne D'Arc*. Quand l'un des acteurs campant un juge lors de son procès lui demande son âge, elle répond avec conviction : « Dix-sept ans ! » Que croyez-vous qu'il se passe dans la salle ? Le public se lève et l'applaudit. Sarah Bernhard est la divine. Elle peut tout se permettre. Hélas, un mal terrible la ronge, laissant augurer du pire.

Divine jusqu'au bout

En 1914, Sarah Bernhardt a soixante-dix ans. Elle reçoit la Légion d'honneur pour avoir diffusé la langue française partout dans le monde. Ben oui, vous ne croyez pas qu'elle allait jouer *Phèdre* en anglais, en allemand et en russe, quand même !

Alors que la Première Guerre mondiale éclate, le gouvernement lui intime l'ordre de quitter Paris de peur que les Allemands prennent la capitale et kidnappent ce trésor national. L'actrice se retire dans le bassin d'Arcachon pour se reposer. Et ce n'est pas du luxe. Une tuberculose osseuse est en train de lui dévorer le genou droit. La gangrène s'installe. En 1915, la Divine accepte d'être amputée. Remise de son opération, elle se voit proposer une prothèse en bois. Après avoir fait trois pas avec sa jambe de pirate, elle l'envoie valdinguer. Non, mais vous avez déjà vu une star avec une jambe de bois ? Si elle ne peut plus marcher, elle aura une chaise à porteurs. Et voilà que la Voix d'or gagne un nouveau surnom : la mère la chaise !

Mais Sarah Bernhardt n'oublie pas que c'est la guerre et que sur le front, dans les tranchées, il y en a qui crèvent. Elle est trop vieille pour jouer l'infirmière mais elle est désormais la grande Sarah Bernhardt. En 1916, elle part à l'arrière des lignes de front pour jouer son répertoire – en restant assise cette fois – et remonter le moral des troupes.

Vieille, liftée, amputée, Sarah Bernhardt conserve un charisme magnétique. Colette, qui a le plaisir de dîner chez la Divine après la guerre, est subjuguée par « l'azur floral » de ses yeux, si jeunes et si vifs dans leur lacis de rides. Sa voix reste exceptionnelle. Elle ouvre la bouche et tout le monde se tait. Mais elle aussi, elle va devoir apprendre à se taire avec ses débuts dans le cinéma muet !

C'est le petit Sacha Guitry, devenu grand, qui lui propose son premier rôle au cinéma, dans *La Voyante*. Et en se découvrant à l'écran, Sarah s'écrie : « Suis-je donc si mauvaise ? » Ce n'est pas facile de se voir, c'est vrai… Mais hélas, Sarah n'ira pas au bout du projet. Elle est emportée le 26 mars 1923 par une maladie rénale. Elle a presque quatre-vingts ans.

Mais attendez, ce n'est pas fini. On parle de la grande Sarah Bernhardt, même ses funérailles doivent être un spectacle ! Officiellement, elle n'a pas d'obsèques nationales, contrairement à Victor Hugo. Déjà, c'est une femme, et n'oublions pas qu'à l'époque, toute actrice est aussi considérée comme une cocotte.

Évidemment, elle veut son cercueil en bois de rose dans lequel elle a souvent dormi. Elle y était bien de son vivant, aucune raison qu'elle n'y soit pas à l'aise après sa mort ! Un peu de pragmatisme que diantre !

Sur le chemin du cimetière du Père-Lachaise, la foule se presse pour un dernier hommage à la Divine. Un million de personnes se sont déplacées. Ça ressemble furieusement à des obsèques nationales sauvages. On crie son nom, on pleure, on jette des fleurs sur le passage du corbillard. C'est la plus longue standing ovation de sa carrière. Elle est déposée dans un caveau de la section 44 du Père-Lachaise où vous pouvez toujours aller la saluer.

C'est en pensant à elle que Jean Cocteau invente l'expression « monstre sacré ». Sarah Bernhardt est maintenant une véritable légende. Ses excentricités font souvent oublier ce qu'elle a fait pour la France. C'était une véritable héroïne, c'était un monument, c'était Notre-Dame du Théâtre, « quand même » !

VICTOR HUGO

L'homme-siècle

« La liberté commence où l'ignorance finit. » L'homme qui a écrit ces mots est un poète, un dramaturge, un romancier… Un écrivain total, que dis-je, un monument national ! Il nous a fait rêver avec *Notre-Dame de Paris*. Il nous a fait pleurer avec *Les Misérables*. Et surtout, il nous a fait réfléchir au sens des choses : la liberté, la beauté, la grandeur. Car cet homme n'est pas seulement un écrivain de génie, c'est aussi un homme engagé dans les grands combats de son temps : l'instruction, la lutte contre la peine de mort et surtout la liberté, son idée fixe, son obsession, sa raison d'être. Il est comme son personnage d'*Hernani* : « Une force qui va », une force mue par une rage d'écrire, une rage d'aimer, d'être aimé, une rage de vivre ! Les personnages nés de son imagination fertile peuplent encore aujourd'hui notre imaginaire collectif. Le bossu Quasimodo, épris de la belle Esméralda, la petite Cosette, prise sous l'aile du juste Jean Valjean. Ce sont plus que des personnages couchés sur du papier, ce sont des modèles vivants, des parangons, des archétypes. Ils ont traversé les siècles dans le sillage de leur créateur. C'est le chef de file des romantiques. Le big boss de la littérature française, c'est Victor Hugo ! Vous connaissez tous ses romans, ses poèmes, ses pièces de théâtre, mais connaissez-vous l'homme ? Un homme qui a vécu de terribles drames familiaux. Un homme à la personnalité écrasante. Eh bien, aujourd'hui, c'est de l'homme Victor Hugo dont je vais vous parler.

« Je veux être Chateaubriand ou rien ! »

Victor Hugo est né à Besançon le 26 février 1802, à l'orée du siècle, un siècle qu'il traversera presque en entier, d'un pas déterminé, d'un pas de géant, au son des trompettes de la renommée. Pourtant, à sa naissance, le petit Victor est un frêle nourrisson, à la santé fragile. Ses parents craignent qu'il ne passe pas l'hiver. Mais Victor a un destin. Les bonnes fées se sont penchées sur son berceau. Les muses l'attendent. La première d'entre elles n'est autre que sa mère, Sophie Trébuchet. Elle prodigue les soins les plus tendres à son petit Victor, le cadet d'une famille de trois garçons, un enfant plus que choyé, comme il le relatera un jour dans son poème autobiographique *Ce siècle avait deux ans*. Il s'y décrit comme un « enfant sans couleur, sans regard et sans voix ».

« Si débile qu'il fût, ainsi qu'une chimère,
Abandonné de tous, excepté de sa mère,
Et que son cou ployé comme un frêle roseau
Fit faire en même temps sa bière et son berceau.
Cet enfant que la vie effaçait de son livre,
Et qui n'avait pas même un lendemain à vivre,
C'est moi. »

Sophie est devenue madame Hugo en épousant un général d'Empire, Joseph Léopold Sigisbert Hugo. Ce père, c'est plutôt un soudard, plus souvent en campagne qu'au bercail, notamment en Espagne, avec Joseph Bonaparte, le frère de Napoléon. Alors madame Hugo se languit et se console dans les bras d'un autre général, Victor Fanneau de La Horie, dont on a pu croire qu'il était le père de Victor Hugo. Le choix du prénom est un indice. Le fait qu'il en soit le parrain en est un autre. Victor Hugo a brouillé les pistes en écrivant un jour que La Horie avait plus de vingt-cinq ans d'écart avec son père, alors qu'il n'était en réalité son aîné que de sept ans.

Ce qui est certain, en tout cas, c'est que ce Victor Fanneau de La Horie devient vite un père de substitution pour le garçon, dont il se sent très proche. La famille recomposée s'installe à Paris dans un logement loué dans l'ancien couvent des Feuillantines. Ce sont des années heureuses, encore insouciantes. La Horie fait tout pour éveiller la curiosité de Victor et pour favoriser son instruction. Il devient même son précepteur, plantant les germes d'un goût immodéré pour la littérature à travers la lecture des antiques, comme Tacite ou Virgile. Victor l'adore... Mais la Grande Histoire fait pour la première fois irruption dans la sienne quand il n'a que huit ans. La Horie trempe dans un complot contre Napoléon. Le complot est éventé et La Horie trouve refuge dans l'ancien couvent des Feuillantines, à Paris, ou madame Hugo le cache pendant une année. Mais la police finit par le retrouver et il est fusillé. Devant l'affichage public annonçant l'exécution, Sophie Hugo demande à ses enfants : « N'oubliez jamais. » Et cet événement explique en partie les convictions ultraroyalistes et la haine de l'Empereur qui animent le jeune Hugo. Le XIXe siècle est un siècle de continuel chambardement politique. Les révolutions s'enchaînent, les régimes se succèdent : restauration de la monarchie, république, second Empire, et cetera.

Victor Hugo a treize ans quand le roi Louis XVIII revient sur le trône pour de bon. Il est un élève brillant, précoce. Avec son frère Eugène, il s'amuse à écrire des poésies. Pendant que d'autres jouent aux petits soldats de plomb, lui versifie comme un dingue. Il faut dire que ses ambitions sont déjà immenses. Âgé d'à peine quatorze ans, il note dans son journal intime : « Je veux être Chateaubriand ou rien. » Il a déjà le melon, le petit Victor. Et il y a de quoi ! À quinze ans, il participe à un concours de poésie organisé par l'Académie française sur le thème : « Bonheur que procure l'étude dans toutes les situations de la vie ». Ah oui, là il faut s'accrocher. Déjà en prose, j'aurais du mal à rendre ma copie, alors en vers, pensez-vous, ma pauvre dame ! Mais pour Victor, c'est les doigts dans le nez. D'ailleurs, le jury est à deux doigts de lui adresser le prix, mais l'Académie croit à un canular et lui décerne seulement une mention. Deux ans plus tard, il gagne un Lys d'or aux Jeux floraux de Toulouse. Bon aujourd'hui, ça ne nous dit rien, mais c'était un peu comme recevoir le prix Goncourt ! Victor n'a même pas vingt ans qu'il est déjà une star dans les salons littéraires. Les exemplaires de son premier recueil de poèmes s'écoulent comme des petits pains. Même Louis XVIII en possède un dans sa bibliothèque. Le roi lui octroie une pension annuelle de mille francs, une coquette somme qui permet au jeune écrivain de vivre de sa plume. Le rêve. Victor Hugo peut regarder l'avenir avec confiance. Il a déjà trouvé sa place au sein de la république des lettres. Mais il a encore tout un empire à conquérir… Il a une œuvre à bâtir !

De « Hernani » à « Notre-Dame de Paris »

À vingt ans, Victor Hugo est un auteur plus que prometteur. Mais c'est aussi un cœur à prendre. Il rêve d'épouser son amie d'enfance, Adèle Foucher, une jolie brune au regard de braise et aux boucles à l'espagnole qui, dans le cœur de Victor, a peut-être quelque chose de la belle Esméralda. C'est avec elle qu'il jouait à des jeux innocents dans le jardin sauvage des Feuillantines. Les deux enfants ont grandi. Ils sont moins innocents avec la poussée de sève de l'adolescence ! Elle est son Adèle chérie, il signe « ton mari fidèle ». C'est-y pas mignon ? Les parents respectifs ne sont pas très chauds à l'idée d'un mariage. Sa mère s'y oppose, trouvant que la promise n'est pas assez prometteuse. Victor se soumet, mais continue à écrire en cachette à Adèle. Et, pour ne rien arranger, le frère de Victor,

Eugène, est lui aussi amoureux de la belle Adèle. C'est la mort de sa mère qui, au fond, permettra à Victor d'épouser son Adèle trois ans plus tard, dans une chapelle de l'église Saint-Sulpice. Eugène en perdra la raison.

Dans un premier temps, le couple file le parfait amour. Adèle enchaîne les grossesses. Ils auront cinq enfants : Léopold, un bébé mort-né. Puis Léopoldine, nommée ainsi comme pour conjurer le sort. Elle sera l'aînée, l'enfant chérie du poète. Puis viendront Charles, François-Victor, et enfin Adèle, la petite dernière. La famille loge dans une grande maison place Royale, aujourd'hui place des Vosges, dans le quartier du Marais à Paris. D'ailleurs, si ce n'est déjà fait, je vous invite à visiter cette maison, encore dans son jus, tout imprégnée de l'esprit du grand homme, à travers son mobilier et ses nombreuses reliques.

Et c'est dans cette maison que Victor travaille d'arrache-pied à ses futurs chefs-d'œuvre. La gloire vient vite, et il se lie d'amitié avec la fine fleur des auteurs romantiques : Alfred de Vigny, Lamartine, Dumas, Nerval, ou encore Théophile Gautier. Ces jeunes « romantiques » ont le vent en poupe. Ils fantasment sur les ruines de l'Antiquité, rêvent de terres inconnues et de paradis perdus. Ils s'habillent de façon excentrique, s'enivrent et consomment avec délectation des substances aujourd'hui illicites… C'est la jeunesse rock'n'roll de l'époque. Ils rejettent la société bourgeoise, terne et figée. Ils brûlent d'en découdre avec la vieille garde de la littérature. Une grande occasion se présente en 1830, lors de la première représentation d'une pièce de théâtre de Victor Hugo, *Hernani.* Dans cette pièce, Hugo bouleverse les codes du théâtre classique, au grand dam du monde académique. Lors de la première à la Comédie-Française le 25 février 1830, deux camps se font face. Les jeunes avant-gardistes assurent la claque et les provocations. Le spectacle est aussi bien sur scène que dans la salle. On va appeler cela la « bataille d'*Hernani* ». La pièce défraye la chronique et Hugo, qui aime être au centre de tout, s'impose aussitôt comme le chef de file de ce courant romantique.

Un an plus tard, Victor Hugo jette un nouveau pavé, un coup de maître, dans un tout autre registre. *Notre-Dame de Paris*, dont le succès ne sera jamais démenti, au point d'inspirer des films, des comédies musicales et de se hisser encore en tête des ventes au lendemain du terrible incendie de la cathédrale en 2019. Ah ! rien que d'y penser, ça fait mal... À sa manière, Victor Hugo a apporté sa pierre à l'édifice majestueux, laissant glisser pour toujours l'ombre de Quasimodo entre les rangées de gargouilles ou la silhouette gracile d'Esméralda sur le parvis. Des personnages immortels ! Un chef-d'œuvre d'encre et de papier dédié à une cheffe-d'œuvre de verre et de pierre. C'est la rencontre de deux monuments. On ne s'en lassera jamais.

En amour : l'exclusivité à sens unique

À trente ans, Hugo est déjà un auteur consacré et un père de famille comblé. Peut-être aveuglé par la gloire, il ne sent pas que son couple bat de l'aile. Victor, bourreau de travail, délaisse son épouse. Et l'histoire de ses parents se répète. Adèle va trouver du réconfort auprès d'un homme plus attentif, Sainte-Beuve, le célèbre critique littéraire. Les deux anciens amis se voueront dès lors une haine tenace. Dans ses articles, Sainte-Beuve traite Hugo de Polyphème et de Cyclope. « Espèce de Polyphème, va ! » Hugo réplique en lui donnant le sobriquet de « Sainte-Bave ». Victor n'est pas seulement jaloux : il ne conçoit pas que sa femme puisse le trahir. Il n'a donc pas de scrupule à nouer une relation avec une jeune actrice, rencontrée en 1833 au théâtre de la porte Saint-Martin, au cours des répétitions de sa pièce à succès *Lucrèce Borgia*. C'est Juliette Drouet. Elle demeurera pendant cinquante ans la maîtresse de l'ombre du grand écrivain. Une vie d'attente et de sacrifices, car Hugo exigera d'elle pendant quelques années une vie cloîtrée, quasi monacale, avec des sorties faites uniquement en sa compagnie. Eh oui, il est comme ça, Victor Hugo ! Très possessif, limite oppressant. Lui, en revanche, s'octroie toutes les libertés. Il trompe Juliette avec Léonie Biard d'Aunet, une femme de lettres qui a vingt ans de moins que lui. Il est fou de cette belle blonde, pleine d'esprit et accomplie. Il lui écrit des lettres enfiévrées d'amour. Il lui adresse un jour un de ses livres avec cette dédicace « À madame Léonie » :

« *On voit en vous, pur rayon,*
La grâce à la force unie,
Votre nom, traduction
De votre double génie,
Commence comme lion,
Et finit comme harmonie. »

Ah oui, ça claque plus qu'un texto ou un chat sur Tinder ! Une sorte de triangle amoureux s'installe dans la vie de Victor, entre sa femme Adèle, sa maîtresse Juliette et la jeune Léonie, auxquelles il faudra sans doute ajouter quelques autres amantes, en particulier des actrices. Les actrices ont la cote en ce milieu de XIXe siècle. S'afficher au bras de l'une d'entre elles est un signe extérieur de réussite. Mais le triangle amoureux ne peut pas tenir. Léonie connaît l'existence de Juliette, mais Juliette ignore celle de Léonie. Un jour Léonie envoie à Juliette les lettres que Hugo lui a adressées. Elle espère par ce geste influencer une rupture. Juliette est effondrée. On l'imagine, la pauvre, les yeux en larmes, parcourant la prose enflammée de l'homme de sa vie à destination de sa rivale. Mais Léonie finira par sortir du triangle, tandis que Juliette la fidèle restera jusqu'au bout. Patience et longueur de temps font plus que force ni que rage !

Les vents mauvais de la tragédie

Au milieu du XIXe siècle, Victor Hugo est au sommet de sa gloire. Il est loin d'imaginer que les drames de la tragédie qui frappent ses personnages fictifs vont heurter son propre entourage et le blesser dans sa chair. À commencer par sa fille aînée, sa fille adorée, Léopoldine. Il l'aime tellement qu'il ne peut se résoudre à la laisser quitter le nid familial au bras d'un autre homme que lui-même. Léopoldine est amoureuse d'un jeune homme, Charles Vacquerie, fils d'un armateur du Havre. Elle n'a que quatorze ans. « Ma fille est bien trop jeune et ce Vacquerie bien falot », tranche Hugo. Sympa pour le damoiseau. Alors Léopoldine patiente. Après trois ans d'idylle secrète, Victor Hugo finit par céder, de mauvaise grâce. Il a tout fait pour retarder les noces, au point de prétexter une paralysie de la main pour ne pas signer le registre de mariage ! Chose amusante : dans *Les Misérables*, Jean Valjean feint d'avoir le pouce blessé pour ne pas signer l'acte de mariage entre Marius et Cosette ! Léopoldine et Charles peuvent donc enfin convoler en justes noces. Mais seulement sept mois plus tard, la tragédie frappe. À Villequier en Normandie, Léopoldine et son mari montent à bord d'un canot pour une petite virée sur la Seine. Soudain un tourbillon de vent s'élève, s'abat sur la voile et fait brusquement chavirer le canot. Léopoldine ne sait pas nager. Charles, lui, est excellent nageur. Il tente tout pour sauver sa femme, qui sous l'eau se cramponne désespérément au canot renversé. Charles plonge et replonge, en vain. Alors, dans un élan de désespoir, il plonge une dernière fois pour rejoindre son épouse et ne plus la quitter. Les deux jeunes mariés périssent noyés, ensemble. Léopoldine n'avait que dix-neuf ans.

Victor Hugo apprend la terrible nouvelle par la presse, à un retour de voyage. Il est anéanti. Sa Léopoldine chérie n'est plus.

La mort de sa fille inspirera à Victor Hugo son plus célèbre poème, *Demain dès l'aube*, paru dans *Les Contemplations.*

« Demain, dès l'aube, à l'heure où blanchit la campagne,
Je partirai. Vois-tu, je sais que tu m'attends.
J'irai par la forêt, j'irai par la montagne.
Je ne puis demeurer loin de toi plus longtemps. »

La mort de Léopoldine touche tout le clan Hugo, en particulier sa jeune sœur Adèle âgée de treize ans. Elle qui a reçu moins d'attention que l'aînée pense peut-être pouvoir la remplacer dans le cœur de son père. Mais Léopoldine reste irremplaçable, et son père inconsolable. La famille vit dans le culte de la défunte, vénérant comme des saintes reliques ses effets personnels et ses robes. Léopoldine hante le cœur de son père et continue de faire de l'ombre à sa jeune sœur. Adèle manifeste alors les premiers signes de graves troubles psychiques, des délires de plus en plus fréquents. Son état se dégradera complètement une quinzaine d'années plus tard. Elle sera alors placée en hôpital psychiatrique, où elle finira ses jours. C'est à croire que tous les êtres chers au grand homme sont condamnés à souffrir. Les années qui suivent la mort de Léopoldine, Hugo ne publie plus rien, ou presque. Ni théâtre, ni roman, ni poème. L'encre a séché. Mais pas les larmes.

Après la douleur, la politique et l'exil

Après la mort de sa fille Léopoldine en 1843, Victor Hugo délaisse un temps la littérature au profit de la politique. L'homme de lettres se sent une vocation d'homme d'État ! Est-ce à lui-même qu'il s'adresse lorsqu'il écrit dans *Les Misérables* : « Il vient une heure où protester ne suffit plus : après la philosophie, il faut l'action. » Et l'action, il n'en manque pas dans ce XIXe siècle orageux, traversé par toutes les crises politiques possibles et imaginables. Victor Hugo est le confident du roi Louis-Philippe, qui le fait pair de France. Mais ses convictions ultraroyalistes ont fait place à des sympathies de plus en plus républicaines. Hugo est un grand bourgeois mais il se définit comme socialiste. Il faut entendre ce terme dans le sens de son intérêt pour les questions sociales, comme par exemple la diminution du temps de travail des enfants de seize heures à dix heures par jour. Sa proposition est contrée par le baron Louis Jacques Thénard. Hugo se vengera, non pas à la tribune, mais avec la plume, en donnant le nom de Thénardier au couple infâme des *Misérables*, qui fait marner la petite Cosette sans relâche. Hugo ne cesse pas, non plus, de militer en faveur de l'abolition de la peine de mort, une cause qui lui est chère depuis longtemps. Son roman *Le Dernier Jour d'un condamné* reste aujourd'hui encore un modèle de plaidoyer politique.

Le 25 février 1848, il est nommé maire du VIIIe arrondissement de Paris, pendant la révolution qui renverse Louis-Philippe et instaure la IIe République. Victor Hugo est élu député et siège encore parmi les conservateurs. Il sera d'ailleurs, en tant que maire, conduit à envoyer des troupes face aux barricades des premières émeutes ouvrières de juin 1848. Il se mordra plus tard les doigts d'avoir contribué à cette répression sanglante. Et ce n'est sans doute pas un hasard si le jeune héros des *Misérables*, Gavroche, trouve une mort glorieuse sur les barricades. Chez Hugo, les passerelles sont nombreuses entre ses personnages de fiction et les événements qui l'ont touché personnellement.

Victor Hugo ne profite guère longtemps de son siège de député. Car à peine trois ans après la proclamation de la République, son premier président, Louis-Napoléon Bonaparte, neveu du célèbre Empereur, renverse le régime à son profit lors du coup d'État de 1851. Louis-Napoléon

Bonaparte est proclamé empereur des Français, sous le nom de Napoléon III. C'est le début du second Empire et d'une longue traversée du désert pour Victor Hugo. Car l'écrivain député fustige Napoléon III, qu'il surnomme Napoléon le Petit, par opposition à son oncle Napoléon le Grand. Victor Hugo rejette ses anciens amis politiques, dont il condamne la politique réactionnaire. Désormais farouche opposant du régime, il est expulsé du territoire après avoir tenté sans succès d'organiser la résistance.

Victor Hugo est contraint à l'exil. Un exil qui durera près de vingt ans. Il part d'abord s'installer à Bruxelles, où il est rejoint par sa fidèle maîtresse Juliette Drouet. En Belgique, l'écrivain rebelle écrit des pamphlets, dont le célèbre *Napoléon le Petit*, interdit en France mais qui circule quand même sous le manteau. Tant et si bien que la Belgique refuse de le garder sur son territoire ; il la quitte après un séjour de huit mois et met le cap sur les îles Anglo-Normandes. D'abord Jersey, puis Guernesey, où il pose enfin ses malles. Il achète la maison qui deviendra le symbole de son exil, Hauteville House. Tout comme celle de la place des Vosges, la maison de Guernesey est ouverte au public et semble encore hantée par le fantôme de Victor Hugo. C'est lui qui a pensé toute la décoration, de la cave au plafond. Un belvédère coiffe le troisième étage. C'est là que le poète, seul face à la mer, peut contempler l'immensité et méditer sur sa vie d'exilé. « L'exil est une espèce de longue insomnie », écrit-il un jour. À Hauteville House, Hugo l'écrivain reprend du poil de la bête. Son inspiration est intarissable. Il pond coup sur coup des chefs-d'œuvre de la littérature française : *Les Misérables*, *Les Travailleurs de la mer*, *L'Homme qui rit*, ou encore *La Légende des siècles,* une œuvre poétique monumentale, où Hugo raconte l'histoire de l'humanité des origines jusqu'à la fin des temps. Rien que ça.

C'est une nouvelle *Énéide*, une nouvelle Bible. Et Victor Hugo en est le seul prophète !

Du fond de son exil, Hugo reçoit la visite de ses amis, dont son frère de lettres, Alexandre Dumas. « Je suis comme Napoléon sur son rocher de Sainte-Hélène », lui confie-t-il. L'exilé s'attend même à recevoir le héros des Deux Mondes, Giuseppe Garibaldi, à qui il destine une chambre de Hauteville House. Mais le héros de l'indépendance italienne ne viendra jamais à Guernesey.

À partir de l'été 1859, l'amnistie de tous les condamnés politiques lui permettrait de rentrer en France. Mais Victor Hugo refuse obstinément de remettre le pied sur le sol de sa patrie tant que le second Empire perdurera. « Quand la liberté rentrera, je rentrerai », écrit-il. Est-ce la vue du large qui lui inspire de vastes perspectives ? Hugo avec deux siècles d'avance rêve d'une Europe unifiée, il plante symboliquement le « chêne des États-Unis d'Europe » dans le jardin de Hauteville House, le 14 juillet 1870. C'est l'année même où la France déclare la guerre à la Prusse. Une guerre qui s'achève par la cuisante défaite de Sedan et fait chuter l'empereur. À son tour, Napoléon III doit partir en exil. Victor Hugo, lui, peut enfin rentrer en France. Et il n'a pas encore écrit son dernier mot !

« Chaque homme, dans sa nuit, s'en va vers la lumière »

Après un exil de presque vingt ans, Victor Hugo revient en bonne terre de France, le 5 septembre 1870, le lendemain même de la proclamation de la IIIe République. Tout un symbole ! Il est accueilli triomphalement par les Parisiens. Il est élu sans problème député à l'Assemblée nationale, mais démissionne à peine un mois plus tard, pour protester contre l'invalidation de l'élection de son ami Garibaldi, en tant qu'étranger, qui avait pourtant vaillamment combattu pour la France lors de la guerre de 1870. Ses positions virulentes contre la féroce répression de la Commune lui valent pourtant quelques revers électoraux. Victor Hugo – on ne peut pas le lui enlever – dit ce qu'il pense, quoi qu'il en coûte. Il se replonge alors dans la littérature et écrit son dernier roman, *Quatre-vingt-treize*. Un roman qu'il méditait depuis longtemps et qui livre le fruit des réflexions d'une vie entière sur la Révolution française. L'œuvre a pour toile de fond la guerre en Vendée. Le vieil Hugo, profondément républicain, semble dialoguer avec le jeune Hugo, ultraroyaliste, dans cette fresque magistrale où, au-delà des régimes politiques, c'est la grandeur d'âme qui triomphe. Une pure merveille. Je vous le recommande !

À quatre-vingts ans passés, Victor Hugo est une gloire nationale, admirée dans le monde entier. Il entre de son vivant dans la légende. On rebaptise même l'avenue parisienne où il réside « avenue Victor-Hugo ». Ça, c'est pratique pour le courrier. Le destinataire : Victor Hugo, avenue Victor-Hugo ! Qui peut en dire autant ?

Mais le véritable bonheur de Victor Hugo, au soir de sa vie, n'est ni dans le combat politique ni dans l'écriture de ses chefs-d'œuvre, mais tout simplement dans les yeux de ses petits-enfants Georges et Jeanne. Le vieil Hugo s'émerveille devant ces chères têtes blondes, en lesquelles il voit tout le mystère de la vie. « *Nul n'ira jusqu'au fond du rire d'un enfant / C'est l'amour, l'innocence auguste, épanouie / C'est la témérité de la grâce inouïe / La gloire d'être pur, l'orgueil d'être debout / La paix, on ne sait quoi d'ignorant qui sait tout / Ce rire, c'est le ciel prouvé, c'est Dieu visible.* » Ouais bon d'accord, c'est bien joli, mais c'est pas lui qui change les couches et se lève la nuit pour donner les biberons, hein ? Le pape de la littérature, à la barbe blanche de prophète, est devenu un papi gâteau, mais pas gâteux, en témoigne son recueil de poèmes *L'Art d'être grand-père.* Il faut dire que ses petits-enfants sont la seule famille qui lui reste. Tous ses enfants sont morts, sauf Adèle qui végète encore en asile psychiatrique. Hugo a même survécu à toutes les femmes qu'il aimait : Adèle Foucher, Léonie Biard d'Aunet et la pauvre Juliette Drouet, qui a passé sa vie dans l'ombre à l'attendre, à l'accompagner en exil et à lui écrire près de 22 000 lettres ! Dans la toute dernière, quelques mois avant sa mort, elle avait écrit : « Je ne sais pas où je serai l'année prochaine à pareille époque, mais je suis heureuse et fière de te signer mon certificat de vie pour celle-ci par ce seul mot : Je t'aime. »

Victor Hugo s'éteint à son tour le 22 mai 1885, soit le jour de la Sainte-Juliette. Hasard du calendrier, hommage inconscient ou preuve que notre homme est resté un romantique jusqu'à son dernier souffle ? Il a quatre-vingt-trois ans. On lui fait des funérailles grandioses. C'est tout le peuple de Paris, de France et même de l'étranger qui se masse le long de l'itinéraire du cortège funèbre. Dix jours après sa mort, on fait rouvrir les portes du Panthéon, qui après la Révolution française était redevenu une église. Avec Victor Hugo, il redevient le lieu de repos des grands hommes honorés par la patrie reconnaissante. « Chaque homme dans sa nuit s'en va vers sa lumière », avait-il écrit dans *Les Contemplations.* Le géant des lettres a rejoint la sienne. Et elle est si éblouissante qu'elle continue, par-delà les siècles, de nous éclairer !

GERONIMO

Le cri d'un peuple

Maintenant, je vous emmène dans les vastes prairies de l'Ouest américain, sous le soleil de plomb du Grand Canyon, dans les montagnes impénétrables de la Sierra Madre. Imaginez : les troupeaux de bisons qui font trembler la terre, le son de tambours hypnotiques, les incantations chamaniques autour d'un feu de camp, les longues chevauchées à dos de mustang et les volées de flèches au détour d'un sentier poudreux. On part sur les traces d'un homme – et quel homme ! Insaisissable, indomptable, insoumis par excellence, il est le héros de tout un peuple martyr de la conquête de l'Ouest. Il est le dernier des Mohicans, ou plutôt le dernier des Apaches. Celui qui est resté debout jusqu'au bout, farouche et fier, avec à ses trousses un quart de l'armée américaine !

Son nom est un cri de guerre jeté à la face de l'empire yankee. Son nom, c'est Geronimo ! Ah j'avoue, je l'aime vraiment, lui. Il nous fait du bien en ces temps sans âme. Alors, aujourd'hui, on prend le sentier de la guerre, direction le Far West.

« Je suis né dans un pays où le vent soufflait librement »

« Je suis né en un lieu dépourvu de toute enceinte close. » C'est en ces termes inspirés que Geronimo décrira la terre qui l'a vu naître. Cette terre ô combien sacrée pour les fiers

Apaches, un don d'Usen, le dieu créateur, le « donneur de vie ». Geronimo s'appelait au début Go Khla Yeh, traduction : « Celui qui bâille ». C'est mignon ça, on imagine un gentil poupon un peu paresseux, bien loin de l'intrépide et farouche guerrier qu'il sera un jour. Il est le fils de Taa Di Tlish Hn et de Gha Den Dini, soit « Celle qui est traversée par la lumière ». C'est sympa les noms indiens, ça change de Bernadette ou Gwendoline. Attention hein ! Je n'ai rien contre les Bernadette et les Gwendoline, mais un peu d'exotisme, ce n'est pas désagréable... Bref, le petit Go Khla Yeh appartient à la tribu des Bedonkohe, une des innombrables tribus du peuple Apache, enraciné dans l'actuel sud-ouest des États-Unis et le nord du Mexique. C'est un peuple robuste et nomade qui vit au rythme des saisons, en harmonie avec une nature parfois hostile. Les petits Apaches apprennent très vite à se débrouiller pour survivre : chercher des points d'eau, manier les armes, se défendre face à un animal féroce... Mais le plus grand danger est ailleurs. Le petit Go Khla Yeh grandit dans le contexte des guerres indiennes qui font rage depuis des siècles. Depuis quand ? Eh bien... depuis que Christophe Colomb a découvert l'Amérique, en fait. Tout cela commence déjà par un malentendu, puisque celui-ci croyait au début avoir débarqué aux Indes. C'est pour cela que l'on appelle bêtement ces autochtones des Indiens ! C'était mal parti pour s'entendre avec ceux que les Blancs appelleront aussi « des Peaux- Rouges ». Il y a plus qu'un océan entre eux, il y a un monde. Plusieurs pays européens se disputent les terres de ce vaste continent, dont les Anglais et les Français, lesquels jettent leur dévolu plus au nord, dans l'actuel Canada. Les guerres indiennes démarrent officiellement en 1620, mais c'est véritablement à partir de la fin du XVIIIe siècle que les choses commencent sérieusement à se gâter. En 1776, la déclaration d'Indépendance des États-Unis donne des ailes à cette jeune république qui lorgne vers l'ouest. En 1804, Thomas Jefferson rachète la Louisiane à Napoléon. Plus grande que l'État d'aujourd'hui, la Louisiane est à l'époque un immense territoire qui couvre en gros tout le milieu des États-Unis actuels du nord au sud. C'est le départ de la conquête de l'Ouest, un désir d'expansion que la République américaine appelle sa « destinée manifeste ». Traduction, la Californie, c'est sa terre promise. Ces terres inconnues, au-delà du fleuve Mississippi, sont bel et bien une promesse de richesse, en effet, depuis que l'on y a trouvé des gisements d'or. En 1840, c'est donc la grande Ruée vers l'or, les colons déboulent en masse avec femmes et enfants dans leurs chariots, en quête de fortune et d'un carré de jardin. Seulement voilà, pour se faire une place au soleil, les colons dégagent les tribus indiennes qui vivent ici depuis la nuit des temps. Les Indiens défendent tant bien que mal cette frontière naturelle que constitue le Mississippi contre la progression de ceux qu'ils appellent les « visages pâles ». L'arrivée de deux technologies favorise cette colonisation galopante : le télégraphe en 1860 et le chemin de fer, deux ans plus tard. Dès lors, le temps et l'espace se raccourcissent.

L'Histoire, elle, s'accélère. L'avancée inexorable de ce progrès va constituer un drame pour le peuple indien. Les colons font fuir les troupeaux de bisons, ressource indispensable aux tribus. La jeune république bafoue ses propres principes moraux, en s'accaparant les terres indiennes à travers des rachats ou des échanges de terre. Les Indiens se font souvent embobiner en signant des contrats juridiques aux clauses subtiles. Ils cèdent contre la promesse d'indemnités qui ne viendront jamais. En un mot, ils se font voler, avant d'être déportés à l'est du Mississippi, avec pour seul horizon la soumission à la prétendue civilisation. Mais des tribus vont se rebeller, comme les Sioux, les Cheyennes et surtout les Apaches, les plus farouches. Des chefs charismatiques vont prendre la tête de la résistance : Crazy Horse, Sitting Bull ou Cochise. Et bientôt, un jeune Apache qui entend lui aussi marcher sur le sentier de la guerre : Geronimo !

Une vocation née de la barbarie des visages pâles

Geronimo, lui, n'est pas un chef indien. À l'origine, c'est un homme-médecin, un chaman et un guerrier très respecté. Il fait partie des Bedonkohe, mais il exerce une grande influence sur l'autre grande tribu apache, les redoutables Chiricahuas, les plus déterminés à résister face à l'oppresseur. À tel point que Geronimo est admis au conseil de guerre des Chiricahuas. Mais c'est un événement tragique qui va le faire basculer définitivement dans une lutte sans merci contre les États-Unis d'Amérique et le Mexique. Un jour de 1851, à son retour d'un déplacement pour aller échanger des peaux contre diverses marchandises, il retrouve sa mère, sa femme et ses trois jeunes enfants massacrés par les soldats espagnols du Mexique. On raconte que Geronimo, respecté aussi pour ses pouvoirs surnaturels, aurait fait la veille le rêve prémonitoire que des hommes blancs viendraient sur la terre des siens pour les exterminer. Geronimo a la rage. Il sent monter en lui le feu sacré. Il se lance alors dans une série de raids en représailles. Et c'est lors de l'un de ces raids vengeurs qu'il va gagner le nom qu'on lui connaît. Nous sommes le 30 septembre 1851, le jour de la Saint-Jérôme. Dans un élan de fureur, le guerrier apache et ses hommes fondent sur un détachement de soldats mexicains comme des faucons sur une proie. Les cris des Mexicains invoquant saint Jérôme pour leur défense (« Geronimo ! Geronimo ! ») restent gravés dans sa mémoire. Ça sonne bien, Geronimo ! C'est le son de la terreur dans le cœur de ses ennemis. Il décide d'en faire son nom de guerre.

Notre homme connaîtra pourtant une nouvelle tragédie un peu plus tard. Lors d'une autre attaque surprise, les Mexicains tuent sa nouvelle épouse et son fils. Désormais, Geronimo n'a plus rien à perdre. Il vouera sa vie entière à combattre les envahisseurs : Mexicains ou Américains. Car ces derniers ne sont pas en reste en matière de carnage. En 1864, pendant la guerre de Sécession, les troupes nordistes ont détruit un village cheyenne du Colorado, en pleine négociation de paix. C'est l'épouvantable massacre de Sand Creek, qui laisse une centaine de tués, dont des femmes, des vieillards et des enfants. Un traumatisme chez les Indiens et une tache noire indélébile dans l'histoire des États-Unis. Eh oui, la proclamation d'émancipation du président Lincoln ne valait pas pour les « Peaux-Rouges », il faut croire... Des hommes, disons-le sans ambages, considérés ouvertement par les colons comme des êtres inférieurs, avec leurs coutumes ancestrales et leurs moyens rudimentaires. La vie d'un Indien ne pèse pas lourd dans ce nouveau monde WASP qui place pourtant la liberté au centre de ses valeurs cardinales.

Geronimo multiplie les raids et commence à faire parler de lui. Les Apaches se risquent même à des grandes batailles frontales, comme les 15 et 16 octobre 1862, à Apache Pass, en Arizona, contre les volontaires de l'Union de la colonne de Californie. C'est l'une des plus grandes batailles entre les Américains et les Apaches Chiricahuas. Geronimo y participe aux côtés de Cochise et du chef apache Mangas Coloradas. C'est une grande victoire pour les Indiens, mais elle n'est pas bien exploitée. Contre l'avis de Geronimo, Mangas Coloradas, mal conseillé par un trappeur, signe un traité de paix avec l'ennemi avant d'être finalement torturé et abattu. Geronimo gardera toujours une grande méfiance lors des négociations avec les hommes blancs, qui selon lui ne respectent pas la parole donnée. Et il a bien raison de se méfier. La preuve : les Apaches obtiennent la création d'une réserve sur leurs terres, suite à un accord de paix. Mais des années plus tard, la réserve chiricahua est fermée par les autorités américaines. Les Apaches sont déportés vers l'est, jusqu'à Fort Marion, en Floride. Cette marche forcée de 3 000 kilomètres sera appelée la « piste des Larmes » par les Indiens. On les transfère de fort en fort, de camp en camp, au gré des décisions administratives. L'une de ces prisons à ciel ouvert est San Carlos, en Arizona, un lieu maudit pour les Indiens. Les terres arides sont infertiles, disent-ils, et le climat est infect. Les maladies des Blancs, la malaria ou la tuberculose, font des ravages. Loin de leurs terres ancestrales, les Indiens ne peuvent pas trouver les plantes nécessaires à leur médecine traditionnelle. Des tribus différentes sont mélangées sans égard et obligées de cohabiter dans des conditions affreuses. Les Américains entendent débarrasser les Indiens de leurs coutumes avec le temps et les plier ainsi au mode de vie occidental. Une grande partie d'entre eux mourront à San Carlos, de maladie ou même de désespoir. Geronimo, lui, refuse de se soumettre. Avec ses proches camarades et une centaine d'autres Apaches, il prend la poudre d'escampette en vue de poursuivre le combat. Notre rebelle commence à présent une longue carrière de fugitif.

La guérilla : une stratégie redoutable

À la fin des années 1870, dans l'état-major de l'armée américaine, le nom de Geronimo est sur toutes les lèvres. On le rend responsable de toutes les attaques, même quand elles ne sont pas de son fait. Avec peu de moyens et peu de combattants, le guerrier insoumis ne peut pas mener une guerre conventionnelle. Il a compris que dans une guerre asymétrique, il fallait mettre toute sa force sur la faiblesse de l'ennemi. Les flèches et les tomahawks ne peuvent pas seuls lutter contre les pièces d'artillerie. Alors, il faut miser sur la fulgurance, la mobilité et la ruse. Être nulle part et partout à la fois.

Geronimo est passé maître dans l'art de la guérilla, une petite guerre d'escarmouches et d'accrochages, redoutablement efficace, grâce à sa maîtrise du territoire et sa bravoure au combat. C'est ainsi que les soldats américains tombent dans des embuscades, et les Indiens s'évanouissent dans la nature après avoir pris possession des armes, des munitions et des chevaux. Comment retrouver alors leurs traces dans ces immenses contrées hostiles ? Les Indiens, eux, jouent à domicile.

Les Américains adoptent alors une technique bien éprouvée : ils emploient des agents indiens pour accomplir la besogne. Rien ne vaut un Indien pour traquer un autre Indien. La méthode fonctionne. Geronimo est arrêté en 1877 et envoyé à San Carlos. À peine arrivé, il songe déjà à se faire la belle. Pas question de croupir dans cette maudite réserve. Il s'évade et retourne au Nouveau-Mexique, où il vit de pillages. Mais le général Crook est en charge de la traque et ne lui laisse aucun répit. Il finit par mettre la main sur l'Apache en cavale. Geronimo est de nouveau contraint de regagner San Carlos en 1879. Retour à la case départ. Mais après un an de travaux agricoles, rebelote ! L'arrestation brutale et la mort d'un autre grand leader apache, Nochedelklinne, décide Geronimo à reprendre le sentier de la guerre. En septembre 1881, il s'évade avec seulement 35 guerriers et… 109 femmes, enfants et bébés !

Geronimo et ses deux fidèles camarades, Naiche et Juh, lancent de violentes attaques contre les colons blancs. En novembre 1882, ils abattent vingt-deux soldats mexicains, avant de s'évaporer dans les montagnes mexicaines. Cinq mois plus tard, en mars 1883, ce sont vingt-six colons américains qui sont tués par les Indiens. À Washington, on commence à sérieusement s'impatienter. Le général Nelson Miles succède au général Crook pour traquer la bête noire des États-Unis. C'est un homme déterminé, inflexible et rusé, lui aussi. Il a carte blanche pour capturer l'ennemi public numéro 1 : Geronimo. Il parvient à cerner les irréductibles et à les asseoir à la table des négociations. Les Apaches acceptent alors le principe d'une reddition. En 1884, Geronimo s'établit donc de nouveau dans la maudite réserve de San Carlos. Et devinez quoi ? Je vous le donne en mille : il ne tient pas en place et se languit de ses terres ancestrales. Il est comme ça, Geronimo, il ne sait pas vivre enchaîné. On ne lui dicte pas sa conduite. Il préfère courir tous les dangers, manger des racines, cavaler toute la sainte journée et dormir à la belle étoile, mais en liberté. C'est ainsi qu'il s'évade, une fois de plus suivi par un carré de fidèles. C'est sa quatrième évasion, et ce sera la dernière.

La dernière chevauchée sauvage

Geronimo et une poignée d'irréductibles sèment la terreur en lançant de nouveaux raids meurtriers en Arizona et au Nouveau-Mexique. Le général Miles est à ses trousses, avec 5 000 soldats, soit près d'un quart de l'armée américaine, guidés par les éclaireurs apaches qui collaborent avec l'envahisseur. 3 000 soldats mexicains sont aussi mobilisés contre les Apaches au sud de la frontière. Pendant cinq mois, Geronimo et ses hommes parviennent à passer entre les mailles du filet, en se terrant dans les montagnes de la Sierra Madre. Ils changent le lieu du bivouac presque tous les jours. C'est carrément de la survie, dans des conditions extrêmes. La nourriture est rare et les nuits sont fraîches. À cinquante-cinq ans, l'indomptable Geronimo semble doté de pouvoirs surhumains ! C'est en tout cas ce que croit son peuple, qui voit en lui un grand chaman.

Geronimo lui-même pense que le Grand Esprit lui a donné le pouvoir d'éviter les balles des fusils ou de ralentir la course du soleil. Il a foi en ses rêves prémonitoires qui lui révèlent l'arrivée de l'ennemi à l'avance. Mais la science du chaman couplée à l'endurance du guerrier ne suffira pas pour tenir éternellement, avec des milliers d'hommes bien équipés et bien nourris sur ses talons. Le groupe de fugitifs n'est plus composé maintenant que de seize guerriers, douze femmes et six enfants. L'étau se resserre. Geronimo, épuisé, harcelé sans relâche, décide de se rendre, le 4 septembre 1886, à Skeleton Canyon près de la frontière de l'Arizona et du Nouveau-Mexique. La mort dans l'âme, il déclare à ses ennemis : « Autrefois, je filais comme le vent. À présent, je me rends à vous, et voilà tout. » Il est placé sous surveillance militaire étroite à Fort Pickens, en Floride, avec quatorze de ses braves. Après les Sioux et les Cheyennes, les Apaches Chiricahuas ont déposé les armes pour de bon. Cette capitulation marque la fin des guerres indiennes et le début d'une nouvelle vie pour Geronimo : la retraite.

La fin de vie du héros a pourtant quelque chose de pathétique. En 1894, les Apaches Chiricahuas sont transférés à Fort Sill, en Oklahoma. Geronimo mène alors une vie paisible de fermier. Il travaille dans un ranch. Bon an mal an, il se convertit au christianisme, sans vraiment renier la foi de ses ancêtres. En réalité, Geronimo est gagné par une certaine amertume. Il regrettera jusqu'à la fin de ses jours son ultime reddition. « Je n'aurais jamais dû me rendre, déclare-t-il à qui veut l'entendre, j'aurais dû combattre jusqu'à être l'ultime combattant en vie. » Trop tard pour reprendre du service, Geronimo est maintenant un vieil homme usé par des décennies de guerre et de cavale. Bien conscient de sa renommée, il commence à dicter ses mémoires de guerre. Quant à sa fin, pour la petite histoire, un chien militaire portait le nom de Geronimo pendant les combats et s'était distingué par sa bravoure. Aujourd'hui, certains veulent aller rendre hommage à ce chien, symbole de patriotisme, mais se trompent de tombe en allant sur celle du vrai Geronimo. Eh oui, c'est bête.

D'ailleurs, trouver l'authentique tombe de Geronimo n'est pas si simple. Une rumeur accuse une société secrète, la Skull & Bones, sorte de fraternité étudiante de l'élite américaine et antichambre du pouvoir, d'avoir profané la tombe du grand guerrier apache à Fort Still, en Oklahoma. Elle aurait volé son crâne et s'en servirait depuis pour ses rituels initiatiques. Prescott Sheldon Bush, père et grand-père de présidents, est particulièrement visé par ces accusations. Une lettre datée de 1933 et signée par l'un des membres de la confrérie révèle : « Une hache a permis d'ouvrir la porte de fer et Patriarche Bush est entré et a commencé à creuser. » L'authenticité du document étant contestée et en l'absence de preuve, le scandale avait fini enseveli sous les innombrables légendes qui entourent la société secrète. Mais voilà qu'en 1986, l'affaire prend une autre tournure quand Ned Anderson, le président de la réserve indienne de San Carlos en Arizona, demande officiellement à Skull & Bones de rapatrier les restes de la dépouille de Geronimo. Un des membres de Skull & Bones prend contact avec lui et lui affirme, photo à l'appui, qu'il s'agit bien du crâne de Geronimo, et que la fraternité de Yale est prête à le lui restituer. Le rendez-vous est pris. Jonathan Bush, l'un des fils de Prescott Bush, lui présente un caisson de verre avec le crâne à l'intérieur. Anderson le refuse tout net, au motif qu'il est bien trop petit pour être celui du noble guerrier de la tribu Chiricahua. Un crâne d'enfant de dix ans, selon ses dires. Les avocats de la société le menacent d'une lourde procédure pour récupérer la correspondance et la photo jointe. Mais Anderson tient bon.

Nouveau rebondissement en 2006 : une lettre découverte par un historien, écrite en 1918 par un membre de la confrérie, confirme celle de 1933 : « Le crâne de l'honorable Geronimo le Terrible a été exhumé de sa tombe à Fort Still [...] et est désormais à l'abri, de même que ses fémurs bien usés. » Et cette fois, le document est authentifié. Son auteur, Winter Mead, qui n'est pas un témoin direct, cite parmi les présumés profanateurs Charles Haffner, qui se trouvait bien à Fort Still en 1918, dans ce qui était une école d'artillerie de l'armée américaine. Et, parmi les membres de la société, qui était l'un de ses compagnons d'armes ? Un certain Prescott Bush... Voilà qui donne à réfléchir.

Bref, on ne connaîtra sans doute jamais la vérité sur cette funeste affaire. Toujours est-il que le crâne de Geronimo a disparu. Et il n'est pas interdit de penser que cette relique constitue un trophée pour certains. Car Geronimo reste aujourd'hui un symbole de la résistance à l'empire américain. Un empire qui s'est bâti – n'ayons pas peur des mots – sur le génocide des Amérindiens. Entre les guerres, les maladies, les famines et les mauvais traitements en tout genre, les peuples autochtones d'Amérique auront été décimés à près de 90 % après l'arrivée des colons blancs. Au-delà des chiffres, sur lesquels les historiens ont bien du mal à s'accorder, il est incontestable que la quasi-disparition du peuple indien est l'une des grandes tragédies de l'Histoire. Le camp de la civilisation s'est en effet imposé en Amérique par la force et parfois la barbarie. Que l'on songe à cette phrase prophétique, souvent attribuée à Geronimo, mais peut-être de Sitting Bull en réalité, peu importe, car elle renferme une sagesse indienne essentielle que l'on aurait tort de mépriser : « Quand le dernier arbre aura été abattu, quand la dernière rivière aura été empoisonnée, quand le dernier poisson aura été pêché, alors on saura que l'argent ne se mange pas. » Voilà qui est éternel ! Je vous laisse méditer...

CLEMENCEAU

Le Tigre

Ah ! C'était un sacré personnage, un rude gaillard, un têtu, un gaulois réfractaire, aux formules lapidaires et non dénué d'humour. Ainsi, à la fin de sa vie, il déclare : « La vie m'a appris qu'il y a deux choses dont on peut très bien se passer : la présidence de la République et la prostate. » Ça donne le ton. Clemenceau avait en effet l'envergure pour être un grand président sous la IIIe République, au début du xxe siècle. Député redoutable, journaliste au verbe haut, sénateur, ministre de l'Intérieur intraitable, président du Conseil pendant la Première Guerre mondiale, il est surnommé le « Père la Victoire », ou encore « le Tigre ». Car c'est un fauve indomptable, à la moustache hérissée, aux sourcils broussailleux, qui rugit ses diatribes mordantes, acérées comme des griffes. Mais c'est aussi un homme sensible, qui dans son jardin secret cache ses amours et ses amitiés, comme celle qui le lie au peintre impressionniste Claude Monet. Il prouve que des tranchées de Verdun au jardin de Giverny, il n'y a qu'un pas quand on veut embrasser toute une époque. Alors parlons un peu de Georges Clemenceau.

Un père jacobin surnommé « le Sans-culotte », ça vous marque !

Clemenceau… C'est un nom typique de la Vendée. Georges Clemenceau est né le 28 septembre 1841 à

Mouilleron-en-Pareds, un bled niché dans le bocage vendéen. Un territoire qui forge des caractères bien trempés. On se souvient du baron noir Gilles de Rais, ou du général contrerévolutionnaire François-Athanase Charrette. Les Vendéens auraient-ils un penchant naturel pour n'en faire qu'à leur tête ? Toute la vie de Clemenceau vient accréditer cette idée. Et c'est lui-même qui l'avouera plus tard : « C'est au caractère vendéen que je dois le meilleur de mes qualités. Le courage, l'obstination têtue, la combativité. » Nos amis vendéens apprécieront, j'espère !

Dans son enfance, le petit George Clemenceau coule des jours heureux et insouciants, au sein d'une fratrie de six enfants. Sa famille appartient à la bourgeoisie locale et habite un beau manoir. Mais son père, Benjamin, médecin de profession, républicain intransigeant, détonne dans cette région de tradition royaliste et catholique. Ses idées jacobines et anticléricales lui valent un sobriquet chez les gens du coin : « le Sans-culotte ». Chez les Clemenceau, on a le buste de Robespierre sur la cheminée, c'est dire ! Cette figure paternelle marque profondément le petit Georges, qui voue dès le plus jeune âge une passion à la Révolution française et à ses idéaux de liberté, d'égalité et de fraternité. Un jour son père, opposant déclaré au régime de Napoléon III, est arrêté par la police en vue d'être déporté en Algérie. Quand il y part, Georges n'a que seize ans. Il lui fait ses adieux en prononçant ces mots prophétiques : « Père, je te vengerai. » Ce à quoi le père répond : « Si tu veux me venger, travaille ! »

Georges va donc travailler, mais pas forcément avec des résultats très brillants dans un premier temps. On sent qu'il se cherche, qu'il tâtonne. Après des études de lettres puis de médecine à Nantes, notre jeune Vendéen va finalement faire son droit à Paris. Il fréquente les milieux artistiques et républicains du Quartier latin, où il fait la connaissance de Claude Monet dès 1863. Cette amitié durera toute sa vie, et nous y reviendrons. Le jeune homme finit par trouver sa voie. Sa force, c'est le verbe. Il se sent l'âme d'un pamphlétaire. Il commence à écrire dans des canards d'étudiants et distribue ses premiers coups de griffes au second Empire sans craindre la censure. Son appel à manifester place de la Bastille afin de commémorer la révolution de 1848 lui vaut un séjour de soixante-treize jours en prison, à l'âge de vingt et un ans seulement. Ça commence fort pour notre jeune Tigre. Mais Clemenceau n'en a cure et annonce crânement : « Quand on a l'honneur d'être vivant, on s'exprime ! » Ah ça, pour s'exprimer, il va le faire, avec un goût prononcé pour les bravades, quelles que soient les conséquences. Un têtu, qu'on vous dit ! Avec une telle obstination, il pourrait finir un jour au bagne. Mais le destin a d'autres projets pour lui...

Pas très féministe, le Tigre !

En plein second Empire, notre jeune Clemenceau, encore étudiant, se lance à corps perdu dans le journalisme, où sa belle plume distribue les piques. Il aime les joutes. Les clashs, comme on dit aujourd'hui. Le combat politique l'attire. Ses idéaux républicains ne font que se renforcer à l'épreuve de la censure. Mais il est encore jeune, il attend son heure. Il n'en doute pas, elle viendra. C'est la force des âmes qui se croient appelées à un destin historique : la patience. Et en attendant d'entrer de plain-pied sur la grande scène de l'Histoire, Georges Clemenceau part pour les États-Unis. Les voyages forment la jeunesse. L'Amérique panse encore ses plaies de la guerre de Sécession. Clemenceau trouve un poste d'enseignant dans un collège pour jeunes filles à Stamford, dans le Connecticut. Ça c'est le bon plan pour faire des rencontres. Il n'y avait pas

Tinder à l'époque. Mesdemoiselles, prenez vos cahiers ! Et c'est ainsi que Clemenceau rencontre la belle Mary Plumer, qu'il épouse le 20 juin 1869 à New York. Un mariage civil, évidemment, pas à l'église. Hors de question pour notre bouffe-curé vendéen de s'incliner devant le goupillon ! « Il faut choisir entre Dieu et moi ! », assène-t-il.

Avec cette Mary Plumer qu'il ramène au pays, Clemenceau aura trois enfants et une relation plutôt orageuse. Il faut admettre qu'elle n'est pas très fute-fute, cette Américaine. Enfin, c'est ce qu'on dit. Elle parle mal le français, elle n'a pas la culture pour briller dans un salon, bref, ce n'est pas l'épouse qui peut servir de tremplin à une grande carrière. Alors Clemenceau délaisse l'« étrangère », comme il la surnomme, ce qui en dit long sur leur relation. Les affaires l'appellent à Paris, et il n'est pas du genre à jouer les papas gâteau. La pauvre Mary doit couler des jours ternes auprès de sa belle-famille en Vendée, tandis que son mari volage fait le joli cœur à Paris, au bras de petites danseuses, de jolies comédiennes et autres demi-mondaines. Clemenceau aime les femmes, il s'éprend de la cantatrice Rose Carron ou de Léonide Leblanc, star du théâtre de Vaudeville, qui s'affiche au bras de nombreux amants. Clemenceau dira d'elle : « Placez-la au sommet du mont Blanc, elle sera encore très accessible. » La classe… À la jeune poétesse Anna de Noailles, il fait un jour livrer des œufs de ses poules accompagnés du mot suivant :

« De bons œufs à la coque,
Voici belle coquette.
Étant un très bon coq,
puis-je être la mouillette ? »

C'est qu'il n'est pas très féministe, notre ami Clemenceau, il serait plutôt carrément machiste. Alors, je sais bien qu'il ne faut pas juger les mœurs d'une époque à l'aune de la nôtre, mais le traitement que Clemenceau réserve à sa pauvre épouse américaine montre bien que le Tigre peut se transformer en mufle, pas tendre pour un sou avec les gazelles… La pauvre Mary se morfond en Vendée avec les beaux-parents taiseux. Les heures s'égrènent lentement, près de la pendule, avec un tricot sur les genoux. Alors, pour mettre du piment, elle finit par prendre un amant. Il y a un peu de madame Bovary en elle. On est en plein dans l'époque. Clemenceau finit par comprendre le petit manège. Et là, sa colère explose. Car aussi progressiste que Clemenceau puisse paraître dans la postérité, il n'en a pas moins une conception très bourgeoise du mariage. Pour lui, c'est les femmes à la maison, avec les enfants, les maris au turbin, et les vaches seront bien gardées. Il est contre le vote des femmes, qu'il considère comme un « péril ». « Le meilleur moment de l'amour, c'est quand on monte l'escalier », dira-t-il un jour. Voyez l'état d'esprit ! Et la pauvre Mary, elle va les dégringoler avec fracas, les escaliers… Quand il apprend la trahison, il ne lui fait pas de cadeau. Il la fait suivre et fait constater un flagrant délit d'adultère par un commissaire de police. Il exige que la loi soit appliquée sans pitié. Le délit d'adultère est passible de quinze jours de prison. Mary se retrouve donc en prison parmi les voleuses et les prostituées. Et vous croyez qu'il va s'arrêter là, le Tigre ? Lui qui collectionne les maîtresses sans vergogne ? Eh ben non, il demande le divorce et l'obtient aux torts de sa femme, qui n'aura rien et surtout pas la garde des trois enfants. Clemenceau exige même qu'elle soit expulsée de France, séance tenante, comme étrangère condamnée pour délit de droit commun.

Mary embarque sur un vapeur avec – ultime humiliation – un billet de troisième classe direction Boston. Incapable de pardonner, Clemenceau ira jusqu'à brûler devant ses trois enfants toutes les photographies et lettres de son ex-femme, afin qu'ils n'aient plus le moindre souvenir de leur mère, l'étrangère, la « traîtresse » comme il l'appelle maintenant.

Et quand il apprendra sa mort dans la solitude et le dénuement, Clemenceau ne fera pas mieux qu'écrire ces quelques mots laconiques à son frère Albert : « *Ton ex-belle-sœur a fini de souffrir. Aucun de ses enfants n'était là. Un rideau à tirer.* » Et bim ! Rancunier, le mec. Bref, ainsi débarrassé d'une épouse encombrante, Clemenceau, lui, peut voler au devant de sa carrière. Car le destin l'appelle !

Député de Paris… et grand orateur

En 1876, Clemenceau est élu député de Paris. La politique lui ouvre ses portes. Il siège à l'extrême gauche et devient vite le chef de file de l'opposition parmi les républicains radicaux. L'Assemblée est pour le Tigre une sorte d'arène, un théâtre dans lequel il peut s'illustrer grâce à son sens inné de la repartie, son « agressivité pure, gratuite, incongrue », comme le soulignera l'écrivain Julien Gracq. Léon Blum dira même qu'il est le plus grand orateur de la IIIe république, ce qui n'est pas peu dire à l'époque de Jaurès et Gambetta. Car sous la IIIe, les députés s'écharpent souvent à la tribune avant de croiser le fer, le matin à l'aube, sur le pré, accompagnés de leurs témoins. La Belle Époque est l'âge d'or des duels et aussi des pamphlétaires. Et Clemenceau adore ces joutes verbales, où il emporte l'adhésion en mettant les rieurs de son côté. On ne compte plus ses saillies féroces qui percent ses contradicteurs comme des estocades. À propos du futur maréchal Lyautey, dont le penchant homosexuel n'est pas un mystère, il déclare : « Voilà un homme admirable, courageux, qui a toujours eu des couilles au cul… dommage que ce ne soient pas toujours les siennes. » Bon j'avoue, c'est drôle, mais ça ne passerait plus aujourd'hui… Après l'accident du président de la République Paul Deschanel, tombé d'un train en marche, il déclare : « Il a toujours été pressé d'arriver. » D'ailleurs, en juillet 1894,

Clemenceau s'est même battu en duel avec Paul Deschanel, pour l'avoir traité de menteur et de lâche. Le Tigre blesse son adversaire au front et à la paupière droite. Clemenceau participera à une douzaine de duels dans sa carrière, à l'épée ou au pistolet. Ce qui en fait un des champions de la discipline. À propos de Jaurès, à qui il reproche son idéalisme peu en phase avec la réalité, il dit : « On reconnaît un discours de Jaurès au fait que tous les verbes sont au futur. » Allez boum, au suivant. Ah celui-là, je l'aime bien. Un classique ! À la mort du président Félix Faure, dans les bras d'une prostituée, Clemenceau conclut : « Il voulut être César, il ne fut que Pompée. » Allez, un petit dernier pour la route ? Lorsque la candidature d'Alexis Piron est rejetée par l'Académie française, Clemenceau déclare : « Donnez-moi quarante trous du cul et je vous fais une Académie française. »

Alors forcément, avec ce genre de mots assassins et d'un goût discutable, Clemenceau va se faire un paquet d'ennemis, ce qui ne l'effraie pas outre mesure. « Ne craignez jamais de vous faire des ennemis, dit-il, si vous n'en avez pas, c'est que vous n'avez rien fait. » Clemenceau est tant redouté à l'Assemblée qu'on le surnomme le « tombeur de ministères ». Il s'oppose farouchement à la politique coloniale de la France en affrontant le président du Conseil, un certain Jules Ferry. Vous savez, le grand promoteur de « l'école publique laïque, gratuite et obligatoire ». Eh bien, il était aussi très engagé dans l'expansion coloniale française. Je cite Jules Ferry : « Il faut dire ouvertement qu'en effet les races supérieures ont un droit vis-à-vis des races inférieures. Elles ont le devoir de civiliser les races inférieures. » Ce à quoi Clemenceau répondra avec sa verve habituelle dans un fameux discours à la chambre le 31 juillet 1885, très en avance sur son temps : « Races supérieures, races inférieures, c'est bientôt dit ! Pour ma part, j'en rabats singulièrement depuis que j'ai vu des savants allemands démontrer scientifiquement que la France devait être vaincue dans la guerre franco-allemande parce que le Français est d'une race inférieure à l'Allemand. Depuis ce temps, je l'avoue, j'y regarde à deux fois avant de me retourner vers un homme et vers une civilisation, et de déclarer : homme ou civilisation inférieurs. »

En 1894 éclate la grande affaire qui ébranlera la IIIe République et déchirera toute la société française : l'affaire Dreyfus. Clemenceau prend vite fait et cause pour l'infortuné capitaine juif, accusé de haute trahison, dégradé dans la cour de l'école militaire et déporté sur l'île du Diable, à des milliers de kilomètres, dans des conditions épouvantables. À ce moment-là, Clemenceau a repris son activité de journaliste, car un échec électoral l'a contraint à se mettre en retrait de la vie politique, mais il ne navigue jamais bien loin de ses rivages. Il faut dire que, deux ans avant l'affaire Dreyfus, il a lui-même été éclaboussé par une grande campagne de calomnie dans le scandale de Panama. Des députés hostiles avaient monté en épingle une cabale, accusant Clemenceau d'avoir touché des pots-de-vin, allant même jusqu'à inventer de fausses preuves. Clemenceau avait été blanchi mais la calomnie, toujours tenace, avait entaché sa réputation. Alors, quand l'affaire Dreyfus éclate, il sait ce que ça signifie d'être le bouc émissaire d'une meute. Clemenceau se range du côté des dreyfusards et se jette dans la mêlée. Il ouvre les colonnes de son journal *L'Aurore* à un grand écrivain engagé, Émile Zola. Celui-ci écrit une célèbre tribune qui défend Dreyfus, avec pour titre initial : « Lettre à M. Félix Faure, Président de la République ». Clemenceau trouve ça un peu mou du genou… « Non dit-il, il faut un titre qui soit un cri pour la rue. Une déclaration de guerre ! » Et c'est le Tigre en personne, plus éloquent que jamais, qui trouve le titre définitif, entré dans la légende : « J'accuse ! »

À l'orée du XXe siècle, revigoré par l'affaire Dreyfus, Clemenceau se remet en selle et s'engage dans tous les grands combats politiques. Il défend par exemple la loi de 1905, qui marque la séparation de l'Église et de l'État. Alors qu'elle ne visait que les congrégations religieuses non autorisées, Clemenceau, anticlérical jusqu'au bout des ongles, réclame la « suppression pure et simple au nom de la liberté » des « congrégations religieuses ». Il fulmine contre les ordres : « Retirés du monde, les moines sont partout répandus dans le monde. La congrégation plonge ses racines dans tous les compartiments de l'État, dans toutes les familles. Et de toute sa puissance, elle enserre pour notre malheur cette société moderne, ce progrès, ce libéralisme que le Syllabus a condamné. » Son papa « le Sans-culotte » aurait été fier de son fiston. Mais pour Georges Clemenceau, le meilleur reste à venir.

L'ami des poilus et le Père la Victoire

En mars 1906, à soixante-cinq ans, Clemenceau obtient son premier portefeuille ministériel. Il demande celui de l'Intérieur. Il lui faut de l'action. Arrivé place Beauvau tambour battant, il déplore l'esprit pantouflard qui règne dans le ministère. Clemenceau n'a jamais été tendre avec les fonctionnaires, au point de déclarer un jour : « Les fonctionnaires sont les meilleurs maris : quand ils rentrent le soir à la maison, ils ne sont pas fatigués et ont déjà lu le journal. » Alors, il va réveiller tout ce petit monde, avec des mesures énergiques, dont la plus fameuse est la création des brigades régionales de police mobile. Clemenceau déplore le manque de moyens de la police, face à une criminalité de plus en plus organisée, armée et équipée, qui sème la terreur dans les campagnes françaises. Et les flics, eux, sont à bicyclette avec toujours un temps de retard ! Les malfrats sont mobiles ? Eh bien que la police le soit aussi. Ces nouvelles brigades mobiles, dotées de bolides flambant neufs, vont entrer dans la légende sous le nom des brigades du Tigre ! On pourrait dire que ces années au ministère de l'Intérieur sont un peu un tour de chauffe pour Clemenceau, un moyen de tester sa capacité d'action. Car ce qui couve à l'été 1914, ce n'est pas une nouvelle affaire ou une nouvelle vague de crimes, non, c'est une guerre, et pas n'importe laquelle, celle que l'on appellera la Grande Guerre !

Lorsqu'elle éclate, Clemenceau se montre d'emblée un chaud partisan d'une lutte sans merci contre l'Allemagne. « Mourir n'est rien, il faut vaincre », déclare-t-il. Ah, on reconnaît bien son sens de la formule. Il est encore journaliste au début de la guerre et il tire à boulets rouges contre les ministères, qui selon lui ne prennent pas des mesures assez radicales. Il fustige le défaitisme, le pessimisme et le pacifisme. Il se fait le champion de la cause patriotique et va jusqu'à mettre en cause la compétence de l'état-major avec cette phrase célèbre : « La guerre est une affaire trop sérieuse pour la confier à des militaires. » Il critique même le maréchal Joffre, l'intouchable vainqueur de la Marne. Le Tigre veut en découdre. Le Tigre est prêt à bondir. Tapi dans l'ombre, il attend son heure. Elle sonne enfin lorsqu'il est appelé à siéger à la commission des Affaires étrangères du Sénat et à la Commission de l'armée. Il en devient rapidement le président. Il multiplie les visites au front et gagne aussitôt la sympathie des poilus, en arpentant les tranchées et en se hissant au péril de sa vie sur les barricades avec sa canne et son petit chapeau mou. Risquant de prendre une balle, il adresse un poing vengeur aux Allemands, en hurlant : « On vous aura ! » Ça crée son effet. Les poilus voient en lui, non pas un politicard de l'arrière, mais un homme qui mouille le maillot et qui veut se donner les moyens de la victoire. Voilà son obsession. C'est pourquoi on le surnomme « le Père la Victoire », ce petit gaillard moustachu, trapu, bourru, à l'allure de vieux Gaulois. Il fait tout pour améliorer les conditions sordides des hommes du front, qui vivent dans la boue, le froid, les poux, le gaz moutarde, sans parler des bombardements incessants. On manque de tout ! Clemenceau donne des directives pour que les soldats soient mieux nourris, mieux soignés, en somme, mieux traités. En retour, des poilus lui offrent un modeste bouquet de fleurs. Ému aux larmes, Clemenceau leur dit, droit dans les yeux : « Messieurs, vous ne pouvez pas faire un cadeau plus beau à celui qui a la responsabilité de vous sacrifier pour la patrie, je n'oublierai pas. Je vous jure solennellement que ces quelques fleurs m'accompagneront jusque dedans la tombe. » Il tiendra parole.

Mais le temps n'est pas encore venu pour lui de casser sa pipe. En cette année 1916, cette guerre rime avec enfer. L'enfer sur terre. L'apocalypse de Verdun précède l'hécatombe du Chemin des Dames, pour seulement quelques mètres d'avancée. Des mutineries éclatent. La nation est exsangue. Les Allemands sont à deux doigts de créer la percée et de marcher sur Paris. On ne voit pas le bout du tunnel. Mais dans l'obscurité, Clemenceau garde l'espoir et ne cesse d'alimenter cette flamme de la victoire qu'il sait possible. Est-il l'homme providentiel ? Le président de la République Raymond Poincaré nomme Clemenceau à la présidence du Conseil. Il a maintenant les coudées franches pour mener la guerre totale contre l'Allemagne.

Clemenceau impose ses vues aux Alliés. Il fait du maréchal Foch le commandant suprême de toutes les armées. La guerre trouve un nouvel élan, notamment grâce à l'arrivée des troupes américaines. La situation bascule en faveur de la France. Enfin, au matin du 11 novembre 1918, le téléphone sonne dans le bureau de Clemenceau. C'est le maréchal Foch qui annonce la nouvelle que le monde attend avec impatience : l'armistice est signé. La guerre est terminée. La France est du côté des vainqueurs. Elle baigne dans l'euphorie, même si un million quatre cent mille hommes manquent à la liesse nationale. La France sait tout ce qu'elle doit à ses poilus et au Père la Victoire, l'homme qui est resté debout dans la tempête. On l'acclame à l'Assemblée. Il est bien loin le temps des polémiques et des joutes verbales. Clemenceau fait l'unanimité. Même Guillaume II, l'empereur du Reich, en exil, dira : « Celui qui nous a vaincus, c'est Clemenceau. »

La retraite : les voyages, l'amitié de Monet... et enfin l'amour !

L'armistice de la Première Guerre mondiale est le triomphe de Clemenceau. Et pourtant, cette apothéose ne lui permet pas d'aller plus loin dans sa longue carrière politique. En décembre 1919, le Tigre brigue la présidence de la République, à la suite de Raymond Poincaré. Mais ses nombreux ennemis, à gauche comme à droite, s'unissent pour soutenir la candidature de son adversaire, le président de la Chambre des députés Paul Deschanel, qu'il avait battu en duel en 1894. L'opinion est avec lui, mais il y a des rancunes tenaces ! Et maintenant que la guerre est finie, Clemenceau passe pour un homme autoritaire, qui a mal exploité la victoire lors des négociations de paix conclues par le traité de Versailles. Clemenceau, sentant le vent tourner, renonce à sa candidature à l'Élysée, présente sa démission du gouvernement et se retire de la vie politique.

Il consacre désormais son temps aux voyages et aux bonheurs privés. Il parcourt l'Égypte, le Soudan et l'Inde à l'invitation du maharadja de Bikaner. Au cours de son périple, Clemenceau tue deux tigres. Relatant ses exploits à la comtesse Aunay, il relativise : « Tigre tiré en plein bond et retombant pour dernières convulsions. C'est très simple. J'ai un fusil et le tigre n'en a pas. » Ah Clemenceau, toujours le bon mot. Toujours, ce flegme que l'on dirait anglais, s'il n'était pas un indécrottable Vendéen, jusqu'au bout des griffes. C'est d'ailleurs en Vendée qu'il vient se ressourcer, en 1921, inaugurant le monument aux morts de Mouilleron-en-Pareds, son village natal. Deux ans plus tard, il rencontre Marguerite Baldensperger. Elle a quarante-deux ans. Il en a quatre-vingt-deux. Et pourtant, c'est l'amour au premier regard. « Il n'y a pas de vieux messieurs, il n'y a que des femmes maladroites », s'amuse-t-il. Mais cet amour est avant tout intellectuel, platonique, une communion d'âmes : « Je vous aiderai à vivre et vous m'aiderez à mourir, voilà notre pacte », dit-il à la douce Marguerite.

Le vieux Tigre reste aux aguets, ouvert à la beauté du monde. Il rend visite à son vieil ami le peintre Claude Monet dans son jardin coloré de Giverny. Leur amitié a traversé le temps. Une amitié de soixante ans. C'est d'ailleurs Clemenceau qui a obtenu que *Les Nymphéas* soient exposés à l'Orangerie des Tuileries, à Paris. Les deux complices se comprennent jusqu'au bout. Clemenceau vient voir Monet sur son lit d'agonie. Le peintre meurt dans les bras du Tigre. Celui-ci suit le cortège funèbre avec émotion et va arracher le voile noir qui recouvre le cercueil en s'emportant comme au bon vieux temps de la tribune : « Allons, pas de noir, le noir n'est pas une couleur pour Monet ! »

Monet est parti. Clemenceau, à quatre-vingt-huit ans, sait que son heure est proche. Frappé d'une crise d'urémie en novembre 1929, il agonise pendant trois jours avant de s'éteindre, non sans laisser une ultime formule sublime pour la postérité : « Pour mes obsèques, je ne veux que le strict minimum, c'est-à-dire moi. » Le Tigre a rendu son dernier soupir. Mais la France reste à jamais marquée par son souvenir. Parfois, quand souffle l'esprit de la défaite, d'outre-tombe, on croit l'entendre encore rugir.

CHURCHILL

Le nouveau Pit… bull de l'Angleterre

C'est l'un des hommes politiques les plus célèbres du XXe siècle. Garder le cap durant la Seconde Guerre mondiale et ne jamais fléchir face à Hitler, ça aide à ce qu'on se souvienne de vous. Encore plus quand on est le roi des citations qui font date sur tous les sujets ! Churchill avait le sens de la formule, de la punchline même, et un sacré sens de l'humour. On lui doit un nombre incalculable de phrases marquantes, petites ou grandes. « Tout le monde savait que c'était impossible à faire ; puis un jour est venu un homme qui ne le savait pas et il l'a fait » ou : « La démocratie est le pire des systèmes, à l'exclusion de tous les autres. » Ah, et celle-ci que j'aime beaucoup : « Le succès, c'est se promener d'échecs en échecs sans perdre son enthousiasme. » Cette dernière citation résume d'ailleurs assez bien le parcours de Churchill, dont le chemin fut jalonné d'ornières. Ce politicien ambitieux, parfois opportuniste, a connu bien des défaites, des mises au placard, des traversées du désert. Ses lacunes en économie, sa vision passéiste de l'Empire britannique ne lui ont pas toujours rendu service, mais sa clairvoyance face à l'Allemagne nazie, sa détermination, son éloquence, sa passion pour la guerre l'ont conduit au sommet au moment où son pays et le monde avaient le plus besoin de lui. Suivons ensemble la vie incroyablement mouvementée de ce lion qui jusqu'au bout n'a jamais voulu s'arrêter de courir et de rugir.

La jeunesse d'un homme pressé

Comme tous les lions, Churchill a d'abord été un lionceau. Il y a une photographie bien connue du petit Winston. C'est pratique les portraits d'enfants, on peut s'amuser à identifier – a posteriori – les marqueurs de ce qu'ils deviendront plus tard. Il est accoudé à un fauteuil dans une attitude mêlant nonchalance et prestance, une main reposant sur la hanche, les jambes croisées. Il n'a que sept ans et on pressent chez lui une personnalité ambitieuse, persuadée d'être destinée à faire de grandes choses. Il faut dire que Winston a un pedigree qui le pousse à avoir confiance. Il vient d'une famille aristocrate réputée, les Spencer-Churchill, descendants des ducs de Marlborough qui se sont illustrés en politique et dans les succès militaires. Certes il n'a pas droit au titre de lord parce que son père n'est que le fils cadet du septième duc de sa lignée, mais bon, il naît tout de même, le 30 novembre 1874, dans un des plus splendides palais d'Angleterre, le Blenheim Palace, avec une cuillère d'argent dans la bouche. Il ne sera pas pour autant un enfant cajolé. Sauf par sa nourrice Elizabeth Anne Everest qui l'adore, d'ailleurs Winston conservera toute sa vie un portrait d'elle sur son bureau. Mais ses parents, eux, se montrent très distants. Vous me direz ça correspond assez bien à l'époque et au milieu de ne pas élever soi-même sa marmaille. Sa mère, Jennie Jérome, fille d'un homme d'affaires américain, devenue lady Churchill par son mariage, ne lui consacre que très peu de temps : elle est célèbre pour son esprit, son intelligence, sa grande beauté, et est débordée par les mondanités et les amants. On sait qu'elle a manqué au petit Winston, envoyé très jeune au pensionnat, qui lui écrivait des lettres déchirantes pour la supplier de venir le voir, ce qu'elle ne faisait presque jamais. Mais dans les moments où ils se retrouvent, au moins, elle se montre affectueuse avec lui.

Ce qui n'est pas du tout le cas de papa Churchill qui non seulement est un père absent, mais disons-le carrément, un père méchant. Randolph Churchill est un homme politique de premier plan, qui siège sur les bancs du parti conservateur au Parlement, où son éloquence est reconnue. À la naissance de Winston il est nommé ministre des Finances. Il n'exprime que du mépris pour son fils, turbulent et pas toujours bon élève, et lui répète qu'il n'est qu'un bon à rien stupide. Il y a des enfants que ce genre d'attitude pourrait couper de leur géniteur, mais pas Winston qui clamera toujours son admiration pour ce père dédaigneux. Un « bon à rien » ! Il y a aussi des enfants qui pourraient voir leur existence paralysée par ce genre de sentence. Eh bien Winston, il semble que cela lui ait donné plutôt l'envie farouche de réussir, de montrer de quoi il était capable, de prouver ses capacités à coups d'exploits. Il se voit faire de la politique comme son géniteur. Mais Randolph le trouve bien trop ignorant et paresseux pour faire carrière, alors il lui dit : ce sera l'armée.

Le 28 juin 1893, Winston est donc admis à l'Académie royale militaire de Sandhurst, à l'arrachée et en étant mal classé. Winston se réjouit mais son père lui met un taquet en mode « y a pas de quoi être fier » et il le prévient que s'il ne se débrouille pas pour faire mieux à l'avenir, il risque, je cite, de devenir un « déchet social » qui tombera dans une « existence minable, malheureuse et inutile ». Ne faites pas ça, spécialement chez vous, hein ! Parler ainsi à vos enfants, je veux dire. L'effet coup de pied au cul, ça peut marcher mais les épisodes de *Faites entrer l'accusé* sont pleins de gens à qui leurs parents ont dit qu'ils étaient des gros nuls. D'ailleurs, cela ne va pas lui porter chance à papa Churchill, car il meurt en janvier 1895, de la syphilis, à l'âge peu avancé de quarante-cinq ans. Winston est déchiré car il n'aura plus jamais la possibilité de bâtir de véritable lien avec son père. Mais ce deuil va le rapprocher de sa mère et il va pouvoir compter sur son appui et sur celui de ses amants. Car Jennie Churchill n'est rien de moins que la maîtresse du futur roi Édouard VII, prince de Galles. Grâce à cette influence, Winston va devenir sous-lieutenant dans le régiment de cavalerie du 4th Queen's Own Hussars à l'âge de vingt et un ans. À partir de là, il va vraiment exprimer son penchant pour l'action et la recherche de gloire. La mort de son père lui a suggéré que, comme ses ancêtres avant lui, il ne vivrait pas bien vieux, donc il est pressé de marquer l'Histoire. Il recherche alors le conflit, pour le vivre et le raconter. Il devient correspondant de guerre pour des journaux de Londres. Il part ainsi à Cuba où les Espagnols sont confrontés à une insurrection. C'est d'ailleurs là qu'il prend goût aux gros cigares, qui deviendront toute sa vie son signe distinctif. Ce n'est pas hyper déontologique de mélanger ainsi la casquette de soldat et celle de reporter. Ça n'attire pas forcément la sympathie de tout le monde mais ça lui permet de gagner de l'argent et de se faire connaître. Armé tantôt de son sabre, tantôt de sa plume, tantôt des deux, il participe avec ardeur et plaisir à pas mal de guerres coloniales du moment, en Inde, en Égypte, au Soudan. Winston est un vrai colonialiste, profondément attaché à la grandeur de l'Empire britannique. Hyperactif, il écrit aussi son premier roman, *Savrola*, qui dresse en creux son autoportrait politique. Car il a dans l'idée que ses parcours militaire, journalistique et littéraire serviront de marchepied à une carrière de politicien. À l'époque, il ne le cache déjà pas, son ambition est de devenir Premier ministre. D'ailleurs, en 1899, il se présente à ses premières élections parlementaires, à Oldham. Mais c'est la défaite. Pas assez médaillé, se dit-il… Il part donc comme correspondant de presse pour le *Morning Post* en Afrique du Sud où a éclaté la seconde guerre des Boers. Il espère bien réaliser un coup d'éclat. Après l'attaque du train blindé où il voyage en compagnie d'une expédition d'éclaireurs britanniques, il ne peut s'empêcher de participer au combat en se substituant au commandant dépassé. Quand il est fait prisonnier, il essaie de faire reconnaître son statut de journaliste mais bon, les Boers considèrent – et ils n'avaient sans doute pas tort – qu'il a agi en soldat plutôt qu'en reporter. Mais il ne moisira pas en prison. Il parvient à s'évader – en escaladant le mur des latrines ! – et, après une cavale rocambolesque largement médiatisée, il devient un héros national en Grande-Bretagne. Et c'est couvert de lauriers qu'il se représente aux élections en 1900, dans la circonscription qui l'avait recalé un an plus tôt. Jackpot, il est élu. À vingt-six ans, il commence sa carrière politique !

Un début de carrière pavé d'embûches

Winston Churchill place ses pas dans ceux de son père : il siège sur les bancs du parti conservateur au Parlement. Mais il ne se sent pas complètement appartenir à ce groupe. Il est favorable au libre-échange et il est gêné aux entournures avec toutes les mesures protectionnistes défendues par son camp, alors que les libéraux – qu'on placerait aujourd'hui au centre de l'échiquier politique – incarnent le renouveau. Donc il retourne sa veste en 1904. De manière assez théâtrale, il entre dans la Chambre et va s'asseoir à côté du leader libéral David Lloyd George sous les huées du parti qu'il quitte et les applaudissements de celui qu'il intègre. Vite récompensé de ce passage à l'ennemi, il obtient un poste de sous-secrétaire d'État aux Colonies quand David Lloyd George arrive à la tête du gouvernement, et en 1910, il devient ministre de l'Intérieur. Churchill a une fibre sociale et il a pu l'exprimer en tant que ministre du Commerce en planchant sur les premières lois sur les salaires minimum et les pensions de chômage. Mais son côté profondément conservateur ressurgit face aux manifestations populaires. Ça lui vaudra bien des inimitiés… En particulier de la part des suffragettes et des militantes de l'émancipation féminine, dont il est un virulent opposant. L'une d'entre elles, Theresa Garnett, lui assène d'ailleurs un coup de cravache… De la part des travailleurs modestes aussi, après qu'il a été accusé d'avoir fait tirer sur une émeute de mineurs en grève… De la part de l'ensemble de la classe politique enfin, qui l'accuse de trop en faire quand on l'aperçoit au premier rang de l'assaut d'une maison où étaient retranchés des malfrats. Est-ce là la place d'un ministre ? Pour les libéraux, il est un aristocrate qui fait semblant d'être social et pour les conservateurs un traître à l'aristocratie.

Comme il a visiblement envie d'autorité, on lui confie le ministère de la Marine en 1911. Il se sent pile là où il doit être. Il y a de l'eau partout autour de son île et, on l'a vu, la guerre, c'est son truc. Et il y en a une qui se profile, avec l'Allemagne. Au milieu des préparatifs, des rituels et des apparats de la marine, Churchill se sent comme un poisson dans l'eau ! La guerre est déclarée le 4 août 1914. La flotte est prête et Churchill frétille. Quand les combats s'enlisent dans les tranchées, il se dit qu'il va ouvrir un nouveau front par la mer. En mars 1915, il décide de frapper l'Empire ottoman, allié de l'Allemagne, via le détroit des Dardanelles. Mais l'échec est monumental : la flotte échoue contre les Turcs, l'invasion par voie de terre n'aboutit pas et plus de quarante mille soldats alliés trouvent la mort. Cette débâcle lui est entièrement attribuée. Il est congédié et mis au placard à un poste tellement peu honorifique et sans intérêt que je n'ai même pas retenu le titre. Animé par son éternelle envie d'action et d'en découdre, il part se battre quelques mois dans les tranchées du nord de la France, en tant que lieutenant-colonel du 6e bataillon des Royal Scots Fusiliers. Il a écrit lui-même que s'il a préféré le front et ses obus plutôt que la relative tranquillité du quartier général, c'est parce qu'on pouvait y boire autre chose que du thé et du lait concentré. Car oui, si vous ne le saviez pas encore, Churchill picole sec. D'ailleurs il est lucide et plaisantin sur cet alcoolisme qui ne le quittera jamais. À la fin de sa vie, il dira : « Quand j'étais jeune, j'avais comme règle de ne jamais boire d'alcool fort avant le déjeuner. Maintenant, ma règle est de ne jamais le faire avant le petit-déjeuner. » Mais revenons aux tranchées. Le bruit des obus, le cognac, la camaraderie, les démonstrations de courage... Bref, le jeu de la guerre qui lui est si cher le requinque. Au point de le faire retourner dans le jeu politique. Il est regardé d'un mauvais œil par ses pairs après son échec des Dardanelles mais on lui reconnaît une immense qualité, très utile en temps de guerre et loin d'être partagée par tous : il n'est pas défaitiste pour un sou. David Lloyd George lui confie le poste de ministre de l'Armement en 1917, puis celui de la Guerre en 1919.

Entre-deux-guerres et traversée du désert

Bon, mais il ne vous aura pas échappé qu'en 1919, eh bien, la guerre est finie ! Et les instincts belliqueux de Churchill le titillent toujours. Il ferait bien la guerre aux bolcheviques, par exemple. La révolution russe est passée par là, le tsar et sa famille ont été assassinés en 1918, et Churchill partirait volontiers prêter main-forte aux Russes blancs. « Après avoir conquis tous les Huns, tous les tigres du monde, je ne me résoudrai pas à être vaincu par les babouins ! », clame-t-il en antibolchevique forcené. Clairement, sur les rangs politiques, personne ne souhaite repartir comme en 14 et Churchill, branché sur le mode « On y retourne ! On y retourne ! », est jugé comme assez gênant. Alors on le recase au ministère des Colonies en se disant qu'il y fera moins de dégâts. C'est une période de crise pour son parti, l'étiquette libérale n'est plus porteuse. Churchill quitte d'ailleurs le navire quand les libéraux se rapprochent de la gauche travailliste qu'il exècre.

En 1923, ce sont les conservateurs qui sont élus. Le Premier ministre Stanley Baldwin craint que Churchill, alors estampillé indépendant, fonde un parti au centre, et comme il juge plus prudent d'avoir cet orateur dans son camp plutôt que l'inverse, il lui propose d'intégrer le gouvernement en 1924. « Tout le monde peut retourner sa veste mais il faut être habile pour la remettre à l'endroit », commente Chuchill en redevenant officiellement conservateur. Il a cinquante ans et on lui confie le poste de ministre des Finances, comme son père. Mais voilà, il est nul en économie. Il prend une décision qui sera d'ailleurs, je cite « la plus grande erreur de sa vie » : redonner à la livre sterling, dévaluée, son statut d'avant guerre en la réalignant sur l'étalon-or. Ça plonge le pays dans le chômage et la dépression. « On a dit que j'ai été le plus mauvais ministre des Finances de l'Histoire, on avait raison », résume-t-il avec son flegme britannique habituel. Lesté de casseroles, il commence une véritable traversée du désert au début des années 1930. Qui se double d'un accident de voiture. En convalescence, il prend du recul, beaucoup de recul. Il a acheté un manoir dans le Kent – une maison anglaise victorienne de brique ceinturée par un jardin vert – où il écrit les mémoires de ses jeunes années, des livres glorifiant ses ancêtres au combat. Il peint des paysages aussi, en amateur, une autre de ses passions. Et il passe du temps en famille.

Eh oui, pardon ! Je ne vous ai pas encore parlé de celle qui partage sa vie. En 1908, il a épousé une Écossaise, Clementine Hozier, et comme il le dit dans ses mémoires : « Je me mariai et dès lors je vécus heureux. » Cela résume bien la réussite complète, résolument sans scandale, de sa vie conjugale avec celle qu'il appelait sa meilleure moitié. Ensemble, ils auront quatre filles dont une mourra en bas âge et un garçon avec qui, l'histoire se répète, l'entente père/fils sera toujours très difficile.

Mais revenons au désert, qu'il n'en finit pas de traverser. Dans les années 1930, Churchill est impopulaire, en marge de son temps. On le juge imprévisible quand il soutient le roi Édouard VIII dans sa volonté d'épouser une roturière américaine doublement divorcée : cela déclenche un tollé parmi les députés et le roi sera forcé d'abdiquer au profit de son frère, ce qui amènera plus tard sa nièce Élisabeth II sur le trône. Autre secteur où il est en décalage : le statut de l'Inde. À une époque où la classe politique est plutôt pacifiste, il s'insurge contre Gandhi, disant que c'est « alarmant et nauséabond » de voir ce « fakir à demi nu parlementer sur un pied d'égalité avec le représentant de l'empereur-roi ». Il est formellement opposé à tout ce qui pourrait affaiblir l'empire. « Sans ses possessions impériales, le pays ne serait plus qu'une île obscure au large du continent européen », déclare-t-il. Il ne va pas dans le sens de l'Histoire en cette période où la décolonisation se dessine, et où l'Inde va, à partir de 1935, gagner en autonomie. Mais s'il y a bien un sujet sur lequel il est en avance sur son temps, c'est celui de l'Allemagne nazie. Il perçoit très tôt et avec une grande clairvoyance l'étendue de la dangerosité d'Hitler. Il a lu *Mein Kampf* dès 1925, et il prend la mesure de l'antisémitisme et de la volonté destructrice du futur Führer. Il comprend rapidement qu'il ne faut faire aucune concession à cet homme, qu'il n'y aura rien à en tirer. On lui reproche d'être manichéen, mais face à une personnalité comme celle d'Hitler, pas exactement porté sur la nuance et le respect de la parole donnée, il n'avait – l'Histoire le montrera – pas tort de l'être.

L'Allemagne, l'ennemie destinée

Hitler a pris le pouvoir en 1933 et réarme l'Allemagne. Face à cela, la politique du gouvernement britannique menée par Neville Chamberlain, Premier ministre conservateur, est celle de l'apaisement. Et Churchill, cette complaisance le révolte. Il est même prêt à surmonter son profond antibolchevisme pour faire alliance avec l'URSS. Lui qui, par son isolement, s'est tenu à l'écart des luttes partisanes, ne ménage pas ses critiques. Il tape du poing sur la table au moment de la signature des accords de Munich en septembre 1938. Pour éviter la guerre, le Royaume-Uni et la France acceptent que l'Allemagne annexe les Sudètes. « Ils devaient choisir entre le déshonneur et la guerre. Ils ont choisi le déshonneur, et ils auront la guerre », déclare Churchill, ce qui se révélera prémonitoire. En mars 1939, Hitler occupe le reste de la Tchécoslovaquie et six mois plus tard, il envahit la Pologne, ce qui plonge – ils n'ont plus le choix – le Royaume-Uni et la France dans le conflit. Churchill est alors rappelé au gouvernement. Un quart de siècle après son premier mandat, il réintègre la tête du ministère de la Marine. La légende raconte que l'état-major aurait envoyé à la flotte un télégramme indiquant « *Winston is back* ».

Ces premiers mois d'affrontement, connus sous le nom de drôle de guerre, ne sont pas un succès pour Churchill. Son offensive contre Allemagne qui occupait la Norvège pour des raisons d'approvisionnement en minerai est un fiasco. Mais ça n'entame pas sa popularité auprès de ses concitoyens qui voient d'ailleurs en lui un successeur potentiel à Chamberlain, trop pusillanime et très critiqué sur ses capacités à conduire le pays en pareil moment.

Le 10 mai 1940, Winston lui succède donc comme chef du gouvernement. Il a soixante-cinq ans. Et il a l'impression d'accomplir son destin, comme si toute sa vie passée n'avait été (je cite) « qu'une mise en condition de ce moment et de cette épreuve ». Quand il entre en fonction, en Premier ministre et ministre de la Défense, la tâche s'annonce rude. L'armée allemande progresse sur la France. « Je n'ai rien d'autre à vous offrir que du sang, du labeur, des larmes et de la sueur », prévient-il le 13 mai dans un de ces discours dont il a le secret. Parlons d'ailleurs de cette éloquence. Disons-le tout net, il n'y avait rien d'improvisé là-dedans. Toutes ses prises de parole étaient soigneusement préparées, il passait – dit-on – une heure de travail sur chaque minute de discours, épuisant ses dactylos.

Fin mai 1940, il réalise un coup d'éclat en ordonnant l'évacuation des soldats alliés encerclés à Dunkerque. 338 000 Anglais, Français et Belges sont sauvés de l'avancée allemande. C'est un miracle au goût de victoire qui insuffle au pays, et à sa classe politique, un esprit de résistance. « Nous combattrons sur les plages, nous combattrons dans les champs et dans les rues, nous combattrons dans les collines, jamais nous ne nous rendrons… », déclame Churchill. Pour lui, il n'y a qu'une seule option : la victoire. Pas d'alternative ! Et cela, même si cela prend du temps, et cela même si l'Angleterre doit combattre seule pendant de longs mois. Car il est seul : face à l'ennemi, la France a signé l'armistice le 22 juin 1940. Dans ce contexte, Churchill soutient la France libre – il accueille le général de Gaulle en exil, et lui confie la BBC pour faire son appel à la résistance – mais il n'hésite pas à frapper les Français lorsqu'ils risquent de contrecarrer son action face aux nazis. En juillet 1940, le gouvernement anglais, craignant que la flotte française soit réquisitionnée par l'Allemagne, lui laisse cinq options, dont deux sont : rejoindre l'armée britannique ou se saborder elle-même. Face au refus de l'amiral français de rallier un port anglais, français ou américain, ou encore un autre dans les Antilles françaises, il prend, je le cite, « une décision odieuse » mais « nécessaire » : détruire les cuirassés français dans la rade de Mers el-Kébir, ce qui entraîne la mort de mille deux cent quatre-vingt-quinze marins français. Là est le jusqu'au-boutisme de Churchill qui s'illustre magistralement lors de la bataille d'Angleterre.

À partir de l'été 1940 et afin de démoraliser l'Angleterre qui a refusé tout compromis, l'Allemagne fait pleuvoir des torrents de bombes sur Londres, Coventry, Plymouth, Birmingham et Liverpool. Mais les aviateurs britanniques se défendent, s'imposent dans le ciel, ripostent en Allemagne pendant que Churchill « rugit » ses discours, trouvant là son surnom de Lion, même si en réalité lorsqu'on l'écoute, on doit tendre l'oreille car il les disait d'une façon très douce au contraire. Et la population le soutient toujours. Résultat, Hitler ne parvient pas à envahir l'île et se jette sur l'URSS, brisant là son pacte de non-agression. La Russie entre dans la guerre tout comme les États-Unis, jusqu'ici neutres, après l'attaque de Pearl Harbor en décembre 1941. Churchill se frotte les mains. Il a bien fait de tenir bon, il gagne les alliés qu'il a tant espérés : Staline et Roosevelt. Ce mariage de convenance entre ces hommes va bien fonctionner. « Winston a cent idées par jour, dont trois ou quatre sont bonnes », dit de lui Roosevelt, mais ils s'entendent bien. Et les États-Unis prêtent main-forte aux Britanniques confrontés à bien des revers en 1942. La victoire anglaise lors de la seconde bataille d'El-Alamein porte le sceau de l'appui américain. Churchill jubile : « Avant El-Alamein, nous n'avions jamais remporté de victoire. Après El-Alamein, nous n'avons jamais connu de défaite. » À partir de là en effet, les Alliés ne vont cesser de s'imposer. Le 6 juin 1944, les troupes britanniques, canadiennes et américaines débarquent en Normandie. Pour l'anecdote, Churchill veut assister au débarquement, mais le roi George VI s'y oppose.

Il ira quelques jours après l'assaut saluer ses troupes et se faire acclamer. Il peut même balancer quelques tirs sur l'ennemi depuis son bateau. « Journée très agréable », conclut celui qui n'est jamais aussi heureux qu'immergé dans l'action et entouré de ses troupes.

Dernières années

Le 8 mai 1945, Churchill annonce à son pays que l'Allemagne a capitulé. « Ceci est votre victoire ! », déclare-t-il à une foule immense qui l'acclame. Et celle-ci lui répond : « Non, c'est la vôtre ! » Il est persuadé qu'il va gagner les élections, mais ce sont les travaillistes et leur programme qui l'emportent largement. Winston n'a pas perçu le profond désir de réformes sociales d'après-guerre qui s'est répandu au sein de la population. Ni vu venir le fait que le pays ne considérait pas que celui qui avait conduit le Royaume-Uni pendant la guerre était le mieux avisé pour le conduire en temps de paix. C'est le travailliste Clement Attlee, qui avait été vice-président de la coalition pendant la guerre, qui est élu. Churchill, spécialiste des petites piques, dit de lui que c'est « un homme très modeste mais qui a de bonnes raisons de l'être ». Rendons justice à Attlee, qu'au fond Churchill appréciait beaucoup, il a gagné la paix sociale et imposé des réformes pour faire reculer la pauvreté qui perdurent encore aujourd'hui. Et il a été considéré par l'opinion et par ses successeurs de tous bords comme le meilleur Premier ministre que l'Angleterre ait connu.

Mais pour le vieux Winston, la déculottée est raide. Le peuple britannique, qui l'a suivi, qui a entonné avec lui au lendemain de la victoire le *Land of Hope and Glory*, ne veut plus de lui. Il se tape une dépression qu'il soigne en se livrant à la peinture près du lac de Côme. La dépression c'est son truc à Churchill, il appelle cela son *blackdog*, aujourd'hui on se demanderait s'il n'est pas bipolaire, étant sujet à des périodes d'exaltation phénoménales suivies d'impressionnants effondrements. Pourtant, il ne se laisse pas complètement abattre : il devient leader de l'opposition conservatrice. Pas pour parler économie et politique intérieure – on a vu que ce n'était ni son truc ni ce dans quoi il brillait – mais des affaires du monde. Il est passionné par la diplomatie. Il a quand même partagé le monde avec les Alliés à la fin de la guerre. Il a fait passer des petits papiers à Staline à la conférence de Moscou en 1944 pour lui proposer : « Je te file la Roumanie si tu me laisses la Grèce. » Sa volonté est de continuer d'influer sur le destin du monde. Et de mettre à bas le rideau de fer – c'est lui qui a inventé l'expression – qui s'est abattu sur le continent.

En 1951, le gouvernement Attlee est très affaibli par une crise interne, une vague de décès et de maladies et Churchill redevient Premier ministre ainsi que ministre de la Défense. C'est reparti comme en 40, me direz-vous. Oui, mais ce n'est pas glorieux. On le sait, ce n'est pas dans les affaires courantes que le Lion est le meilleur. Et la décolonisation est en marche un peu partout alors que Churchill, lui, rêve de conserver ce qu'il peut d'Empire. Et il a presque soixante-dix-sept ans, il est vieux, confus et en très mauvaise santé, même s'il est toujours aussi volcanique. Si vous avez vu l'excellente série télévisée *The Crown*, dont la saison 1 raconte ce moment où le début du règne d'Élisabeth II a croisé la fin de celui du Premier ministre Churchill, on a du mal à croire qu'il soit toujours en place. En juin 1953, il est victime d'un accident vasculaire cérébral. Alors qu'il ne marche plus correctement et qu'il a du mal à parler, il demande que son état soit tenu secret. Il réussit à prononcer ses discours mais au prix de grands efforts. Ses conseilleurs évitent de lui faire rencontrer certains dirigeants de peur qu'il ne soit plus en état de s'opposer à eux. En 1954, le peintre Graham Sutherland réalise son portrait.

On peut lire autant de choses dans les portraits de vieux que dans les portraits d'enfants. Churchill n'a plus rien du vainqueur de la Seconde Guerre mondiale. Il est assis, agrippé à son siège, sans médailles et dans son habit habituel de parlementaire, le visage épais et tombant. Il semble toujours illuminé d'une certaine flamme mais au bout du rouleau. Winston va tellement détester ce miroir de son état que sa femme va mettre le tableau au feu. Churchill commence à accepter de passer la main. Il se rend compte qu'il n'influe plus sur le cours du monde. Celui qui si souvent venu pour faire la guerre aurait bien orchestré, cette fois, la paix entre les États-Unis et l'URSS, mais il n'a plus d'influence. En 1955, il remet sa démission à Buckingham Palace. À quatre-vingt-un ans, on pourrait croire qu'il va passer les dernières années de sa vie à écrire (il a obtenu le prix Nobel de littérature en 1953), à peindre, mais il demeure député à la Chambre des communes jusqu'en juillet 1964, presque jusqu'à sa fin. Il meurt le 24 janvier 1965 à l'âge de quatre-vingt-dix ans après une partie de carte. « C'est assez », prononce-t-il en guise de dernier mot. Coup du destin, il meurt soixante-dix ans jour pour jour après son père qui, à bien des égards, lui ressemblait mais n'avait jamais su reconnaître les talents de son fils. Ses funérailles sont grandioses, avec fanfare militaire et acclamations. Il les avait organisées lui-même de peur que ce ne soit pas bien fait. Jusqu'au bout il aura mené son destin.

JOSEPH GOEBBELS

Le monstre amoureux

Quelle idée ai-je donc eue d'entrer dans l'intimité d'un des plus effroyables dirigeants nazis ? Peut-être dans l'espoir d'y trouver une once d'humanité ? Je me suis donc penché sur le destin du ministre de la Propagande du IIIe Reich, et vous verrez qu'avec lui, même les histoires d'amour deviennent monstrueuses.

Surtout quand les personnages secondaires de cette aventure sont une petite actrice tchèque, la première dame du Reich et Adolf Hitler en personne. Vous voulez savoir comment le parcours sentimental de Joseph Goebbels aurait pu empêcher la Seconde Guerre mondiale ? Pour le découvrir, suivez-moi, et entrez dans l'Histoire !

Pas très gâté par la nature...

Nous sommes en 1938 à la Chancellerie. Assis derrière son bureau, Hitler écoute avec attention Madga Goebbels, la femme du ministre de l'Éducation populaire et de la Propagande Joseph Goebbels. Adolf, ce n'est pas vraiment un romantique mais il a toujours été troublé par la beauté de Magda. Elle est grande, blonde, et ses beaux yeux clairs animent son visage de porcelaine tantôt dur, tantôt angélique. Par ailleurs, elle est profondément acquise à la cause nazie, ce qui ne gâche rien pour Hitler, vous vous en doutez... Elle incarne tellement l'aryenne parfaite, la mère dévouée à sa famille et à sa patrie qu'Hitler a fait d'elle la première dame du Reich à la place de sa propre petite copine, Eva Braun.

Au fond, on se demande s'il n'est pas un peu amoureux, Hitler, mais hélas, Magda ne lui a pas demandé un rendez-vous en privé pour lui conter fleurette. Elle vient se plaindre de l'attitude de son mari. Joseph Goebbels s'est épris d'une actrice, la star des films de propagande berlinois Lída Baarová. Ce n'est pas la première fois qu'il tombe dans les bras d'une artiste, Goebbels, mais là c'est du sérieux.

Hitler ne sait pas trop quoi dire… La guerre est sur le point d'éclater, il a autre chose à faire que de gourmander son ministre.

Alors les beaux yeux humides de Magda deviennent cruels d'un seul coup. Si Hitler ne pousse pas Goebbels à rompre avec son actrice, celle-ci détruira méthodiquement dans la presse l'image de la famille parfaite qu'elle forme avec le ministre de la Propagande. Fini la bonne petite famille aryenne. Elle dévoilera la supercherie. Pas sûr que les Allemands apprécient…

Hitler serre les dents et décroche son téléphone…

Eh oui, le Berlin des nazis, c'est un peu Dallas. Même les monstres tombent amoureux, mais ce ne sont pas des histoires à l'eau de rose. La résistante juive et le général nazi qui s'éprennent l'un de l'autre et qui plaquent tout, ça n'arrive que dans les films… bien que ce soit ce qui a failli se produire avec Goebbels.

Pour que vous vous remettiez les événements en tête, Joseph Goebbels, c'est l'homme qui a inventé la propagande nazie, c'est le type qui a été capable de retourner le cerveau de tout un pays. Dans son journal intime, il décrit ses méthodes cyniques : il faut créer de l'angoisse. Une bonne propagande qui distille la peur dans les esprits peut réussir à les faire adhérer aux projets politiques les plus totalitaires, voire les plus odieux.

Mais attention ! Il ne faut pas susciter le désespoir sinon c'est le chaos. Tout est dans le dosage ! À la fin de la guerre, Goebbels écrit dans son journal : « l'Histoire nous considérera comme les plus grands hommes politiques de tous les temps ou comme les plus grands criminels. » Eh bien c'est l'option deux qui a été retenue, mon petit Jojo ! Comme quoi, c'est vrai que t'avais le nez creux.

Goebbels, c'est un vrai génie du mal. Pourtant, rien ne prédestinait le petit Joseph à participer au régime le plus meurtrier de l'Histoire. Il naît le 29 octobre 1897 à Rheydt, en Rhénanie, dans une famille catholique très modeste. Son père, d'abord simple coursier dans une usine, monte en grade et devient comptable à force de travail acharné.

Le petit Joseph n'a pourtant pas commencé super bien dans la vie. À quatre ans, il chope une ostéomyélite, une maladie infectieuse qui lui attaque les os des jambes. Il perd presque l'usage de son pied droit. Il se fait opérer à dix ans, sans succès, il portera toute sa vie un appareil orthopédique. On a fait plus sexy...

Imaginez le petit Goebbels dans les couloirs du lycée : un mètre soixante-cinq, regard sournois, malingre, pied bot. C'est pas le roi du bal de promo. Mais il pourrait être sympa au moins ! Eh bien non, Joseph c'est le genre premier de la classe qui se croit meilleur que tout le monde. Résultat, ses camarades le détestent parce que c'est un intello relou et ses profs le détestent aussi parce qu'il faut bien le dire, il les prend pour des cons. Mais il faut reconnaître que c'est une tronche et qu'il est malin. Il est même surnommé Ulysse tellement il est rusé. Et finalement, avec Goebbels, la guerre de Troie aura bien lieu et elle sera mondiale !

En 1914, la guerre éclate, en effet. Joseph rêve de se distinguer sur le champ de bataille mais voilà, comme il fallait s'y attendre avec son pied bot, il est exempté. C'est un drame pour lui. Il ne peut pas servir son pays et montrer qu'il est un homme, un vrai. Puisque c'est comme ça, Goebbels commence des études de philologie.

La philologie, ça n'a rien à voir avec la guerre, c'est l'étude critique et l'analyse de la langue dans les textes littéraires. Vous comprenez mieux maintenant pourquoi il deviendra le champion de la propagande. Ironie dramatique, Goebbels fait sa thèse sous la direction d'un professeur juif, Max Von Waldberg !

À partir de 1921, quand Goebbels se présente à quelqu'un, il met en avant son statut de docteur dont il est très fier. Ça compense la croix de guerre qu'il n'aura jamais. Et puis dans la foulée, il dit que son pied bot est une blessure de guerre. Après tout, qui ira vérifier ?

Mais pour l'heure, notre petit Jojo a d'autres rêves… des rêves plus artistiques.

Écrivain raté, mais génie du discours

Féru de lettres, Goebbels entame une carrière dans le journalisme. Il se rêve en grand écrivain comme Hitler se voulait peintre mais ils connaissent les mêmes désillusions. Hitler a raté deux fois l'entrée aux beaux-arts de Vienne en 1907 et 1908. De son côté, Goebbels n'arrive pas à trouver d'éditeur pour son roman autobiographique intitulé *Mickael*. C'est pas encore la mode, Jojo, de s'épancher sur sa vie, c'est un truc du XXIe siècle, ça ! T'avais qu'à inventer les réseaux sociaux !

Grosse frustration pour le petit Joseph. Plutôt que de remettre son talent en question, il se dit que c'est la faute des riches éditeurs et des journalistes juifs qui ne reconnaissent pas la portée de son immense talent. Goebbels a un gros sentiment de supériorité quant à son intelligence et un gros sentiment d'infériorité quant à sa classe sociale. Ça fait peur en vrai. Mais il y a au moins un domaine où le petit Joseph a du succès. C'est auprès des femmes ! Oui, il est laid, petit et handicapé mais c'est un beau parleur et à ce qu'on raconte, au lit il est plutôt doué…

Pour trouver un débouché à ses frustrations, Goebbels intègre en 1924 le NSDAP : le parti national-socialiste des travailleurs allemands. Il s'agit d'un parti politique d'extrême droite, nationaliste, antisémite et fasciste. On va faire plus simple : le NSDAP, c'est le parti nazi !

Goebbels rejoint l'aile gauche du parti. Au départ, il se prend pour Mélenchon, le gars ! Il veut en finir avec le capitalisme ; Goebbels est un rouge dans l'âme, rouge sang ! Très vite, il devient rédacteur en chef du journal du parti et il faut dire qu'il est plutôt bon. Il commence à développer ses talents de propagandiste mais aussi d'orateur. Goebbels, écrivain raté, est un génie des discours. Il a cet art de commencer ses déclamations mezzo voce, de parler en suivant un rythme entêtant, parfois il tape même la mesure avec son doigt, et il emporte progressivement les foules dans ses délires verbaux. Même Hitler trouvera que Goebbels est un meilleur orateur que lui et se défaussera souvent sur lui quand il ne sera pas d'humeur à faire des discours.

Au début, Goebbels n'aime pas du tout Hitler, le chef du parti depuis 1921. Il le trouve trop capitaliste, trop en cheville avec les industriels et les états-majors. En 1926, il demande même l'exclusion du parti de ce « petit-bourgeois » comme il dit, et puis un jour, il a la révélation. Il assiste à un des meetings d'Hitler et il tombe totalement *in love* : tout lui plaît chez Hitler, sa voix, ses gestes, son charisme. Il devient son fan number one mais il voit aussi en lui un moyen de gravir les échelons du pouvoir en profitant d'un bon effet d'entraînement. Hitler et Goebbels commencent à se fréquenter, à passer des week-ends ensemble. Le petit Goebbels, il est comme une midinette face à un boys band devant le chef du parti. Il sera désormais son loyal serviteur.

En 1928, Joseph fait partie des douze premiers députés nazis élus au Reichstag. Pour lui c'est une grande victoire. Il ne cache pas ses intentions : distiller l'idéologie nazie dans les institutions. Cependant, une fois élu, il balance : « Nous entrons au Reichstag comme le loup dans la bergerie. » De quoi se méfier, quand même !

Sur ces entrefaites, une jolie blonde arrive au NSDAP. Elle s'appelle Madga et elle est l'ex-femme du riche homme d'affaires Günther Quandt. En gros, elle est belle, jeune, riche et prête à noyer son ennui existentiel dans la cause nazie. Ce n'est pas la première fois qu'on vous le dit, l'oisiveté est la mère de tous les vices…

Elle a une histoire un peu compliquée, Magda. Elle est la fille illégitime d'un ingénieur et de son employée de maison. La bonne finira par se marier avec un riche juif, Richard Friedländer, qui élève la petite bâtarde et lui donne son nom. Magda Friedländer reçoit une excellente éducation de vraie *Fräulein* dans un pensionnat de luxe. Elle porte un temps l'étoile de David autour du cou et vit une idylle compliquée avec un jeune sioniste nommé Victor Arlozorov. L'histoire ne dure pas et Magda séduit le vieux Quandt qui, avant d'épouser la jolie blonde, forcera son père naturel à la reconnaître pour ne pas épouser une femme ayant un nom juif.

De ce mariage naîtra un garçon, Harald. Mais comme Magda est ambitieuse, elle négocie habilement son divorce et entre en femme libre au NSDAP. Là, Magda a un coup de foudre pour… Hitler. Hitler aussi semble être troublé. Il écrit que Magda compte beaucoup pour lui et qu'elle saura apporter un peu de douceur féminine à ses accès de virilité.

Mais voilà, Hitler à un problème personnel qui l'empêche de céder au charme de Magda.

Magda et Joseph : le couple aryen parfait

Le problème, c'est que Hilter sort déjà avec Eva Braun et ne veut pas épouser une femme divorcée. Alors il décide de marier Magda et Joseph – Joseph Goebbels, vous me suivez ! – ses *best friends for ever* à la vie à la mort… au sens littéral. Hitler sera d'ailleurs leur témoin de mariage, célébré dans l'intimité… ils n'étaient que tous les trois.

Hitler vient de former le parfait couple selon l'idéologie aryenne. Maintenant, plus question pour Magda d'aller jouer les pasionaria au parti, elle rentre à la maison pour appliquer les trois K, non pas du Ku Klux Klan, quoi que ce n'est pas si éloigné… Les trois K, ce sont les trois commandements de la femme aryenne : *Kinder, Küche, Kirche* (enfants, cuisine, église). Mais souvenez-vous, Magda n'est pas n'importe quelle aryenne, elle a quand même été promue première dame du Reich. Elle montre l'exemple en pondant un gamin tous les ans, des petites têtes blondes dont les prénoms commencent tous par la lettre H comme dans *Heil Hitler* !

En 1933, alors qu'Hitler s'impose comme chancelier de l'Allemagne, Joseph Goebbels devient le ministre de l'Éducation populaire et de la Propagande. Imaginez un geek sociopathe comme porte-parole du gouvernement. Joseph maîtrise tout : la télé, la radio, la presse écrite, le cinéma… tout est utilisé pour communiquer ses messages idéologiques. Il se met lui-même en scène dans les médias comme le père de famille idéal avec sa femme et ses mômes. À l'époque, ils sont encore plus glam que William, Kate et leurs gosses trop mignons !

Mais l'envers du décor est moins sympa. Elle s'ennuie, Magda. Son mari lui échappe. Elle va finir par se consoler dans les bras de son chauffeur, mais ça ne lui fait pas oublier son quotidien pour autant.

Goebbels, qui rêvait de la reconnaissance du monde de la culture, passe maintenant tout son temps avec des actrices, des réalisatrices, des journalistes. C'est le meilleur *show director* de tous les totalitarismes. Même Poutine, qui chasse les ours à mains nues en Sibérie, il est petits bras à côté des soirées de Goebbels. Quand Joseph organise des événements nazis, il ne plaisante pas, il s'entoure des meilleurs, dont la grande Leni Riefenstahl, une starlette du cinéma proche des nazis qui deviendra la principale réalisatrice des films de propagande. On lui doit notamment *Les Dieux du stade*, le célèbre documentaire sur les jeux Olympiques de Berlin de 1936.

Quand Goebbels n'est pas en train d'organiser des autodafés pour détruire des livres ou des tableaux, il traîne dans les studios de l'UFA, la société de production cinématographique où se tournent les grands films allemands. À la fin des années 1920, Berlin est la ville du cinéma par excellence. *Métropolis* de Fritzlang, *La Nuit vénitienne* de Max Reinhardt, *L'Ange bleu* avec Marlene Dietrich, tous les plus grands y travaillent avant de filer à Hollywood qui commence à peine à concurrencer le cinéma européen.

Goebbels à l'UFA, c'est un peu comme Weinstein à Cannes : un gros cochon dans un magasin de bonbons. Il faut qu'il se tape toutes les actrices. Comme il a des manières, il commence par leur faire la cour. Si elles refusent, il menace de ruiner leur carrière. Le calcul est vite fait. #balancetonporcnazi

Mais un jour de 1936, Goebbels succombe aux grands yeux noirs de l'étoile montante du cinéma allemand, la Tchèque Lída Baarová. Yeux de chatte, pommettes hautes, petite bouche pulpeuse au pli hautain et cheveux châtains, Lída est une beauté magnétique. Bon, pour les vrais nazis, les Tchèques, c'est un peu une sous-race mais on peut faire une exception de temps en temps. Même Hitler la kiffe.

Un jour, le Führer l'invite à prendre un thé à la Chancellerie. J'aime autant vous dire que Lída s'y rend à reculons mais il est quand même difficile de refuser. Hitler l'accueille comme un dandy et commence à lui faire gentiment des avances en lui disant qu'elle lui fait penser à sa nièce, Geli Raubal. Plutôt mignon, non ?

Sauf que pour la petite histoire, Geli Raubal a vécu avec son tonton quand il était chef du NSDAP. Il la séquestrait, il l'a sûrement violée aussi et puis la gamine s'est suicidée. Selon Hitler, sa nièce n'a pas supporté qu'il tombe amoureux d'Eva Braun. Vous voyez le délire. Lída Baarová n'est pas hyper à l'aise… Heureusement, le thé s'achève et Hitler lui fout la paix. Mais vous avez compris qu'Hitler et Goebbels ont un peu les mêmes goûts. Et à peine débarrassée du Führer, Lída se retrouve avec le ministre sur le dos et il va être beaucoup plus insistant !

Joseph et Lída : la passion

Lída Baarová a vingt-deux ans, Goebbels en a trente-sept. Ils habitent dans la même rue et bien que Lída soit mariée à une star du cinéma allemand, Gustav Frölhlich, Joseph commence à lui faire la cour. Pas question de lui forcer la main. Joseph ne veut pas Lída simplement dans son lit. Il veut son cœur. Le monstre est amoureux…

OK, OK, c'est un amour narcissique, un amour qui valorise Goebbels, lui, le petit handicapé, qui a séduit l'actrice la plus en vue de toute l'Allemagne, c'est grandiose, c'est trop la classe, ça nourrit ses délires mégalo… c'est… c'est… eh bien en fait, ce n'est pas beau du tout !

Goebbels s'y prend si bien que Lída finit par lui céder. Elle devient la maîtresse du ministre de la Propagande en 1936. Mais cette fois, Joseph n'est pas capable de se limiter à des 5 à 7 dans des chambres d'hôtel. Il veut se montrer au bras de Lída dans les restaurants et dans les soirées mondaines. Évidemment, il ne lui roule pas des patins devant tout le monde mais les gens ne sont pas dupes… et Magda non plus.

Au bout de quelques mois, Magda décide d'inviter sa rivale pour des vacances en famille. Elle veut la garder à l'œil, jauger le danger et tenter un pacte de non-agression. En gros, elle lui tient à peu près ce langage : Mon Jojo, il est tellement formidable qu'on peut bien s'y mettre à deux pour lui faire plaisir.

Là, Magda fait vraiment flipper son invitée. Heureusement qu'elle est actrice, Lída ! Elle parvient à dissimuler son désarroi. Ce n'est pas son truc les ménages à trois, et avec le temps, elle est vraiment tombée amoureuse de son Jojo.

Leur relation devient passionnelle. Dans les années 1930, Hollywood commence à récupérer tous les talents du cinéma allemand qui se sentent peu d'atomes crochus avec le fascisme. Il semblerait que Lída ait eu une proposition alléchante de studios américains mais Goebbels lui fait une crise de jalousie. Pas question qu'elle trahisse son pays et qu'elle abandonne son petit Jojo. On n'a jamais vu un trophée de chasse quitter son chasseur !

En 1938, c'est au tour de Lída de mettre la pression à Goebbels. Les tensions montent partout en Europe, la guerre semble inévitable et surtout, elle n'en peut plus de ce ménage à trois.

Pour la première fois de sa vie, Joseph doute. Il se retrouve en plein conflit cognitif : d'un côté, il y a sa loyauté pour Hitler et l'Allemagne, de l'autre son amour grandiose, digne d'un film, avec la plus grande actrice d'Allemagne. Il devient fou et puis il commence à céder. Il pourrait tout plaquer et partir au Japon avec Lída. C'est bien le Japon, ils aiment bien les Allemands là-bas, et puis il pourrait ouvrir un commerce de cravates, c'est bien les cravates... et puis Lída vient d'une famille de commerçants de Prague dans le prêt-à-porter, elle sait faire la vendeuse... c'est une bonne idée.

Quand Magda découvre qu'elle commence à perdre le contrôle de la situation, elle doit réagir. Si Joseph la quitte, elle sera la risée de toute l'Allemagne. L'épouse parfaite, la mère dévouée ne serait plus que la cocue abandonnée. Impossible. Elle déboule dans le bureau d'Hitler et lui pose un ultimatum !

Soit Hitler oblige Goebbels à quitter Lída Baarová, soit Magda prend les devants et s'épanche dans la presse comme une femme bafouée. C'est un vrai coup de poker... sauf que Magda sait ce qu'elle fait. Elle sait qu'Hitler l'adore et tient plus encore à la vitrine de la parfaite famille aryenne qu'elle incarne avec son Jojo. Adolf n'hésite pas une seconde, il appelle Goebbels. Ça sonne au ministère de la Propagande...

Goebbels décroche son téléphone. Il entend la voix d'Hitler et pense qu'ils vont parler boulot, affaires courantes, tout ça, tout ça... Mais dès les premières phrases de son Führer, Jojo se décompose. Hitler lui a dit un truc du genre : Maintenant, ça suffit les parties de jambes en l'air, tu rentres à la maison ou ça va mal se passer !

Petit blanc gêné dans la conversation... Et de la réponse de Goebbels a découlé une partie de l'histoire de la Seconde Guerre mondiale. Quand Joseph raccroche, il a fait son choix : ce sera l'Allemagne.

Quand on y pense, s'il s'était barré avec la Baarová, toute la guerre aurait été différente. Il n'aurait pas eu un remplaçant à sa mesure à la Propagande, les Allemands auraient accepté de négocier leur reddition beaucoup plus tôt, il y aurait eu moins de morts dans les camps. Tout aurait été différent...

Au lieu de ça, très vite, Lída est renvoyée chez elle en Tchéquie. Heureusement sa notoriété est telle qu'elle retrouve facilement des rôles au théâtre et au cinéma.

La suite, vous la connaissez. Goebbels se lance à corps perdu dans la propagande guerrière. Alors qu'Hitler semble dévoré par la maladie ou les drogues en 1945, Goebbels le remplace sur les ondes et galvanise les troupes par ses discours délirants de haine. Dans les derniers jours de la guerre, alors que l'unité des chefs nazis se fissure, Hitler et Goebbels restent désespérément soudés, incapables de renoncer à leurs idéaux et de voir la vérité en face. Ils passent leurs derniers jours ensemble au bunker.

Tandis que l'Armée rouge s'approche du bunker d'Hitler, le Führer offre à Magda son insigne en or du parti nazi pour la distinguer comme meilleure femme du Reich puis épouse dans l'urgence Eva Braun qui n'aura jamais été qu'une triste doublure de Magda. Le couple se suicide le 30 avril 1945. Joseph Goebbels hérite de la charge de chancelier du Reich mais Magda et lui sont conscients que tout est perdu. Ils ont été trop loin pour survivre à la défaite, où seule l'infamie les attend. Le 1er mai 1945, dans un accès mêlé de folie et de lucidité tragique, Magda empoisonne ses six enfants âgés de quatre à douze ans au cyanure. Elle s'en explique dans une lettre d'adieux écrite à son fils aîné, Harald, alors sur le front :

« *Mon cher fils,*

Depuis six jours, nous sommes ici dans le bunker du Führer. Papa, tes six frères et sœurs et moi devons mettre fin, de la seule façon honorable qui soit, à notre vie nationale-socialiste. (...)

La vie dans le monde qui vient après le Führer et le national-socialisme ne vaut plus la peine d'être vécue, c'est pourquoi j'ai aussi pris les enfants. Ils sont trop bien pour cette vie à venir et Dieu miséricordieux me comprendra si je leur donne moi-même la délivrance. Tu vas continuer à vivre et je n'ai pour toi qu'une seule requête : n'oublie jamais que tu es un Allemand. »

On voudrait bien être ému, mais il y a un truc qui bloque, on se dit que même là, elle a rien compris Magda, elle n'a pas saisi que c'était eux les méchants de l'histoire. D'ailleurs, c'est elle qui insiste pour rester au bunker avec Hitler jusqu'au bout. Elle a dissuadé son Jojo d'organiser l'exfiltration d'Hitler puis elle a refusé celle de ses propres enfants.

Après avoir donné du cyanure aux mouflets habillés en blanc pour l'occasion, Magda et Joseph se rendent dans le jardin au-dessus du bunker. Ils décident de mourir ensemble en se regardant dans les yeux. Joseph tend une capsule de cyanure à Magda, elle la croque juste avant qu'il l'achève d'une balle et retourne l'arme contre lui.

Quelques semaines plus tard, la fin de la guerre entraîne son lot d'exactions contre les collabos et celles qu'on appelait vulgairement les « putes à boches ». Lída Baarová fait seize mois de prison pour avoir été la maîtresse d'un leader nazi. Elle niera d'abord cette relation pour poursuivre sa carrière jusque dans les années 1950. Après, elle sombrera dans l'alcoolisme et tentera d'attirer l'attention des journalistes et des écrivains grâce à son incroyable histoire d'amour avec un monstre…

Même quand les monstres tombent amoureux, ils arrivent à rendre leurs histoires d'amour… monstrueuses. Lída Baarová a été prise en otage de la folie de ce trio diabolique formé par Hitler, Magda et Goebbels. Et cette icône acclamée du cinéma allemand, adulée pour sa beauté et son talent, finira par se brûler les ailes pour avoir volé trop près des aigles noirs de l'Allemagne nazie…

MATA HARI

L'espionne qui aimait les hommes

Aujourd'hui, je vous emmène à la rencontre de la plus glamour des espionnes que l'Histoire ait connues : Mata Hari.

Glamour peut-être, mythomane sans doute, croqueuse d'hommes à coup sûr. Le cinéma en a fait une espionne retorse sous les traits de Greta Garbo puis de Jeanne Moreau. La France où elle a lancé sa carrière de danseuse l'a condamnée à mort en 1917. Bref un destin hors norme.

Mais la créatrice du strip-tease moderne était-elle une espionne de haut vol ou une simple courtisane sans autres maîtres que l'argent et l'amour ?

Quoi qu'il en soit, ces quatre syllabes exotiques sont aujourd'hui le nom d'un mythe.

Nous sommes à Paris en décembre 1916. L'hiver s'annonce très froid. Les vivres s'épuisent pendant que les soldats s'enlisent dans la boue des tranchées. La France ne supporte plus la violence de la guerre, les soldats sont partis la fleur au fusil en août 1914. Beaucoup pensaient être rentrés pour Noël…

Pendant que les hommes sont au front, les femmes assurent les arrières. Elles travaillent dans les champs, conduisent des trains, font tourner les Halles, le ventre de Paris, où le rutabaga remplace le blé. La vie est dure pour tout le monde… ou presque.

Une petite élite composée de riches oisifs et d'artistes continue à s'amuser, à boire et à sortir dans les bars des hôtels branchés. Cette petite élite cosmopolite est vue avec circonspection par les Français et encore plus par ceux qui luttent pour la France, pour la mère patrie !

Pendant cet hiver froid, donc, le service des écoutes s'est installé au sommet de la tour Eiffel, et je peux vous dire que ça caille là-haut, surtout quand on ne bouge pas et qu'on est concentré sur les signaux radio dans son casque. Soudain, l'un des agents se crispe. Il capte les messages que l'attaché militaire basé à Madrid envoie à sa direction à Berlin. Il est question du retour en France de l'agent H-21 et de sa rémunération.

Un espion allemand en France ? Un espion qui se déplace entre l'Espagne, l'Allemagne et la France ? Est-ce que le H de H-21 ferait référence à une certaine Hollandaise en tournée internationale ? Est-ce que H-21 pourrait être la célèbre Mata Hari ?

Une enfant gâtée et déjà affabulatrice

Avant d'en arriver à cette conclusion, on rembobine. Nous voilà quarante ans plus tôt à Leeuwarden en Hollande. Adam Zelle est un riche marchand de mode un peu exubérant. Le 7 août 1876, sa femme Antje vient d'accoucher de leur premier enfant, Margaretha Geertruida, née sous le signe du Lion, ou plutôt de la Lionne !

Papa est complètement gaga de sa petite fille au teint bronzé et aux épais cheveux noirs. À coup sûr, il y en a une dans la famille qui a fauté avec un bellâtre des Indes néerlandaises parce que la gamine ressemble plus à une petite Eurasienne qu'à une Hollandaise blonde et blanche.

Adam Zelle dépense des fortunes pour sa fille. Il lui raconte qu'il est baron – ce qui fait d'elle une baronne – et qu'elle mérite donc de se déplacer dans un petit cabriolet tiré par quatre chèvres. À six ans, il y en qui ont des voitures à pédales, Mata Hari, elle, c'est une voiture à chèvres ! Imaginez le tableau…

Très vite, en suivant l'exemple de son père, elle apprend à se mettre en scène et à raconter des craques.

Mais alors qu'elle a treize ans, tout bascule ! Papa, qui a géré son argent n'importe comment, fait faillite. Margaretha voit ses parents se déchirer, se séparer et sa mère mourir de honte et de chagrin. Adam n'arrive plus à s'occuper de sa fille, il la confie alors à un oncle, un riche négociant de La Haye qui aura à cœur de prendre en main l'éducation de sa nièce.

Margaretha est placée dans un luxueux internat pour filles où elle apprend les langues étrangères et à se tenir dans la bonne société. Là, elle trouve un auditoire attentif pour raconter ses histoires et tester son aplomb. Quand elle dit que son père le baron est en train de faire fortune aux États-Unis, toutes les gamines la regardent avec envie. Mais elles ne sont pas les seules…

Un jour, elle est convoquée dans le bureau du directeur. Elle a quinze ans alors. Lequel drague l'autre… on ne le saura jamais mais le directeur et l'élève finissent par s'embrasser passionnément. Et bien sûr, ils ne vont pas s'arrêter en si bon chemin. Seulement, ce n'est pas simple d'avoir une liaison torride dans une école… Les amants maudits du pensionnat sont découverts rapidement. La petite dévergondée est renvoyée chez son oncle et le pervers directeur est limogé.

Mais notre petite Margaretha a goûté aux joies de la chair, et elle a désormais le diable au corps. Elle passe ses journées à soupirer en lisant les petites annonces matrimoniales du journal local, jusqu'au jour où elle est convaincue d'avoir trouvé l'homme de sa vie.

Un mariage désastreux

Notre future espionne a donc fini ses études, et recherche son prince charmant dans les petites annonces.

Et à cette époque justement, un officier de marine hollandais d'origine écossaise, Rudolph MacLeod, trente-huit ans, petites moustaches retroussées, se trouve en permission en Hollande avant de retourner dans sa garnison aux Indes néerlandaises, en Indonésie. Il cherche une épouse pour le suivre dans ces contrées lointaines… Un officier, plus âgé qu'elle, en poste dans une colonie exotique ! Il n'en faut pas plus pour faire rêver Margaretha. Elle lui écrit et lui envoie sa photo. Ils se rencontrent, et c'est le coup de foudre.

Rudolph explique dans son journal combien il la trouve séduisante. Elle n'est pas vraiment belle, mais elle a un charme irrésistible. (Comprenez qu'il jouerait bien à la bête à deux dos avec elle !)

Rudolph et Margaretha se marient illico et mettent les voiles vers Java. Lady Margaretha MacLeod a dix-huit ans et rêve déjà de sa nouvelle vie dans ces contrées orientales…

Le couple s'installe à Malang, à l'est de l'île de Java, où MacLeod est chef de garnison. Mais Margaretha découvre que la vie de femme d'officier, ce n'est pas la panacée. Elle met au monde deux enfants, un garçon, Norman-John, et une fille, Louise-Jeanne.

À la maison c'est pas la joie. MacLeod est un homme brutal qui fréquente des prostituées et fricote avec les bonnes. Ça ne vend pas du rêve…

Pour échapper à la pesanteur du domicile conjugal, Margaretha part donc faire de longues promenades. Elle est sous le charme de la végétation luxuriante, des fleurs, de la chaleur moite… Elle se fait piquer par un moustique, et découvre les bienfaits de la citronnelle !

Pour tromper son ennui, elle s'aventure dans les temples et regarde les danseuses évoluer avec grâce, raconter des histoires avec leurs mouvements. Margaretha commence alors à s'habiller à la javanaise avec des chemises moulantes et des jupes étroites et imite les mouvements des danseuses. Dans le quartier des colons, elle passe pour une originale, une originale qui plaît beaucoup aux officiers et, pour satisfaire sa libido, elle s'offre à son tour quelques amants... Mais alors qu'elle commence à peine à s'amuser, le pire des drames survient.

MacLeod a promis à une des servantes qu'il fréquente de quitter Margaretha pour l'épouser. Évidemment, il ne tient pas ses promesses ! Décidée à se venger, la bonne commet un crime épouvantable : elle décide d'empoisonner les enfants de son amant.

Louise-Jeanne survit par chance mais le petit Norman-John, âgé de trois ans, meurt dans les bras de sa mère. Suite à cet impossible deuil, le couple MacLeod se déchire. Margaretha tient son mari pour responsable du meurtre de leur enfant alors que Rudolph accuse sa femme d'avoir laissé ce crime se commettre parce qu'elle ne s'occupait pas elle-même de ses petits.

Rudolph sombre vite dans l'alcoolisme et bat Margaretha comme plâtre. Impossible de continuer à vivre ainsi, Margaretha prend ses cliques et ses claques et rentre en Europe. Le couple divorce, MacLeod se débrouille pour obtenir seul la garde de sa fille et couper les vivres à son ex-femme.

Le premier spectacle de strip-tease, c'est elle !

Margaretha, qu'on ne connaît donc pas encore sous le nom de Mata Hari, a vingt-six ans, elle est divorcée et ruinée. Elle revient d'Indonésie traumatisée par ce mariage, et souhaite ardemment continuer à vivre dans la haute société.

Mais à l'époque, quand on est une femme seule et sans relation, l'ascenseur social ne monte pas bien vite... Margaretha prend alors une décision radicale : elle décide de se prostituer. Mais attention, pas question de faire le trottoir !

Avec ses dernières économies, elle part pour Paris, la ville « galante » de l'Europe, comme on disait à l'époque. Là, elle enfile sa plus belle robe et se prend une chambre au Grand Hôtel, un des plus beaux palaces de la capitale.

Elle a une nuit pour trouver un pigeon... Et le pigeon, elle va le trouver dans une cage ! Une cage d'ascenseur, eh oui, on est au Grand Hôtel ! Louis Castagnols est négociant en vins de Bordeaux. Le temps d'une montée au septième ciel... Enfin, au septième étage, il tombe sous le charme de lady MacLeod. Et il sera le premier d'une longue liste d'amants et de bienfaiteurs.

Pour trouver ses proies, lady MacLeod fréquente tous les lieux à la mode. Dans un des restaurants branchés de Paris, elle rencontre la baronne Kireevsky.

Dans l'espoir de devenir sa copine pour que la baronne lui présente ses nobles amis, Margaretha fait appel à un de ses talents : elle s'invente une vie rocambolesque.

Quand elle raconte des craques, elle ne fait pas semblant, Margaretha. Elle dit qu'elle vient d'Indonésie. Que son père était un moine bouddhiste – ou le prince de Galles Édouard VII, selon son humeur – et sa mère, une princesse locale. Leur amour était impossible mais elle est née de leur passion. Après la séparation de ses parents, Margaretha aurait été abandonnée dans un temple où elle aurait été élevée par des bayadères. C'est là qu'elle a appris les danses sacrées. D'ailleurs, son vrai nom n'est pas lady MacLeod mais Mata Hari, « l'Œil du jour » en javanais.

Plus le mensonge est gros, plus il passe, c'est bien connu ! La baronne Kireevsky gobe tout. Mieux, elle propose à Mata Hari de danser chez elle à l'hôtel de Grenelle devant un parterre d'invités triés sur le volet.

Voilà donc Mata Hari au pied du mur et elle ne peut plus reculer. Gonflée par un cran et un culot extraordinaires, elle accepte et demande seulement un petit délai à son hôtesse. Margaretha n'a que quelques jours pour trouver un costume à l'indonésienne et mettre au point une chorégraphie.

Le soir de son premier show, Mata Hari mystifie tous les invités de la baronne Kireevsky. Est-ce que les gens croient vraiment à son mensonge ou bien aiment-ils seulement la voir danser ? On ne peut pas savoir, mais il y en a un qui est particulièrement subjugué par son show. Suite à son numéro, l'homme lui fait une proposition qui va changer sa vie !

Émile Guimet, le propriétaire du musée d'art oriental, veut la payer pour faire un show unique dans la bibliothèque ronde de son établissement. Cette fois, le Tout-Paris sera invité. Mata Hari saisit sa chance. Elle travaille d'arrache-pied pour créer un spectacle jamais vu.

Ce soir de 1905, les invités d'Émile Guimet ont pris place dans la rotonde du musée décoré en temple hindou. Une superbe statue de Shiva trône au centre de la pièce. Soudain, une musique exotique fait vibrer l'air. Tous les invités retiennent leur souffle en voyant entrer la belle danseuse coiffée d'un diadème de pierreries. Ses voiles flottent autour d'elle. Mata Hari se met à danser lascivement. Sa danse est une offrande au dieu Shiva. Elle lui offre ses voiles dans l'espoir de retrouver son amour perdu. Un premier voile est déposé au pied de la statue, puis un autre, et encore un autre. Au final, Mata Hari, un peu essoufflée mais plus sensuelle que jamais, pose nue devant Shiva. Les invités d'Émile Guimet viennent de voir le premier spectacle de strip-tease donné à Paris ! Tout le monde frissonne dans l'assemblée. L'exotisme a bon dos pour se livrer au voyeurisme. La carrière de Mata Hari est lancée !

Enfin, quand je dis « strip-tease », souvenez-vous, Margaretha, c'est la reine de l'arnaque. Mata Hari n'enlève jamais son soutien-gorge de métal. Elle raconte qu'un amant jaloux lui a arraché un téton d'un coup de dents et qu'elle ne veut pas montrer sa cicatrice. La réalité est un peu plus prosaïque. Elle a de tout petits seins. Un jour un peintre pour lequel elle posait s'est même moqué de sa poitrine. Elle a donc décidé qu'elle ne la montrerait plus jamais. Et pour le bas, eh bien elle triche aussi. En fait, Mata Hari porte un collant couleur chair. Elle n'est pas nue du tout. C'est une arnaque de bout en bout je vous dis ! Mais ce n'est pas grave parce que maintenant elle danse pour 10 000 francs or la soirée à l'Olympia et elle tourne dans toute l'Europe : Vienne, Madrid et même la Scala de Milan. Mata Hari est tout simplement devenue une star.

Une star, oui, mais une bien mauvaise espionne

Cependant le temps passe et en 1910, la concurrence devient rude. Toutes les danseuses se mettent au strip-tease et même l'écrivaine Colette se dénude sur scène dans ses pantomimes. Mata Hari a trente-quatre ans, ce qui n'est plus la jeunesse à l'époque. Bref, elle est sur le déclin. Elle passe des grandes scènes parisiennes aux bordels huppés où elle se vend après un spectacle improvisé pour des vieux fans libidineux. Sombre tableau…

Alors que la Première Guerre mondiale éclate, elle rentre en Hollande. Elle essaye de renouer avec sa fille qu'elle n'a pas vue depuis plus de quinze ans mais vous imaginez bien qu'une adolescente de 1914 n'est pas particulièrement fière d'avoir une mère strip-teaseuse internationale…

Mata Hari se produit une dernière fois au théâtre d'Arnhem. Elle a trente-huit ans. Cette fois, elle garde un voile sur les hanches pour faire ses adieux à la scène.

Si la danseuse ne plaît plus, Mata Hari reste une mondaine, une artiste qui voyage beaucoup malgré la guerre. C'est donc en Hollande qu'elle est approchée par Karl Cramer, le consul d'Allemagne aux Pays-Bas. Et c'est alors que sa carrière dans le renseignement démarre… Il lui propose 20 000 francs payés d'avance pour une information intéressante. Vingt mille francs ? Pour un renseignement ? Ça en fait des robes et des nuits dans les hôtels de luxe !

Honnêtement, travailler pour l'Allemagne, Mata Hari s'en fiche. Elle ne pense qu'aux 20 000 francs… Vingt mille francs pour du bla-bla. Trop facile ! enfin c'est ce qu'elle croit.

À la demande des Allemands, Mata Hari, nom de code H-21, retourne s'installer à Paris. Nous sommes en 1916. Cette année est décisive sur le champ de bataille. On est dans la phase de la guerre de position. Les tranchées s'organisent comme des fortifications. C'est l'année de Verdun, qui fera près de 300 000 morts au total. C'est aussi l'année de la bataille de la Somme, plus de 420 000 morts de part et d'autre. Pour prendre les lignes des ennemis, le renseignement devient le nerf de la guerre et Mata Hari, qui en est un rouage, n'en prend pas vraiment la mesure…

À nouveau installée au Grand Hôtel, elle rencontre un jeune officier russe, Vadim Maslov. Il est beau, il porte bien l'uniforme, il est assez jeune pour être son fils mais Mata Hari s'en fiche, elle le veut dans son lit et ce qui les occupe entre les draps, ce n'est pas forcément le renseignement.

Après sa permission, Vadim repart sur le front où il est blessé aux yeux par une attaque au gaz. Il est alors envoyé en convalescence à Vittel. Mata Hari a besoin d'un laissez-passer et d'argent pour aller voir son amant. Eh bien si le renseignement permet de se remplir les poches, alors elle va proposer son aide aux services secrets français ! Imaginez la tête du capitaine Ladoux, le chef du contre-espionnage français, quand il voit arriver dans son bureau la reine du strip-tease ! Dans le renseignement, on se méfie toujours des gens qui viennent proposer leur aide la bouche en cœur. Mata Hari est très claire, elle se propose de partir à la pêche aux infos contre 25 000 francs et son laissez-passer pour Vittel.

Ladoux accepte le deal. C'est pour lui un moyen de garder la danseuse à l'œil car il en est convaincu : elle est envoyée chez lui par les Allemands.

Mata Hari file à Vittel retrouver son Vadim. Dans le train, elle s'empresse de jeter par la fenêtre les bouteilles d'encre sympathique que Ladoux lui a données pour lui écrire. Imaginez que ça s'ouvre et que ça tache ses belles robes, ce serait une catastrophe !

Arrivée à Vittel, elle demande à voir Vadim Maslov. Les infirmières conduisent donc auprès du malade celle qu'elles pensent être sa mère. Quelle surprise quand elles la voient embrasser à pleine bouche le gamin à moitié aveugle !

Mais elle s'en fiche, Mata Hari. Elle veut vivre sa love story. Elle s'installe dans un hôtel et elle flambe avec son chéri l'argent qu'elle a gagné en promettant des renseignements aux Allemands et aux Français.

De son côté Ladoux s'impatiente. Il décide d'envoyer Mata Hari en Espagne avec l'ordre de séduire des officiers allemands pour leur soutirer des informations sur l'oreiller. Mata Hari s'exécute après que son Vadim est reparti sur le front. À Madrid, elle demande un rendez-vous au capitaine Arnold von Kalle. Elle lui fait ensuite un grand numéro de charme où elle raconte s'être infiltrée dans le renseignement français pour les Allemands.

Mata Hari est une bonne menteuse mais pas une bonne espionne. Après son rendez-vous, elle n'envoie que de maigres informations au chef de l'espionnage français Ladoux. Rien de fondamentalement utile mais finalement c'est bien la seule fois où elle fera vraiment du renseignement, et ce sera pour la France ! Nous sommes en décembre 1916. Mata Hari décide de rentrer à Paris.

C'est alors que l'attaché militaire allemand en Espagne envoie le fameux message au QG de Berlin. L'agent H-21 rentre à Paris !

Pas besoin d'être un génie de la déduction pour découvrir que l'agent H-21, c'est Mata Hari et qu'elle roule pour les Allemands. Pour Ladoux, pas de doute, c'est à cause d'elle qu'un infiltré français chez les Allemands s'est fait descendre. En réalité, elle n'a rien à voir là-dedans, comme vous l'avez compris.

De retour à l'Élysée Palace à Paris, Mata Hari passe ses journées à faire du shopping. Elle ne sait pas que Ladoux la fait filer. Parole de policiers, les filatures, c'est pas hyper excitant, surtout quand tu passes de la modiste au chausseur et du tailleur au chocolatier.

Ladoux ordonne finalement l'arrestation de Mata Hari. Le 13 février 1917, les policiers, sous le commandement du commissaire Priolet, frappent à la porte de sa suite. Bravache, Mata Hari leur ouvre toute nue… elle est juste sortie de son bain… Mais cette fois, le charme ne prend pas. Mata Hari enfile une simple robe noire et suit les policiers. Elle est accusée d'intelligence avec l'ennemi. Un comble pour une tête de linotte comme elle. Mata Hari était bien la reine des cocottes mais pour l'espionnage, elle vaut pas tripette… Et n'a pas vraiment influencé l'issue de la Grande Guerre !

Dernier spectacle

Pour les Français, Mata Hari est devenue « la salope sinistre qui joue avec la tête du soldat français ».

Pour se sortir de ce mauvais pas, elle prend un de ses anciens amants comme avocat, maître Clunet. Alors que tout le monde lui tourne le dos et même Vadim, Clunet va remuer ciel et terre pour lui sauver la vie. Après une parodie de procès où elle est condamnée, Clunet tente une demande de grâce présidentielle. Un matin d'octobre 1917, l'avocat entre dans le bureau de Raymond Poincaré à l'Élysée. Il est dans ses petits souliers mais il tient bon. Une femme aussi belle que Mata Hari ne peut pas être assassinée. Mais quand l'avocat voit le président, il sent que sa requête ne sera pas bien accueillie. Poincaré se tient dos à l'entrée de son bureau, il regarde par la fenêtre. Il ne prend même pas la peine de se retourner quand Clunet formule sa demande de grâce. À la fin du plaidoyer de l'avocat, Poincaré se retourne. Une main levée, il désigne le ciel à travers les carreaux de la fenêtre : « Regardez cela, maître, il serait fou de prétendre intervenir sur la course des nuages. Et à moi, il me paraît impossible d'infléchir le cours des choses en faveur de votre protégée. »

Le destin de Mata Hari est scellé. Le 15 octobre 1917, elle est conduite à l'aube au polygone de tir de Vincennes pour être exécutée. Elle montre un sang-froid admirable. Elle est presque enjouée, consciente qu'elle est de donner son dernier spectacle. Conduite devant le peloton d'exécution, elle demande à ne pas être attachée et à ne pas avoir les yeux bandés. Elle ne va pas s'enfuir sur ses petits talons, ne soyons pas ridicules ! Par principe, on lui noue de manière un peu lâche une corde autour de la taille.

Mata Hari sourit, elle lance un baiser de la main dans la foule. Les mauvaises langues diront qu'il était pour les soldats alors qu'il est destiné à sœur Léonide, la religieuse qui a veillé sur les derniers jours de la danseuse en prison. Enfin, Mata Hari s'écrie avec un aplomb déconcertant : « Messieurs, je suis prête ! » Les douze militaires la mettent en joue. Silence. Tirs de fusil.

Des volutes de fumée bleutée montent depuis le canon des fusils dans l'air froid du matin. Sœur Léonide pleure à chaudes larmes. Le médecin de la préfecture de police, Léon Bizard (ça ne s'invente pas un nom pareil), regarde le corps de Mata Hari s'affaisser avec grâce. Il récupérera la corde qui avait servi à la maintenir à la taille pour en faire la reliure d'un de ses livres de souvenirs. Vous avez dit « Bizarre »... ?

Le monde entier se passionne pour l'exécution de la danseuse. Mata Hari a été espionne comme on tient un rôle au théâtre. Ne prenant pas réellement la mesure de ses actes, aspirant à dépenser son temps et son argent à sa guise, à vivre la grande vie dans les palaces parisiens alors que la mort emportait des millions de soldats au champ d'honneur. Elle est devenue le bouc émissaire des Français, et on tue avec elle le symbole d'une femme étrangère, dénuée de tout patriotisme, qui s'offre indifféremment à tous les hommes, à tous les soldats et à tous les espions pour de l'argent. Pour vivre dans l'écume.

Mata Hari voulait faire de sa vie un spectacle, et il faut quand même reconnaître qu'elle a bien soigné son final !

ÉLISABETH II

« God save the Queen ! »

C'est la femme la plus célèbre et la plus admirée du monde, et aussi une des plus riches. Un personnage quasi sacré : personne n'a le droit de la toucher et on chante un hymne à sa gloire. Ses seuls vrais « familiers » sont ses chevaux – c'est une cavalière hors pair – et ses chiens qui la suivent partout.

La reine Élisabeth II d'Angleterre a quatre-vingt-seize ans, mais sa mère, Queen Mary, est morte à cent un ans, et son mari, le prince Philip, est mort l'an dernier, à quatre-vingt-dix-neuf ans. C'est son dernier record à battre. Savez-vous que toutes les rédactions de magazines, de radio et de télévision ont préparé il y a déjà plusieurs années sa notice nécrologique ? Tout est prévu pour les obsèques d'Élisabeth II, selon un protocole qui a reçu comme nom de code « *London Bridge is down* » : le pont de Londres s'est écroulé. C'est le pont le plus ancien sur la Tamise, reconstruit à plusieurs reprises depuis l'époque romaine. Vous saisissez le symbole ? En attendant, je vais vous conter l'incroyable destin d'une femme qui est entrée dans l'Histoire il y a presque un siècle et qui n'a pas encore dit son dernier mot…

Une reine en devenir

Tout commence en 1926. Élisabeth est la fille aînée d'Albert, le fils cadet du roi George V, et d'Élisabeth Bowes-Lyon, une aristocrate écossaise. Son destin bascule en 1936. C'est « l'année des trois rois » : George V meurt le 20 janvier, son fils aîné, Édouard VIII, lui succède et abdique le 11 décembre, et c'est Albert qui monte sur le trône sous le nom de George VI. Édouard VIII, vous savez, c'est ce play-boy qui a abandonné la couronne pour vivre avec une Américaine divorcée, Wallis Simpson. Et George VI, le père d'Élisabeth, vous le connaissez aussi si vous avez vu le film *Le Discours d'un roi*. Très timide, il n'a aucune envie de régner, car en plus il est bègue et le film raconte justement sa rééducation par un orthophoniste australien. En 1936, Élisabeth devient donc, à dix ans, l'héritière du trône d'Angleterre.

Ses parents sont des modèles pour elle, ainsi que sa grand-mère Mary, l'épouse de George V. Mary de Teck était d'origine allemande mais elle a très bien compris, pendant la Première Guerre mondiale, que les Anglais ne supportaient plus que leur dynastie royale porte un nom allemand depuis le mariage de la reine Victoria avec Albert de Saxe-Cobourg-Gotha. On les comprend ! Depuis 1915, les Allemands bombardaient Londres avec des avions Gotha-G ! George V décida donc en 1917 de rebaptiser sa dynastie « Windsor », du nom du vieux château construit au XIe siècle par Guillaume le Conquérant. Dès lors, Mary a incarné pour ses sujets les valeurs traditionnelles anglaises, et elle a bien l'intention que sa petite-fille fasse de même.

Lors de la guerre 39-40, George VI et son épouse choisissent de ne pas quitter la capitale pendant les bombardements et s'installent à Windsor avec Élisabeth et sa sœur Margaret. En 1945, Élisabeth entre dans le service auxiliaire territorial, où elle apprend à réparer des voitures militaires, ce dont elle sera très fière toute sa vie. À la fin de la guerre, elle apparaît en uniforme aux côtés de ses parents et de Winston Churchill au balcon de Buckingham Palace. Cette image marquera fortement les Britanniques, ainsi que le premier discours qu'elle prononce à vingt et un ans, en 1947, dans lequel elle s'engage à servir le peuple britannique toute sa vie.

Élisabeth II n'a eu qu'un seul amour, le prince Philip. Elle a treize ans lorsqu'elle le rencontre en 1939 et lui dix-huit ans. Il est élève officier au collège de Dartmouth et elle est subjuguée par sa blondeur, son assurance, ses acrobaties. Tous les deux sont des arrière-arrière-petits-enfants de la reine Victoria, elle par son père et lui par sa mère, Alice de Battenberg. Battenberg, ça ne vous dit rien ? C'est un nom allemand qui est devenu « Mountbatten » en anglais ! Philip, né à Corfou, est prince de Grèce et de Danemark. Mais autant l'enfance d'Élisabeth a été choyée et protégée, autant la sienne a été mouvementée. Son père a été déchu de ses droits en Grèce et s'est exilé, et Philip a fait l'essentiel de ses études en Angleterre. Pendant la guerre, Élisabeth revoit son prince viking et lui écrit de plus en plus souvent. Elle installe même sa photo sur sa table de nuit. Eh oui ! On a du mal à le croire aujourd'hui, mais la princesse Élisabeth a été une jeune fille sentimentale bien décidée à épouser son prince charmant.

Philip, lui, a peur de perdre sa liberté en se mariant avec la future reine. Il n'a aucune fortune et rêve d'une belle carrière dans la marine. Puis petit à petit, il tombe amoureux de cette princesse si raisonnable avec laquelle il a tant de goûts en commun, la mer, les chevaux, la chasse, la nature... Et il faut quand même ajouter quelque chose pour ceux qui ne connaissent que l'image de la vieille dame rondelette, poudrée, chapeautée et gantée : la reine Élisabeth a été une jeune femme ravissante, brune, les yeux bleus, une silhouette de sportive. Et en privé, elle aime danser, rire et faire rire en imitant tous les accents. George VI se laisse convaincre et le mariage est fixé au 20 novembre 1947. Rien de mieux qu'un mariage royal pour oublier les horreurs de la guerre. Philip est titré duc d'Édimbourg, mais il doit abandonner tous ses titres grecs et danois, se convertir à l'anglicanisme – il est orthodoxe – et adopter un nom britannique. Il choisit celui de son oncle : Mountbatten.

Le mariage se déroule dans l'abbaye de Westminster devant 2 500 invités dont une dizaine de têtes couronnées. Mais tous les Anglais ont remarqué l'absence de l'oncle de la reine, l'ancien roi Édouard VIII, devenu le duc de Windsor, et de son épouse Wallis Simpson. Tous deux ont été très proches d'Hitler. Deux ans après la fin de la guerre, leur présence aurait été très choquante. Les sœurs de Philip, elles aussi proches des nazis, n'ont pas été invitées non plus.

Pour la première fois dans le monde, la cérémonie est retransmise en direct par les caméras de la BBC. Alors pour les amateurs ne vous privez pas, tout est sur YouTube, carrosses, robe de dentelle du couturier de la Couronne Norman Hartnell, foule en délire, scène du balcon, etc.

Pendant leurs premières années de mariage, ils mènent une vraie vie de couple. Philip s'épanouit dans son métier de marin, notamment en Méditerranée. Leur séjour à Malte en 1950 est une seconde lune de miel. Charles naît en 1948 puis Anne en 1950 mais ils voient peu leurs parents qui voyagent beaucoup, au Canada, aux États-Unis, en Afrique du Sud. La première visite officielle du couple est pour la France où ils sont reçus par le président Vincent Auriol. La France républicaine qui adore les fastes monarchiques leur fait un triomphe place de la Bastille ! Pendant ce temps, Charles et Anne sont confiés à Queen Mum qui n'a rien perdu de son énergie et de sa gaieté.

Il paraît que son goût pour le gin y est pour quelque chose. Il y a même une marque à son nom ! En tout cas elle se révèle une grand-mère extraordinaire, surtout pour Charles.

Mon mari, ma sœur et moi

Philip est un père très exigeant qui a décidé d'élever son fils à la dure et l'opinion publique a reproché à Élisabeth de ne pas s'être montrée plus tendre avec Charles. Il faut que je vous explique quelque chose à ce sujet. Lors de l'échange de leur serment de mariage, selon le rite anglican, Élisabeth a juré fidélité et obéissance à son mari. Que vaudra ce serment lorsqu'elle sera reine ? Sa réponse est sans appel. Femme et épouse, elle laisse à Philip l'autorité du chef de famille. Mais publiquement, elle le traite comme le premier de ses sujets. Toute sa vie, il marchera trois pas derrière elle. Il n'aura jamais accès aux fameuses *boxes*, les boîtes de cuir rouge remises tous les jours à la reine et contenant les dépêches du gouvernement, et il ne recevra jamais officiellement le titre de prince consort. La reine Victoria avait été plus généreuse avec le prince Albert. Pour Élisabeth, la souveraineté ne se partage pas. Elle est seule dépositaire du pouvoir sacré du monarque et elle seule peut le transmettre. Le prince Philip, en bon misogyne des années 1950, aura beaucoup de mal à accepter ce rôle secondaire. Et les choses vont s'aggraver lors de l'avènement d'Élisabeth.

Philip lui annonce la mort de Georges VI en 1952 alors qu'ils sont en voyage au Kenya. Dès le lendemain, le 7 février, lors de leur atterrissage à Londres, la fonction saisit Élisabeth. Elle a vingt-six ans mais elle a été initiée très tôt aux affaires par son père. Elle a déjà une idée très précise de ses devoirs et de la nécessité de séparer sa vie privée de sa vie publique. Or c'est son mari, Philip, qui va provoquer la première affaire d'État en revendiquant le droit de donner le nom de Mountbatten à la dynastie. Elle refuse. C'est leur premier grave conflit. Philip est furieux, hurle qu'il n'est « qu'une foutue amibe » et qu'il est le seul homme en Angleterre à ne pas pouvoir transmettre son nom à ses enfants. En 1957, des rumeurs circulent sur ses infidélités et sur ses virées nocturnes avec ses copains du Thursday Club. Il part seul en voyage pendant quatre mois et la presse est sur les dents lors de leurs retrouvailles à Lisbonne. Élisabeth le nomme alors prince du Royaume-Uni et, plus tard, elle autorise ses enfants et futurs petits-enfants non héritiers du trône à porter le double nom de Mountbatten-Windsor. Le prince Andrew naît en 1960 et le prince Edward en 1964, et elle se montrera beaucoup plus maternelle avec ses deux derniers fils. On n'en saura pas plus…

En revanche, ses démêlés avec sa sœur Margaret vont faire la une de la presse dès le début de son règne. Les deux sœurs sont très différentes mais très proches l'une de l'autre. Et il n'est pas vrai que Margaret a rêvé d'être reine. Elle est trop bien placée pour savoir ce que cela signifie. Plus exubérante et plus moderne aussi qu'Élisabeth, elle n'aurait jamais accepté les contraintes de la charge. Mais en 1952, elle est troisième dans l'ordre de succession au trône. Cela signifie qu'elle a des devoirs envers la dynastie et qu'elle ne peut pas se marier sans l'accord de la reine. Peter Townsend est un héros de guerre, il a été l'écuyer de George VI et toute la famille royale a de l'amitié pour lui mais il est divorcé. Or l'Église anglicane interdit le divorce et la reine est le chef de l'Église anglicane. Elle est coincée ! Le traumatisme de l'abdication d'Édouard VIII par amour pour une femme divorcée est encore dans toutes les têtes et le gouvernement est vent debout lui aussi contre ce mariage et menace d'exiler Margaret et de la priver de tous ses revenus si elle s'obstine. Elle cède et devient pour le monde entier « la princesse triste ». Élisabeth se sent coupable mais en tant que souveraine elle n'avait pas le choix. Margaret épousera par la suite le photographe Anthony Armstrong-Jones, qui sera titré comte de Snowdon. Leur vie conjugale sera plus que houleuse mais la reine a désormais quatre enfants et Margaret n'est plus sur la liste des héritiers directs au trône…

Avec Philip, les relations se normalisent, pour autant que l'on sache quoi que ce soit à ce sujet. Ils ont été aussi muets l'un que l'autre sur leurs relations privées. Ce qui a sans doute soudé leur couple, c'est leur sens de l'humour. Philip est le roi de la gaffe et la reine, qui n'en commet jamais aucune, lui pardonne et rit même aux éclats à certaines. Au demeurant, beaucoup reconnaissent à Philip une grande influence dans la modernisation de la cour et de l'administration royale. La reine a d'ailleurs été critiquée pour sa manie de commencer ses discours par la formule : « Mon mari et moi »… Et elle lui a rendu hommage pour son soutien à plusieurs reprises.

The Crown

Le règne d'Élisabeth commence sous le signe du devoir, de la dignité, du respect des usages et du protocole. Un seul mot d'ordre : servir. Winston Churchill guide ses premiers pas. En attendant, il faut préparer le couronnement et le sacre fixés au 2 juin 1953. Impossible de tout vous raconter, sinon que grâce à Philip qui a réussi à convaincre Élisabeth, contre l'avis de Churchill, la cérémonie sera télévisée et diffusée auprès de 300 millions de spectateurs. Une première mondiale ! Seul le moment sacré de l'onction avec les huiles saintes ne sera pas filmé. Élisabeth s'est entraînée à porter la lourde couronne de saint Édouard en lisant son journal ou son courrier, et elle a répété plusieurs fois la cérémonie avec ses dames d'honneur à Westminster. Le matin de son couronnement, elle est d'un calme absolu. Elle téléphone même à son entraîneur pour parier sur un de ses chevaux. Mais ce qu'elle n'a pas prévu, c'est l'inconfort du fameux carrosse de quatre tonnes, le Gold State Coach, qui sera son seul souvenir « horrible » de cette journée. Elle est désormais le quarante et unième souverain britannique depuis Guillaume le Conquérant et elle rayonne au balcon de Buckingham Palace.

Son règne s'ouvre dans un monde en pleine reconstruction et aussi en pleine recomposition avec la dislocation des empires coloniaux et la tombée du rideau de fer en Europe centrale. Le Commonwealth, c'est-à-dire l'ensemble des États partenaires associés au Royaume-Uni et dont la reine est le chef, réunit à ce moment-là 54 États, soit plus de 2,5 milliards d'êtres humains. C'est une libre association d'États indépendants dont elle est le symbole. Mais à quel prix ! Celui de lourdes négociations au moment des indépendances, et d'innombrables voyages, inaugurations, hymnes divers et autres cérémonies. De dangers aussi. En 1961, elle se rend au Ghana, État sous emprise soviétique, contre l'avis de son Premier ministre, et c'est en dansant en public la rumba avec le président N'Krumah qu'elle réchauffe la « guerre froide » !

À ce jour, la reine a eu 14 Premiers ministres. Churchill a été son préféré et elle lui a accordé des funérailles nationales. Ses relations ont été plus difficiles avec d'autres, comme Margaret Thatcher ou Tony Blair. Mais le record est d'avoir réussi à ce que rien ne filtre de leurs conversations rituelles du mardi. Dans la série *The Crown*, la plupart des faits sont réels, mais tous ses formidables dialogues avec ses Premiers ministres sont de la pure fiction ! Par ailleurs, elle n'a jamais accordé d'interview. Elle ne s'exprime que deux fois par an, devant les députés pour l'ouverture du Parlement en mai, et à la radio et la télévision à Noël. Ce discours de Noël est le seul qui n'est pas soumis au contrôle du gouvernement et qui est diffusé dans 15 États indépendants qui la reconnaissent pour reine, le Canada, l'Australie, la Nouvelle-Zélande, la Papouasie, la Jamaïque, les Bahamas et j'en passe. Pour les Français postcoloniaux que nous sommes, la monarchie britannique a un côté très exotique. Savez-vous que le prince Philip était vénéré comme un dieu par une tribu de l'archipel du Vanuatu ?

Élisabeth II a réalisé l'équivalent de 42 tours du monde et visité près de 120 pays. Bien sûr ses chouchous sont les pays du Commonwealth, surtout le Canada et l'Australie, où elle est allée plusieurs dizaines de fois. Elle a rencontré des centaines de chefs d'État et connu sept papes. Le comble c'est qu'elle a même reçu Jean-Paul II, alors qu'aucun souverain pontife n'avait jamais mis le pied sur le sol anglais. Élisabeth II a continué à voyager jusqu'en 2015, c'est-à-dire jusqu'à sa quatre-vingt-dixième année. Elle a aimé passionnément son fameux yacht le *Britannia* et a versé sa première larme en public lorsqu'il a été désarmé en 1997.

Élisabeth II a toujours des tenues très vives, très flashy, un véritable arc-en-ciel, ce qui surprend chez cette adepte farouche de la discrétion. Mais c'est la reine qui s'habille ainsi et non la femme, la reine qui doit être reconnue immédiatement entre tous. Tout est calculé : les ourlets de ses jupes sont plombés pour ne pas risquer un coup de vent indiscret. Ses chapeaux sont dimensionnés pour laisser voir son visage. Ses mains sont gantées pour serrer des centaines de mains et ses talons assez larges pour rester des heures debout. Et personne ne doit la toucher. Vous vous souvenez peut-être de Michelle Obama qui a osé mettre la main sur son épaule. La reine n'a rien dit, mais la presse britannique a crié au crime de lèse-majesté. Michelle Obama a révélé par la suite qu'elles étaient simplement en train de se plaindre toutes les deux d'avoir mal aux pieds ! Dans sa vie privée, Élisabeth II est plutôt en jupe confortable, en bottes de caoutchouc ou en tenue de cheval, un foulard sur la tête, particulièrement au château de Balmoral en Écosse où elle passe régulièrement l'été en famille. Donc vous l'avez compris, il y a la reine dépositaire d'un héritage sacré, quasi mystique, et qu'elle a juré de maintenir jusqu'à son dernier souffle. Et il y a l'épouse, la mère, mais aussi la fille, la sœur et bientôt la belle-mère et la grand-mère. Dans tous ces rôles, rien ne lui sera épargné !

« Never complain, never explain »

Never complain, never explain : ne jamais se plaindre, ne jamais se justifier. C'est la devise d'Élisabeth, empruntée dit-on à la reine Victoria. Nous ne saurons donc rien des sentiments, des émotions, des craintes, des angoisses mais aussi des colères, des rages, des fureurs qu'elle a ressenties face aux innombrables scandales provoqués par sa famille.

Malgré l'évolution des mœurs, le divorce est toujours réprouvé par l'Église anglicane dont la reine est le chef. Le plus drôle dans l'affaire, c'est que l'Église anglicane a été fondée au XVIe siècle par Henri VIII précisément parce qu'il voulait divorcer ! Mais passons. La série commence une fois de plus avec Margaret qui se sépare de son mari le photographe Tony Snowdon, et qui devient alcoolique et s'affiche, *oh my God !* en maillot de bain avec ses amants sur sa plage privée de l'île Moustique. Comme le général de Gaulle, on n'a jamais vu la reine en maillot de bain ! Puis c'est le tour de Charles, de sa maîtresse Camilla Parker Bowles et de la princesse Diana. Un couple à trois qui, pour la première fois, mettra la reine en danger, après l'assassinat de lord Mountbatten en Irlande, la guerre des Malouines, l'introduction dans sa chambre en pleine nuit d'un schizophrène qui veut lui parler de ses problèmes familiaux, les frasques de Sarah Ferguson – la flamboyante épouse du prince Andrew – et le divorce de la princesse Anne, et encore je vous la fais courte, Élisabeth commence à perdre son célèbre self-control. On murmure même qu'elle se défoule sur ses corgis, ses chiens adorés. Mais elle n'a encore rien vu. 1992 sera l'*annus horribilis*. Confidences de Diana à la presse sur ses souffrances et sur la famille royale, photos de Sarah Ferguson se faisant sucer les orteils par son amant sur une plage, incendie du château de Windsor… La reine résume ainsi cette série noire : « Je ne conserverai pas de l'année 1992 le souvenir d'un bonheur sans mélange. » Humour ou *understatement,* comme disent les Anglais ? Charles finit de ridiculiser la monarchie après la révélation de ses conversations très scabreuses avec Camilla. Bilan : deux divorces et un enterrement. Le 31 août 1997, Diana décède à Paris dans un accident de voiture. L'émotion est mondiale et la presse se déchaîne contre la reine qui s'est retirée à Balmoral avec ses deux petits-fils, William et Harry. Lorsqu'elle revient à Londres, pressée par le Premier ministre Tony Blair qui a senti la colère populaire monter, elle est accueillie pour la première fois de son règne par un silence glacial face à l'océan de fleurs répandu devant Buckingham.

Les années suivantes sont marquées par le mariage en 1999 du prince Edward, le plus discret de la famille, avec une simple roturière, Sophie Rhys-Jones, qui s'est payé le luxe de refuser le titre de princesse et qui s'est mariée sans chapeau. C'est le seul souci qu'elle a donné à la reine à ce jour… Puis il ya eu le remariage de Charles avec Camilla en 2005, la mort de Margaret et surtout celle de Queen Mum. À ses funérailles,

Élisabeth a été acclamée comme elle ne l'avait plus été depuis longtemps. Le mariage de William avec une roturière, Kate Middleton, semble augurer d'un avenir plus serein. La reine a un compte Twitter et elle a présenté ses vœux de Noël en 2007 sur YouTube. Le 3 juin 2012, pour son jubilé de diamant – soixante ans de règne –, des festivités grandioses sont organisées et vingt-six souverains y participent. Deux bémols cependant : la reine Sophie d'Espagne n'est pas venue à cause d'un petit problème avec Gibraltar qui traîne depuis le XVIIe siècle ; quant au souverain de Bahreïn, il est venu mais avec treize épouses ! Le chef du protocole s'est arraché les cheveux. En 2016, Élisabeth fête ses quatre-vingt-dix ans dans la ferveur générale et le mariage d'Harry en 2018 avec Meghan Markle, une actrice américaine, divorcée et métisse, la fait entrer définitivement dans la modernité. Les caprices du couple, son départ au Canada, et l'implication du prince Andrew dans l'affaire Epstein n'atteignent plus désormais la réputation personnelle de la souveraine que l'on plaint plutôt d'être affligée d'une famille aussi encombrante et instable.

Élisabeth est l'une des femmes les plus riches du monde. Sa fortune personnelle est estimée à plus de 463 millions d'euros en châteaux, œuvres d'art, mobilier, bijoux, valeurs mobilières et milliers de maisons et d'immeubles en location. Sans oublier ses chevaux de course, mais dans ce domaine elle n'a pas battu de record. Cependant, la limite entre la cassette privée du souverain et les deniers publics n'est pas très claire, ce qui suscite des débats houleux au Parlement. Celui-ci vote la Liste civile de la reine, c'est-à-dire le financement par l'État de ses activités de représentation, l'entretien de ses résidences officielles et les salaires de ses employés. L'incendie de Windsor en 1992 a été la goutte d'eau qui a fait déborder le vase. Pourquoi l'État prendrait-il à sa charge la restauration d'une demeure privée, aussi symbolique soit-elle pour le royaume ? Depuis 1993, la reine paie des impôts sur le revenu et la Liste civile n'entretient plus toute la famille. Aux dernières nouvelles, la monarchie coûterait à chaque sujet de Sa Majesté le prix d'un timbre avec son portrait en prime !

George VI a surnommé la famille royale la « Firme ». Ça fait un peu mafia mais en réalité le terme désigne les activités économiques et financières de la Couronne. Ainsi le prince Philip a modernisé et valorisé les immenses domaines agricoles de la reine. De son côté, le prince Charles est célèbre pour ses engagements écologiques et sa petite entreprise du duché de Cornouailles ne connaît pas la crise ! Et qui n'a pas rapporté de Londres un mug, un tee-shirt, un foulard à l'effigie de la reine ? Les *goodies* ou objets dérivés sont une manne financière incroyable pour la Couronne et certains objets, des plus fantaisistes aux plus kitsch, atteignent des sommes astronomiques dans les ventes en ligne. Vous l'avez compris, la reine, c'est aussi une marque !

« A JOB FOR LIFE »

En 2017, le prince Philip a pris sa retraite, à quatre-vingt-quinze ans, après plus de 22 000 engagements officiels, 5 500 discours et 637 voyages à l'étranger. Mais pour Élisabeth, *« the crown is a job for life »*. Il faut préciser qu'elle prend cinq mois de vacances par an, dans les châteaux de Balmoral, de Windsor ou de Sandringham, ce qui relative la pénibilité du job. La reine connaît parfaitement le fonctionnement de la monarchie parlementaire. Théoriquement, elle a tous les pouvoirs, concrètement elle en a beaucoup moins qu'un président de la Vᵉ République. Sans compter ce « détail » incroyable : si le Parlement votait son exécution – je vous rassure, la peine de mort a été abolie en Grande-Bretagne en 1998 –, elle serait obligée de contresigner la loi ! Et pour l'anecdote, sachez qu'elle peut rouler sans permis, sans plaque d'immatriculation et sans limite de vitesse et que personne ne peut l'arrêter puisque c'est elle qui rend la justice !

Elle nomme le Premier ministre, mais il appartient toujours au parti qui a gagné les élections. Tous les jugements sont rendus en son nom, elle est chef des armées et de l'Église et aucun document n'a de valeur si elle ne l'a pas signé. Mais en réalité, tout se décide et est entériné par le Parlement. Alors que lui reste-t-il en dehors des 600 œuvres de charité qu'elle parraine ? Vous connaissez peut-être la formule qui définit son rôle : « Avertir, encourager, surveiller ». Elle est censée être apolitique et impartiale, ne s'exprimer que dans l'intérêt général et assurer l'unité de la nation. Son seul pouvoir est donc l'influence qu'elle peut exercer sur telle ou telle décision parce qu'elle connaît à fond ses dossiers et qu'en soixante-dix ans elle a acquis une expérience unique de toutes les situations politiques possibles. Elle a rencontré pratiquement tous les chefs d'État de la planète et son silence lui-même est un pouvoir. Lors du Brexit, sa tenue aux couleurs du drapeau européen a été interprétée comme un signe de désaccord. Son influence est d'autant plus grande qu'elle est le chef du Commonwealth, ce qui lui donne une aura planétaire. 900 millions de personnes l'ont vue sauter en parachute avec James Bond en 2012 pour les jeux Olympiques ! Elle fait le show et donne à voir au monde entier le spectacle d'une monarchie qui a su évoluer tout en conservant ses traditions immuables. Mais elle n'a jamais voulu être comparée à Élisabeth Ire. « Je veux montrer, dit-elle à ses sujets, que la couronne n'est pas uniquement le symbole abstrait de notre unité, mais un lien personnel et vivant entre vous et moi.

Sincèrement, je me sens totalement différente de mon grand prédécesseur Tudor qui n'avait ni mari ni enfants en partage, qui gouvernait en despote et qui n'a jamais été capable de quitter son île. » Tout est dit !

*

* *

Le 2 juin 2022, Élisabeth II a fêté son anniversaire et son jubilé de platine avec le célèbre défilé Trooping the Colour auquel elle a participé à cheval jusqu'en 1987. Le lendemain, elle n'a pas pu assister à la cérémonie donnée dans la cathédrale Saint-Paul à cause d'un certain « inconfort ». Toujours l'understating anglais, la réserve, la pudeur… Il faut dire qu'à quatre-vingt-seize ans, les stations debout prolongées fatiguent et parfois font souffrir. Mais elle a réapparu le 5 juin pour saluer la foule depuis le balcon du palais de Buckingham.

Rappelons qu'un jubilé de platine correspond à soixante-dix ans de règne. En Europe, seul Louis XIV a régné plus longtemps : soixante-douze ans. Un vrai coup de Trafalgar si notre Roi-Soleil est détrôné par la perfide Albion ! Et pendant ce temps Charles attend… Il a soixante-douze ans et a battu le record de son arrière-arrière-grand-père, le roi Édouard VII, qui a attendu soixante ans pour succéder à sa mère, la reine Victoria. Il n'est pas aussi populaire que son fils William, mais rien ne peut s'opposer à ce qu'il succède à sa mère, et sûrement pas elle qui a passé sa vie et son règne à faire respecter les formes de la monarchie pour assurer son avenir. Alors en attendant the King, *God save the Queen !*

TABLE DES MATIÈRES

Cléopâtre : Celle qui menait les hommes par le bout du nez ... 7
Attila : Le Dark Vador des steppes ... 21
Jésus : *What else* ... 35
Clovis : Le premier clou de la maison France ... 51
Gilles de Rais : L'ombre et la lumière ... 67
Dagobert : Le roi culotté ... 77
Aliénor d'Aquitaine : La méga-reine ... 89
Jeanne D'Arc : L'âme de la France ... 103
Catherine de Médicis : La reine de sang ... 121
Lucrèce Borgia : Nom coupable ! ... 137
Magellan : Pionnier du tour du monde ... 153
Leonard de Vinci : *Veni, Vidi, Vinci* ... 167
Louis XV : Du Bien-Aimé au Mal-Aimé ... 183
Marie Antoinette : De la reine canon à la veuve Capet ... 197
Lafayette : Le héros des deux mondes ... 211
Danton : Le stentor de la Révolution ... 227
Napoléon : De l'Aigle à l'Ogre ... 241
La chute de l'Empereur ... 255
Sarah Bernardt : Diva divine ... 269
Victor Hugo : L'homme-siècle ... 283
Geronimo : Le cri d'un peuple ... 297
Clemenceau : Le Tigre ... 309
Churchill : Le nouveau Pit...bull de l'Angleterre ... 323
Joseph Goebbels : Le monstre amoureux ... 339
Mata Hari : L'espionne qui aimait les hommes ... 353
Élisabeth II : « God save the Queen ! » ... 367

DIRECTION D'OUVRAGE
Huguette Maure

Assistée de
Raphaël Bodilis

Composition
PRESS·PROD

Imprimé en France par
CPI Brodard & Taupin
en novembre 2022

Dépôt légal : septembre 2022
N° d'impression : 3050921
ISBN : 978-2-7499-5098-3
LAF : 3276